Billy Graham

Su vida, su ministerio

Billy Graham

Su vida, su ministerio

 | Vida®

William/Martin

La misión de Editorial Vida es ser la compañía líder en satisfacer las necesidades de las personas con recursos cuyo contenido glorifique al Señor Jesucristo y promueva principios bíblicos.

BILLY GRAHAM: SU VIDA, SU MINISTERIO
Edición en español publicada por
Editorial Vida – 2018
501 Nelson Place, Nashville, TN 37214, Estados Unidos de América

© **2018 por Editorial Vida**

Este título también está disponible en formato electrónico.

Originally published in the U.S.A. under the title:
A Prophet with Honor
Copyright ©1991, 2018 por William C. Martin
Published by permission of Zondervan, Grand Rapids, Michigan 49530
All rights reserved
Further reproduction or distribution is prohibited

ISBN: 978-0-82976-087-3

Editora en jefe: *Graciela Lelli*
Traductora: *Silvia Palacio de Himitian*
Adaptación del diseño al español: *Grupo Nivel Uno, Inc.*

CATEGORÍA: Biografía/Autobiografía

IMPRESO EN ESTADOS UNIDOS DE AMÉRICA
PRINTED IN THE UNITED STATES OF AMERICA

18   19   20   21   LSC   7   6   5   4   3   2   1

A Patricia

Contenido

Prefacio a esta edición

La vida es impredecible. Una inesperada invitación de Billy Graham en 1985 me llevó a pasar cinco años de una casi total inmersión en la vida del afamado evangelista y de la gente que sostuvo sus brazos en alto durante más de cinco décadas de ministerio público. Y luego, una vez completada la investigación y publicado el libro, esa inmersión se redujo a salpicaduras. Continué recibiendo *Decisión*, cartas mensuales y comunicados de prensa, y ocasionalmente intercambié alguna carta o llamada telefónica con Billy Graham. Escribí artículos para revistas y periódicos y hablé con docenas (o quizá cientos) de periodistas cada vez que Billy Graham programaba llevar a cabo una cruzada en alguna ciudad, o cuando atravesaba por alguna enfermedad durante el proceso de pasarle la antorcha, por etapas, a su hijo Franklin. Pero existía una ausencia de contacto personal con aquella gente que había llenado mi vida, y lo extrañaba. Entonces, para mi deleite, Zondervan (al igual que lo había hecho William Morrow, mi editor original bajo el paraguas de HarperCollins) me pidió que actualizara la edición de 1991. En cuanto a la mayor parte de este trabajo, afortunadamente pude volver a confiar en las mismas personas que me fueron tan útiles al preparar la primera edición. En particular, John Akers, David Bruce, Russ Busby, Roger Flessing, Rick Marshall, Tex Reardon, Larry Ross, Maury Scobee, Norman Sanders, Tedd Smith, Stephanie Wills y varios miembros del equipo de la Asociación Evangelística Billy Graham y del Grupo DeMoss, que maneja muchas de las actividades de relaciones públicas de la Asociación y de Samaritan's Purse, me fueron de gran ayuda. También aprecié la oportunidad de mantener buenos encuentros con cada uno de los descendientes de Graham: GiGi, Anne, Franklin, Ruth (ex Bunny) y Ned. Los lectores podrán apreciar claramente su valiosa contribución a los nuevos capítulos. También aprecio profundamente el sabio asesoramiento profesional y aliento que he recibido de Zondervan, particularmente de Stan Gundry y Jim Ruark, quienes llevaron esta edición hasta su finalización.

Como lo hice con la primera edición, he intentado contar la historia de Billy Graham del modo más preciso que pude. No dudo de que aparecerá información adicional sobre el señor Graham de tanto en tanto después de la publicación de este libro. Sospecho, y tengo buenas razones para ello, que algunos de los descendientes de Graham publicarán sus memorias, lo que sumará en cuanto a nuestra comprensión de su padre y de su madre. Si se me conceden los suficientes años de vida, puede ser que participe de alguna ampliación y profundización de la historia. Pero sea cual fuere el futuro, siento una enorme gratitud por la oportunidad que se me ha dado hasta aquí y me siento satisfecho de que la obra ya publicada haya sido tan bien recibida. Confío que esta versión ampliada también contribuya a la comprensión de la vida y obra de este hombre verdaderamente notable y del movimiento que él condujo durante gran parte del siglo veinte.

WILLIAM MARTIN
Diciembre 2013

Parte 1

El sensacional evangelista joven de Norteamérica

(1918-1949)

1

Billy Frank

Los primeros dolores se hicieron sentir cuando el reloj del vestíbulo anunciaba el inicio del 7 de noviembre de 1918. Durante la larga noche y el aún largo día, Morrow Graham estuvo en trabajo de parto para dar a luz a su primer hijo. Finalmente, cuando la luz comenzaba a desvanecerse sobre un cielo de fines de otoño, William Franklin Graham, Jr. se hizo oír, procurando captar la atención del mundo. Motivados más por un profundo deseo de buscar la voluntad de Dios que por alguna premonición de grandeza, Frank y Morrow Graham esperaban, y habían orado fervientemente al respecto, que su hijo primogénito, Billy Frank, pudiera un día sentirse escogido por el Señor del Universo para una tarea especial.

Un contingente considerable de granjeros arrendatarios ayudó a los Graham a construir uno de los mayores tambos del área, con setenta y cinco vacas y cuatrocientos clientes regulares, así que Frank instaló a su familia en un hermoso hogar de ladrillos estilo colonial que contaba con plomería interna. La granja de los Graham semejaba un cuadro de calendario de la Norteamérica rural, con sus graneros rojos con bordes blancos, sus altos silos, y sus cosechas de maíz y heno creciendo hasta la altura de los cercos. Para evitar que el trabajo de la granja desgastara a su esposa, Frank consiguió instalar agua y electricidad. Aún así, Morrow tuvo que llevar su parte de la carga, levantándose temprano para preparar el desayuno de las cinco de la mañana para aquellos que ordeñaban, cocinando todo el día en una estufa a leña para las manos extra que se necesitaban en el campo durante la temporada de cosecha, y preparando cientos de frascos de fruta y vegetales por año.

Billy Frank a veces probaba la paciencia y los nervios de su madre con su constante «correr y pasar zumbando» por toda la casa. Aparentemente hiperactivo (antes de que se inventara ese término), atravesó por su temprana infancia a toda velocidad, volteando alegremente cestos con huevos a su paso, golpeando los platos de la mesa de la cocina, arrojando una cómoda (que se destrozó) por las escaleras, y tirándole piedras a un automóvil que pasaba, todo eso más por el simple deseo de ver qué efecto producían sus acciones que por un obvio sentido de maldad. Tanto su madre como sus hermanos lo recuerdan como un niño feliz, entregado a las travesuras corrientes y bendecido con una habilidad extraordinaria para agradar y resultar encantador. La primera frase que articuló: «Aquí viene el dulce de papá», remedaba la entonación con la que su madre lo presentaba a él ante el mundo y presagiaba la dulzura amable y optimista que le allanaría el camino a través de la vida.

En el hogar de los Graham, sin embargo, no todo era dulzura. Frank y Morrow tenían a sus hijos (Billy Frank, Catherine, Melvin y Jean) sujetos a una férrea disciplina. Una simple directiva los llevaba a la obediencia en la mayoría de los casos, pero ninguno de los padres veía problemas en el uso frecuente del castigo corporal, y Billy Frank sintió el escozor de la vara de nogal de Morrow y la picazón producida por el cinturón de Frank cientos de veces durante sus primeros doce años.

Cuando los Graham se casaron, dedicaron esa unión a Dios, leyendo la Biblia y orando juntos en su noche de bodas, y manteniendo el «altar familiar» cada noche en su hogar. Desde el comienzo, los Graham asistieron a la Iglesia Presbiteriana Reformada Asociada, una pequeña secta cuyo calvinismo indoblegable incluía la completa aceptación de la verdad literal de la Biblia y una adhesión completa a la Confesión de fe de Westminster, del siglo diecisiete. Morrow le repetía versículos bíblicos a Billy Frank, para que penetraran en su mente, mientras le frotaba la espalda en la bañera; como era lógico, el primero que le enseñó fue el gran texto dorado de la evangelización, Juan 3.16: «Porque tanto amó Dios al mundo, que dio a su Hijo unigénito, para que todo el que cree en él no se pierda, sino que tenga vida eterna». Ella también tenía un calendario de las Escrituras sobre la pared de la sala en que desayunaban, y cada mañana arrancaba un versículo que los niños debían memorizar antes de ir a la escuela o, en el verano, antes de salir a jugar. La oración acompañaba todas las comidas, y cada noche, luego de la cena, la familia se reunía en el salón familiar para llevar a cabo otros devocionales. Morrow leía las Escrituras y diversos materiales que fueran de inspiración, y Frank oraba. Los niños, apenas tuvieron la edad suficiente, recitaban o leían versículos y elevaban oraciones simples. A los diez años, cada uno de los niños memorizó el Catecismo breve, una maravilla de la pedagogía, que incluía el mismo corazón de la teología calvinista en 107 preguntas concisas y respuestas autoritativas.

Aunque de ninguna manera era gris y sombría, la religión tal como se practicaba en casa de los Graham tendía a abrirse camino a través de reglas que se debían cumplir, y la fuerza que los motivaba era el terror a lo que se debía temer. Si bien lo estricto de su crianza le dio un toque grave a Billy Frank, no quebró su espíritu ni le quitó vigor. Desde muy temprano aprendió a canalizar la agresión a través de bromas prácticas y a disipar el enojo por medio de su eterna y desbordante afabilidad. Un compañero de clases recuerda: «Él demostraba con tanto entusiasmo que le gustaban todas las personas, que a todas las personas tenía que gustarles él. A causa de ese sentimiento de amor que parecía tener por todos resultaba irresistible».

Como vivían en el campo, los niños Graham tenían pocos compañeros de juego. Cuando Billy Frank tenía unos diez u once años, resolvió ese problema al desarrollar una inesperada adicción a la lectura. Leyó Tarzán y luego iba gritando por el bosque para recrear la historia, por lo general eligiendo a Catherine y Melvin como los simios obedientes. Se dejó llevar por la sabiduría grandilocuente de Zane Grey y exploró tierras distantes con Marco Polo. Y con la ayuda de una edición abreviada de la obra clásica de Gibbon, que Morrow encontró en una librería de usados, logró seguir la «Historia de la declinación y caída del Imperio Romano» antes de cumplir los catorce años. Morrow también le consiguió biografías de predicadores e historias de valientes misioneros en tierras lejanas, de las que el muchacho parecía disfrutar. Los cientos de horas que pasó con los libros (en el granero; en su dormitorio del piso de arriba, grande y abarrotado de cosas; y,

más frecuentemente, acostado de espaldas en el piso de la sala de
estar, con las piernas apoyadas sobre una silla y mordisqueándose
las uñas) lograron muy poco en cuanto a mejorar su desempeño
mediocre en la escuela, pero el haber estado expuesto a mundos
más allá de Piedmont despertó en él una fascinación permanente
por lo desconocido y un deseo de explorar nuevos territorios. Su
hambre de aprender también produjo en él la capacidad permanente de escuchar con atención cuando otros hablaban. Cada vez
que venían invitados de visita, él procuraba la silla más grande que
estuviera disponible y se sentaba mudo y con los ojos bien abiertos,
mordiéndose las uñas y absorbiendo cada frase.

Al crecer, Billy Frank se convirtió en un integrante más de la
mano de obra del tambo. Se levantaba a las dos y media o tres de la
mañana para ordeñar a las vacas, y cuando regresaba de la escuela
recogía y amontonaba el heno antes de tener que ordeñar otra vez;
también trabajaba en los campos durante los veranos cálidos y hú-
medos. A Melvin le entusiasmaban esas tareas y se apegó a su padre
desde su más temprana niñez, dispuesto a asumir su lugar mucho
antes de poder hacerlo. Eso le agradaba a Frank Graham, que sentía que un verdadero hombre debería trabajar con sus manos, trabajar duro, y disfrutar de ello. Billy Frank hacía lo que se le mandaba,
pero solamente porque se lo ordenaban. Para terminar con la tarea
y regresar a la casa tan pronto como le fuera posible, se convirtió en
el que ordeñaba más rápido en la granja, pero nunca llegó a considerar la labor manual como inherentemente virtuosa. Sin embargo,
aprendió y pudo cosechar los beneficios de su diligencia.

Cuando la adolescencia arremetió contra él, Billy Frank se abocó con entusiasmo a sus dos principales atracciones: el béisbol y las
chicas. Durante varios años, pasó la mayor parte de sus horas diur-
nas libres en el campo de juego y soñando con las grandes ligas;
pero el deseo no podía compensar la carencia de varias habilidades
fundamentales, en particular la del golpe. Jugó en primera base
en el equipo de la secundaria durante una temporada, se anotó
para cuatro lanzamientos en un equipo semiprofesional, y le dio la
mano a Babe Ruth cuando el Bambino pasó por el pueblo en una
gira arrasadora; pero esos fueron los puntos más relevantes de su
brillante carrera. Tuvo mucho más éxito con las chicas. Catherine
recuerda que «se enamoraba de una distinta cada día. Realmente

le gustaban las chicas. Y a ellas les gustaba él». Aparentemente
todavía le faltaba el toque final, como a una jirafa joven. Sus miembros eran delgados como escobilla para limpiar tuberías y su torso
angosto parecía demasiado flacucho como para sostener la gran
cabeza. Pero su amplia sonrisa y esos ojos celestes que refulgían
desde su entorno más oscuro le daban una apariencia única, que si
bien no lo hacía apuesto aún, con seguridad resultaba fascinante.
El hecho de tener acceso al automóvil de su padre, y el contar con
una contextura como la de Charles Atlas, le facilitaban largas no-
checitas agradables en compañía de jóvenes damas. Él reconoció
haber disfrutado de pasar tiempo con las chicas, pero insistió en
que otras libertades permanecieron solo en la esfera de la fantasía:
«Nunca fui más allá. Nunca toqué a una mujer hasta que me casé,
más allá de besarla». Reconoció este triunfo de la virtud sobre las
hormonas a la influencia de sus padres, haciendo notar que Frank
y Morrow Graham esperaban de sus hijos «que se mantuvieran
limpios, y nunca dudaron de que sería así. Confiaron en nosotros y
nos llevaron a vivir de acuerdo con esa confianza».

Aunque resultaba eficaz llenar aquellas mentes jóvenes con las
Escrituras y mantener sus cuerpos puros, a la piedad legalista prac-
ticada por los Graham le faltaba la seguridad reconfortante y el
poder vigoroso de una religión evangélica completa. Esto cambió
en 1934, cuando un pintoresco evangelista de nombre Mordecai
Ham llegó a Charlotte para llevar a cabo encuentros de evangelización que se extendieron desde fines de agosto hasta el domingo
posterior a Acción de Gracias. Fiel a la tradición de los evangelistas, el hermano Ham tenía fama de atacar el letargo del clero local,
lo que indudablemente influyó sobre la asociación de ministros de
Charlotte para que no apoyara sus reuniones. Sin embargo, durante la campaña de Charlotte, pareció concentrarse mayormente
en los dos criterios permanentes de la predicación evangelística: el
pecado y la salvación.

Tal vez debido a que su propio ministro era frío con respecto a la evangelización, los Graham no asistieron durante más o
menos una semana, pero Billy Frank posteriormente aceptó una
invitación del jefe de sus arrendatarios, que convocaba a los jóvenes a asistir a los servicios. Y las reuniones evangelísticas pronto se convirtieron en la principal actividad nocturna de la familia

durante los siguientes dos meses. Cuando Billy Frank se unió a las entusiastas 4.000 almas que había dentro del rústico tabernáculo de madera de pino, con techo de chapa y piso de aserrín esparcido, pronto sucumbió ante el aroma sulfuroso de aquellas explosiones del evangelista. «Ese hombre se paraba adelante, señalaba con el dedo y mencionaba todos los pecados que tú habías cometido», recordaría años más tarde. «Te hacía pensar que tu madre había estado hablando con él». Para evitar la mirada penetrante de Ham, Billy Frank se unió al coro, a pesar del consenso que existía con respecto a que él «no podía cantar nada». Se sentó allí, al lado de Grady Wilson, que compartía aquella motivación (que no tenía nada que ver con la música). Grady y su hermano mayor, T.W., eran hijos de un plomero que conocía a Frank Graham del Club de Hombres Cristianos. T.W. (al que abreviando solían llamar simplemente T) era alto y apuesto. Grady era más bajo y corpulento, tenía un entusiasmo irrefrenable y una inclinación humorística muy pueblerina en su concepción de la vida que le permitía descubrir la comicidad dondequiera que estuviera, y sino inventarla. Billy Frank conocía a los dos muchachos pero, dado que asistían a diferentes escuelas secundarias, no habían estado juntos hasta esas reuniones evangelísticas. La amistad que creció a partir de las experiencias que compartieron en aquellas noches frías de otoño duraría por el resto de sus vidas.

Billy Frank había hecho un acopio mental considerable de las Escrituras y por ser vicepresidente del grupo de jóvenes de su iglesia, probablemente nunca imaginó no ser un verdadero cristiano, pero la predicación de Ham amplió su conciencia con respecto al pecado, convenciéndolo que no le había entregado completamente su vida a Cristo. Finalmente, cuando el evangelista hizo su llamado, y mientras la congregación cantaba un himno de invitación cuyas palabras finales eran: «Casi creyendo... casi —¡pero perdido!» Billy Frank Graham y Grady Wilson «pasaron adelante» para registrar una decisión que cambiaría sus vidas para siempre. Decisión es la palabra apropiada, tal como Graham lo ha relatado a más de una de sus audiencias: «No tenía lágrimas en los ojos, no sentí ninguna emoción, no escuché truenos, no hubo relámpagos. Vi que una señora junto a mí tenía lágrimas en los ojos, y yo pensé que algo debía estar mal en mí porque no me sentía conmovido. Pero allí mismo tomé mi decisión por Cristo. Fue así de simple, y así de contundente». En su hogar, más tarde esa noche, Billy Frank les anunció a sus padres: «Soy un muchacho cambiado», lo que sus padres aprobaron. Pero en su habitación del piso de arriba, en privado, se preguntó si se sentiría diferente al otro día. Finalmente, cayó sobre sus rodillas junto a la cama y dijo: «Oh, Dios, no entiendo todo esto. No sé qué es lo que me está sucediendo. Pero hasta donde puedo ver, me he entregado a ti». Dado que en verdad no tenía pecados impactantes que repudiar, tomó nota mentalmente de las modestas mejoras que estaban a su alcance: mostrar más seriedad con respecto a su trabajo en la escuela, tener una consideración mayor por los demás, prestar atención al estudio bíblico y a la oración, y, lo más importante, asumir la determinación de manifestar esa marca distintiva de los cristianos evangélicos: dar testimonio de las Buenas Nuevas.

La nueva entrega de Billy Frank no disminuyó el deleite que sentía por la compañía de las muchachas ni refrenó su gran entusiasmo por correr con el Plymouth de su padre por carreteras secundarias, o conducirlo «justo hasta pegarlo a la acera» en el centro de Charlotte. De hecho, cuando la familia comenzó a asistir a la Iglesia Presbiteriana de la Décima Avenida, en Charlotte, un grupo de jóvenes devotos que se denominaban Life Service Band declinaron presentar su solicitud de membresía allí, en base a que él (Billy Frank) era «demasiado mundano». En la escuela sus notas mejoraron un poco, pero tuvo que volver a dar un examen final para poder graduarse.

Un observador objetivo podría haber llegado a la conclusión de que la conversión de Billy Frank era superficial, pero él insistía en decir: «Muy en lo profundo de mí, yo sabía que algo era diferente. Comencé a contarles a otros lo que me había sucedido. Comencé a desear leer la Biblia y orar. Me apropié de un pequeño himnario y empecé a memorizar aquellos himnos. Los recitaba porque no era bueno cantando». Como señal de la nueva madurez que buscaba, descartó el segundo de sus nombres. Él sentía que el doble nombre tenía un halo juvenil, como si se apodara Sonny, Buddy o Junior. Sin embargo, todavía no pensaba en una carrera como predicador, aun cuando los muchachos Wilson y varios otros jóvenes, influidos por Mordecai Ham, anunciaron su intención de entrar en el ministerio. Pero estaba impresionado por el esfuerzo que realizaban sus amigos y se sentía fascinado por los predicadores itinerantes que pasaban por Charlotte de tanto en tanto, y que ocasionalmente se hospedaban en el hogar de los Graham. Él escuchaba extasiado sus exposiciones, atrapado por sus emocionantes historias, e imitaba los estilos que ellos usaban en el púlpito ante el espejo. Pero la idea de sumarse a sus filas estaba aún distante en el horizonte, como una nube no mayor que la palma de la mano de un hombre.

2

El muchacho predicador

A pesar de su modesto rendimiento académico, Billy esperaba asistir a la universidad cuando llegara el tiempo. Convencida de que la ruta al infierno pasaba directamente por los campus de las universidades estatales, Morrow anhelaba que su hijo asistiera a alguna de las escuelas fundamentalistas promocionadas en la publicación *Moody Monthly*. El Wheaton College, en Illinois, fue su primera elección, pero resultaba muy caro y estaba tan alejado que ella comenzó a pensar en otras opciones. Su marido, que consideraba la universidad como una extravagancia, deseaba que su hijo se quedara en casa y lo ayudara con la granja.

Una solución pareció presentarse sola cuando uno de los evangelistas más conocidos del sur, Bob Jones, llegó a Charlotte para una corta serie de reuniones durante el último año de escuela secundaria de Billy. Grande e imponente, seguro de sí mismo hasta el punto de la arrogancia, inquebrantable en su propósito de decir exactamente lo que creía y provisto de un don de retórica que cautivaba los oídos, Jones había fundado el instituto Bob Jones College, una pequeña escuela bíblica en Cleveland, Tennessee. Ese instituto, aun no acreditado, no tenía prestigio dentro de los círculos educativos profesionales, pero iba ganándose una reputación como un lugar en el que los jóvenes fundamentalistas podían aislarse de los fríos vientos de la duda que soplaban a través de los campus seculares. El estilo directo e intransigente de Jones le fascinaba a Frank Graham, y decidió que a su hijo le vendría bien un poco de la disciplina práctica que caracterizaba a esa nueva escuela, en particular dado que el costo de asistencia a ella se había fijado en aproximadamente un dólar por día. Si Billy deseaba asistir al Bob Jones College (BJC), Frank estaría de acuerdo en enviarlo. Billy se resistió un poco, pero cuando T. W. Wilson, que había asistido a BCJ durante el semestre iniciado en primavera, volvió a casa con informes elogiosos, se fue haciendo a la idea. El argumento que lo convenció provino de Jimmie Johnson, un evangelista de veintitrés años, ídolo de Billy en ese momento. Johnson se mostraba como un alumno apasionado del Bob Jones College, y eso era todo lo que Billy precisaba. Bob Jones sería su universidad.

Después de graduarse de la secundaria en 1936, Billy y los hermanos Wilson pasaron el verano vendiendo los cepillos Fuller en pequeños pueblos de las zonas rurales de las Carolinas. Las vacas no eran el llamado de Billy; pero como vendedor demostró ser idóneo. Trabajó duro, aprendió cómo lograr que los clientes prestaran atención mientras él hurgaba el fondo de su bolso buscando un regalo que entregaba gratuitamente, oraba antes de comenzar a tocar los timbres (también entre casa y casa) y creía en el producto. Posteriormente él haría esta observación: «La sinceridad es lo más importante en lo que respecta a vender cualquier cosa, inclusive el plan cristiano de salvación». Como todos los buenos vendedores, quedó atrapado por el mismo proceso de venta. «Vender esos cepillos se convirtió en una causa para mí. Estaba dedicado a ello y el dinero se volvió algo secundario. Yo sentía que toda familia debía tener los cepillos Fuller como una cuestión de principios». Cuando acabó el verano, sus ventas igualaban a las de cualquier otro vendedor de Fuller en Carolina del Norte o en Carolina del Sur.

Durante ese verano, Billy y los muchachos Wilson apostaron a Jimmie Johnson todas sus chances. Un domingo por la mañana, Johnson les habló a Billy y Grady acerca de ir con él a la cárcel de la ciudad para llevar a cabo un servicio. Ninguno de los muchachos había estado antes dentro de una cárcel, y la vista, los sonidos y los olores que flotaban sobre aquel encuentro de malhechores del sábado por la noche golpeaba sus sentidos con impresiones fuertes acerca de la humanidad caída, mientas ellos observaban con admiración silenciosa la forma en que su héroe transmitía una corta homilía. Entonces, al menos en parte como una broma útil, no infrecuente entre los predicadores, Johnson presentó a Billy como un nuevo convertido que deseaba contarles lo que Jesús había hecho por él. Como Jimmie supuso, el pedido tomó a Billy por sorpresa, pero él ya había escuchado muchísimos testimonios y sabía más o menos qué hacer, así que respiró profundo y dio un saludo completamente inapropiado: «Me alegro de ver a tantos de ustedes aquí en esta tarde». Continuó, y fue entrando en calor al encarar la tarea que le tocaba, hasta el punto de exagerar la oscuridad de su condición previa a la conversión: «¡Yo era un pecador y un inservible! ¡No me importaba nada de Dios, de la Biblia o de la gente!». Luego se embarcó en aquella proclamación consagrada que había escuchado de Mordecai Ham y de toda una cohorte de otros evangelistas, y que él había practicado delante del espejo: «¡Jesús cambió mi vida! ¡Me dio paz y gozo! ¡Él puede darte paz y gozo! ¡Él perdonará tus pecados como perdonó los míos si solo le permites entrar en tu corazón! Jesús murió para llevar tus pecados sobre sus hombros». Luego, con el corazón latiéndole fuerte por el entusiasmo, tomó aquello como un caso de muestra y salió de la cárcel. No hizo un llamado, ni ninguno de los prisioneros tomó una «decisión», pero las afirmaciones realizadas durante aquel sermón improvisado —que Jesús había muerto para que los pecadores pudieran ser perdonados y sus vidas transformadas y para que encontraran paz con Dios— quedarían como los principios centrales de su predicación durante más de setenta años.

A fines del verano, Frank Graham llevo a Billy y a los hermanos Wilson hasta Tennessee para que se matricularan en el Bob Jones College. El Dr. Bob, que se veía a sí mismo (y quería que otros lo vieran así también) como el principal evangelista del Sur y como el líder más influyente del fundamentalismo, procuraba resueltamente moldear a los estudiantes a su propia semejanza. Por el lado positivo, era talentoso y entregado a niveles académicos y espirituales altos, según él los comprendía, y los estudiantes de su instituto estaban sujetos a un programa apretado de clases, alternados con servicios diarios en la capilla, cultos vespertinos y devocionales regulares en los dormitorios. Resultaba menos admirable que él fuera obsesivo en cuanto a su propia importancia, dogmáticamente rígido, y vehementemente intolerante con respecto a cualquier cosa que se pareciera a una opinión diferente de la de él. La meta educativa que él establecía para sus estudiantes era manejar con maestría un material cuidadosamente revisado y la supresión de todo pensamiento original o independiente. Jones también sentía la necesidad de acorralar la «concupiscencia de la carne» en los jóvenes a su cargo. Con este fin, prohibía a los estudiantes tener cualquier tipo de contacto físico, inclusive tomarse de las manos, con los miembros del otro sexo. Las citas podían llegar a quince minutos de conversación una vez a la semana, en una sala con acompañantes. La administración del lugar también monitoreaba el correo para asegurarse de que nada lascivo, o poco sólido doctrinalmente, o desfavorable a la institución se colara desde el amenazante mundo exterior. Los estudiantes que se irritaban ante tales medidas aprendieron a prestarle atención a los carteles de advertencia colocados en los dormitorios: «No se admiten quejas». La más mínima infracción a esta o cualquier otra regla, escrita o no, podía ocasionar fuertes sanciones, y un estudiante que acumulara más de 150 amonestaciones enfrentaba la expulsión automáticamente.

Billy intentó acomodarse, pero él y su nuevo amigo Wendell Phillips se volvieron un poco descuidados en cuanto a algunas de la regulaciones, acumulando una peligrosa cantidad de amonestaciones; Phillips estimaba: «ambos tenemos unas 149». Para empeorar las cosas, el trabajo de Billy en clase era un desquicio. En la escuela secundaria nunca había aprendido a estudiar, y simplemente no podía seguir el ritmo frenético que imponía el instituto. En medio de ese estado de depresión y desaliento, las alergias y la gripe lo tuvieron como un blanco fácil. Comenzó a perder peso y pasaba largos períodos en la enfermería del instituto. Cuando fue a su casa para Navidad, un doctor de Charlotte sugirió que le iría mejor en un clima más cálido. De manera fortuita, un evangelista que visitaba el hogar de los Graham les recomendó el Florida Bible Institute, una nueva institución en Temple Terrace, en las cercanías de Tampa. Por aquel mismo tiempo, Morrow había persuadido a Frank a ir con la familia de visita a lo de una de sus hermanas, que acababa de comprar un pequeño hotel en Orlando. Durante ese viaje de cuatro días, que incluyó una visita al instituto bíblico, Billy se enamoró de Florida, cuyo clima cálido, lagos, palmeras y flores le parecían paradisíacos en contraste con la tristeza invernal del instituto de Bob Jones.

Cuando las vacaciones acabaron y regresó a BJC, Billy le contó a un amigo acerca de las maravillas de la Florida. Cuando el Dr. Jones descubrió que Billy hablaba positivamente acerca de otra institución, lo mandó llamar a su oficina y lo acusó de deslealtad, uno de los pecados más serios de su catálogo. Le profetizó: «Billy, si te vas y pierdes tu vida asistiendo a una pequeña institución rural, es muy probable que nunca se escuche nada más acerca de ti. En el mejor de los casos, lo único a lo que puedes aspirar es a ser un pobre predicador rural bautista en algún lugar perdido por allí, en la Cochinchina». Luego, inesperadamente, Jones suavizó su tono. «Tú tienes una voz que atrae», le dijo. «Algunas voces repelen. Tú tienes una voz que apela. Dios puede usar esa voz tuya. Puede usarla poderosamente».

La profunda renuencia que sentía Billy en cuanto a desafiar la autoridad le hizo difícil actuar según sus inclinaciones, pero se volvió a enfermar, y los Graham cargaron una vez más el Plymouth gris y se dirigieron a Tampa. La ruptura decisiva entre Billy Graham y el fundamentalismo simbolizado por Bob Jones no llegó sino veinte años después, pero las primeras fisuras ya habían hecho su aparición.

El Florida Bible Institute se adaptaba perfectamente a Billy y le ofreció deleites que nunca había conocido. Sus instalaciones principales estaban ubicadas en un antiguo club de campo, un hotel de lujo que había quebrado durante la Gran Depresión. El fundador y presidente del instituto, W. T. Watson, quien era él mismo producto de un instituto bíblico, había adquirido la propiedad en términos muy favorables e ingeniosamente la había convertido en un híbrido: un instituto, un centro de conferencias y en un complejo turístico fundamentalista, en el que la mayoría de los noventa estudiantes, más o menos, se costeaban su escolaridad trabajando como personal del lugar. Billy trabajaba como botones, camarero, caddie y lavacopas, pero nunca le faltó tiempo para los deportes. Nadaba y practicaba canotaje en el cenagoso río Hillsborough, infectado de serpientes, que bordeaba el campus. Jugaba al tenis con una destreza semejante a la que había mostrado en el béisbol. Y pasaba todo el tiempo que podía en el campo de golf de dieciocho hoyos que tenía la institución. Admitió que durante la mayor parte de su primer año había sido «apenas un turista glorificado que tomaba unos pocos cursos bíblicos» y un compañero más estudioso señaló que «él no era alguien que buscara en profundidad. Lograba mucho por osmosis».

Académicamente, el instituto significaba muy poca mejora (si acaso alguna) por encima del Bob Jones College, pero Watson complementaba la tarea del cuerpo docente (la mayoría de los cuales pastoreaban también congregaciones locales) invitando a una multitud de líderes fundamentalistas de renombre para funcionar como instructores visitantes por un corto tiempo. Billy se deleitaba con su presencia. Del mismo modo en que una vez se había apegado a los evangelistas de la liga menor que pasaban por Charlotte en su camino de ascenso, también ahora aprovechaba todas las oportunidades de aprender. Billy analizaba sus fortalezas y debilidades, determinado a encontrar alguna manera en la que él pudiera prestarle un servicio semejante al Señor y a la iglesia. Asistía a las conferencias y tomaba notas de los sermones. Se sentaba completamente fascinado cuando ellos llevaban a cabo sesiones informales en los salones del hotel. Servía sus mesas, lustraba sus zapatos, los acompañaba como caddie, les llevaba las maletas, se tomaba fotos con ellos y escribía a su casa diciéndole a su mamá lo mucho que anhelaba ser como este o como aquel. Posteriormente les hizo saber: «Creo que el Señor me está llamando al ministerio, y si lo hace, será en el campo de la evangelización».

Para Billy el más significativo «padre de la fe» durante sus días en Florida fue el reverendo John Minder, decano académico del instituto y pastor de la iglesia Tampa Gospel Tabernacle. Cuando se encontraba con jóvenes varones o mujeres que prometían, Minder hacía todo lo que podía para alentarlos. La energía inagotable de Billy y su irrefrenable vitalidad, su disposición a trabajar arduamente, su popularidad, y, sobre todo, su obvia sinceridad y dedicación a Dios impresionaron al decano, que lo adoptó como su proyecto especial. Durante las vacaciones de Pascua, en la primavera de 1937, Minder invitó a Billy a unirse a él y a su familia en un centro de conferencias de su propiedad cerca del límite norte del estado. En la tarde del día de Pascua, viajaron a Palatka para visitar a Cecil Underwood, un predicador bautista bivocacional,

que se autosostenía puliendo y barnizando pisos mientras pasto-
reaba una iglesia en la pequeña comunidad de Bostwick. Cuando
Underwood invitó a Minder a predicar esa noche, el decano le
hizo un guiño y dijo: «Billy va a predicar esta noche». Billy carras-
peó y protestó diciendo que él nunca había predicado antes, pero
Minder lo había escuchado dar su testimonio en una reunión dirigida por los alumnos, e ignoró sus protestas. Le dijo: «Ve adelante
y predica. Cuando agotes lo que tienes, sigo yo». De hecho, Billy
no estaba totalmente desprevenido. Sabía que un día así llegaría y
había copiado, embellecido y practicado cuatro sermones tomados
de un libro publicado por Moody Press. Ese domingo por la noche, ante no más de veinticinco o treinta bautistas, Billy Graham
predicó su primer sermón verdadero. Para ser precisos, predicó sus
primeros cuatro sermones verdaderos. Había calculado que cualquiera de ellos podría durar más de media hora, pero la ansiedad
aceleró tanto su expresión oral y recortó tanto su memoria que
acabó los cuatro en menos de ocho minutos. Ese primer sermón
fue simplemente un hito histórico, un comienzo formal que no
tuvo grandes consecuencias inmediatas ni para Billy ni para su audiencia, y él todavía no sentía un claro llamado a predicar, aunque
obviamente planeaba estar listo por si era que llegaba. Pero si Dios
aun no estaba dispuesto a llamarlo, John Minder sí. Unas pocas
semanas después, invitó a Billy a unirse a él en el Tampa Gospel
Tabernacle como director de jóvenes, un puesto que mantuvo hasta
graduarse, tres años después. Billy comenzó a considerar posibles
candidatas entre las cuarenta estudiantes del instituto tan pronto arribó al campus. Su ropa pintoresca y su manera amistosa lo
convirtieron de inmediato en un éxito entre las chicas, pero muy
pronto él limitó todo el campo de interés a una belleza vivaz de
cabellera oscura llamada Emily Cavanaugh. Cayó ante ella rápida
y concluyentemente, y ese verano, a los dieciocho años, le pidió que
se casara con él. Luego de unas pocas semanas de reflexión, Emily
aceptó la propuesta, pero continuó pareciendo insegura en su decisión. Una tarde de finales de primavera, ella rompió el compromiso
y le devolvió el anillo. Billy quedó estupefacto, incapaz de comprender por qué Emily no había logrado corresponder a su amor.
Su hermano Melvin tenía una teoría: «Ella quería casarse con un
hombre que fuera a ser alguien y no creía que él lo lograra. Creo
que esto constituyó todo un punto de inflexión. Él se deprimió y le
pidió al Señor algo a que aferrarse».

Resultaba claro que Billy apuntaba al ministerio, pero creía que los hombres no eligen ser evangelistas o pastores; Dios los elige, y cuando él los elige, ellos lo saben. La búsqueda de una certeza le quitó el sueño a Billy durante gran parte de esa primavera de 1938. Noche tras noche, llevado por el insomnio, caminó por las calles de Temple Terrace o vagó por la campiña húmeda y exuberante hasta por tres o cuatro horas, orando en voz alta mientras caminaba. Final e inevitablemente, llegó a la única conclusión que estaba dispuesto a aceptar. Regresando al campus alrededor de la medianoche, después de una de sus melancólicas caminatas, se arrodilló junto al campo de golf de dieciocho hoyos, y dijo: «Está bien, Señor. Si tú me quieres, aquí me tienes. Seré lo que tú desees que sea e iré a dónde tú quieras que vaya». Y eso fue todo. Puede no haber sido en forma audible, pero tuvo su llamado. Ahora debía predicar.

Habiendo puesto su mano en el arado, Billy Graham nunca miró hacia atrás. El decano Minder lo dejó substituirlo en el tabernáculo de vez en cuando y alentó a otros ministros amigos a que le dieran a ese joven una chance, pero Billy creó la mayor parte de sus oportunidades. Los fines de semana él y un solista, o un cuarteto gospel, conducían una camioneta con cerramiento de madera de propiedad de Minder hasta Tampa o iban al canódromo de Sulphur Springs y llevaban a cabo siete u ocho servicios al aire libre por día. Los predicadores callejeros eran apenas mejor recibidos en aquellos días que ahora.

Cierta vez, cuando comenzaron a condenar el pecado a la entrada de una taberna, en una de las calles más rudas de Tampa, un barman, enojado, lo golpeó y le metió la cara en el barro. Ese tipo de rechazos lo convencían de que estaba sufriendo por amor a Cristo y redoblaba su determinación a no perder oportunidad de declarar las maravillas de la gracia de Dios. Los domingos por la tarde predicaba el arrepentimiento a los pecadores que habían pasado la noche en la cárcel de Sulphur Springs. Para completar, los domingos por la noche fue aceptado como capellán del camping de casas rodantes de Tampa, instalación con una capacidad de mil lugares que se publicitaba como «la capital turística mundial de las latas». Durante la temporada alta de las vacaciones de invierno, con frecuencia congregaba a varios cientos de esos turistas en los servicios que llevaba a cabo en el pabellón central, donde lo escuchaban predicar la versión pulida del sermón que ya había predicado varias veces durante el fin de semana. Agregado a estas rondas regulares, predicaba en una misión de origen hispano (su primera experiencia en el uso de un traductor), y en mercados de carne y depósitos de cebollas transformados, en carpas y en cualquier otro lugar en el que consiguiera gente que lo escuchara. Cuando se le presentó la oportunidad de hablar en la audición *Back Home Hour,* un programa de radio producido por el instituto, aceptó con rapidez, dando inicio a su aparición inaugural en un púlpito electrónico con el tembloroso ruego: «Gente, oren por mí, porque nunca he hecho esto antes». Como lo hizo notar uno de sus contemporáneos: «Su arma evangelística estaba siempre cargada».

A medida que Billy adquiría experiencia y habilidad, las iglesias rurales que confiaban en los jóvenes salidos de los institutos como «predicadores suplentes» comenzaron a invitarlo a hablar. Desde el inicio, por razones que desafían la posibilidad de una explicación fácil, la predicación de Billy mostró una característica fenomenal que nunca perdió: cuando él hacía la invitación al concluir sus sermones, la gente respondía, generalmente en una cantidad que superaba ampliamente lo que uno pudiera haber previsto. La primera vez que hizo una invitación con todas las de la ley a un grupo de no más de cien personas en un establecimiento comercial transformado en iglesia, en la ciudad de Venice, en la Costa del Golfo, treinta y dos personas pasaron al frente, o sea más de lo que muchos predicadores lograrían en un año. El superintendente de la Escuela Dominical de la iglesia hizo esta observación: «Hay un joven que va a ser conocido por todo el mundo». Ese verano de 1938, Billy llevó a cabo su primera campaña de evangelización en la Primera Iglesia Bautista de East Palatka, Florida. El éxito que logró llevó a Billy a señalar: «Fue el primer pequeño indicio que tuve acerca de que tal vez el Señor me fuera a usar para la evangelización». También marcó un cambio formal de denominación: pasó de la Presbiteriana a la Bautista del Sur. Cuando el pastor local y los diáconos de East Palatka supieron que su joven ganador de almas era un presbiteriano que nunca había sido bautizado por inmersión siguiendo el patrón bíblico, lo persuadieron a unirse a un puñado de sus convertidos y ser bautizado en el lago Silver Lake de las cercanías. La lealtad denominacional nunca constituyó una cuestión mayor para Billy; si las personas creían que eran pecadores, que Dios los amaba, y que Cristo había muerto para que tuvieran vida eterna, eso era suficiente para él. Además, resultaba evidente que un joven determinado a convertirse en un evangelista recibiría mucho más aliento y apoyo de los bautistas que de los presbiterianos. En todo caso, había encontrado que la transición hacia la modalidad bautista le había resultado fácil, y varios meses después fue ordenado como evangelista por la Asociación Bautista St. John, del norte de la Florida.

Al igual que Billy, muchos entre las docenas de hombres jóvenes del Florida Bible Institute tenían la intención de predicar. Algunos probablemente contaran con un talento natural para la predicación, semejante al de Billy. Lo que lo distinguía a él del resto era que volcaba en su predicación cada posible gramo de talento que tuviera y un gran compromiso. Utilizando una técnica común a los jóvenes predicadores, incursionaba por todos los libros de sermones impresos, extrayendo ilustraciones, tomando algunos de sus bosquejos, y muy a menudo, memorizando el texto completo de los sermones que se predicaron por primera vez en Chicago, o en Filadelfia, o en Londres. Prácticamente todas las tardes, cuando finalizaban las clases, tomaba un libro de sermones, se iba a un galpón cercano a su dormitorio, y reconvenía a las latas de aceite y a las máquinas de cortar césped por su corazón duro y falta de fe, o remaba en canoa hasta un punto solitario del río Hillsborough, donde denunciaba los pecados de las serpientes y cocodrilos y los llamaba a que se arrepintieran so pena de perecer. No solo practicaba las palabras, sino los gestos adecuados a utilizar para traer a los extraviados de vuelta a casa. Una tarde, una estudiante que pasaba junto al auditorio del instituto escuchó a alguien predicar como si se dirigiera a una multitud. Cuando espió adentro, descubrió a Billy en el podio, dirigiéndole a las sillas vacías y escenificando la historia de la creación, levantando las manos por encima de su cabeza y extendiendo los dedos, como si fuera Dios y estuviera lanzando los planetas y estrellas al espacio. Su gesticulación exuberante y su expresión oral, hecha a gran velocidad, lo llevaron a recibir el sobrenombre de Predicador Molino de Viento. Y casi todos los que lo escuchaban mencionaban la cantidad poco común de ruido que él podía generar desde el púlpito.

Billy estaba dispuesto a practicar sus sermones ante un auditorio vacío, pero cuando llegara el tiempo de enfrentar a una audiencia viviente, deseaba que esas sillas estuvieran llenas. Desde el principio mostró una aguda comprensión del papel que podía jugar la autopromoción en la carrera de un evangelista. Mandó hacer estandartes en los que se alentaba a la gente: «Escuche a Billy Graham», y distribuía volantes que lo describían como «Uno de los evangelistas jóvenes más destacados de Estados Unidos» y agregaban: «Mensajes dinámicos que nunca olvidarán». También aprendió a publicitar el hecho de que los servicios incluían una buena parte de entretenimientos consagrados: «Buenas canciones todas las noches —tríos, cuartetos, dúos, solos, una orquesta— y abundantes oportunidades de trato social. Tus amigos estarán allí. ¿Por qué tú no?».

En el instituto, donde el que obtuviera los mayores honores recibiría el reconocimiento de «ganador de almas», parecía Saúl entre los benjaminitas. Sin embargo, Billy se daba cuenta de que necesitaba credenciales más importantes que un diploma por el Curso de Entrenamiento de Obreros Cristianos, otorgado por un instituto fundamentalista muy poco acreditado. Los institutos bíblicos no pretendían ofrecer un currículo amplio, y él sabía que había huecos en su educación. Aunque deseaba dedicar cada una de las horas que pasaba despierto a una evangelización activa, con sabiduría decidió aceptar una notable oferta que había recibido unos pocos meses antes.

Durante el invierno, un grupo de turistas asociados con el Wheaton College habían pasado algunos días en el hotel del instituto. Escucharon a Billy predicar en el Tampa Gospel Tabernacle y quedaron impresionados, pero percibieron que necesitaba ampliarse y profundizar. Elner Edman, el hermano del presidente de la universidad Wheaton, V. Raymond Edman, le dijo que debería ir a Wheaton. Billy le respondió: «Eso era lo que mi madre deseaba, pero es demasiado caro». Un día o dos después, Edman y otro hombre, cuyo hermano era presidente del consejo de administración, le pidieron a Billy que hiciera de caddie para ellos. En el campo de golf, se ofrecieron a pagar su primer año en Wheaton y a utilizar sus influencias para procurar conseguirle una beca durante los años siguientes. Para Billy, aquello fue una respuesta a la oración. Algunos de sus amigos le advirtieron que no aceptara esa oferta. Él ya contaba con un indiscutible talento para ganar almas. ¿Por qué arriesgarse a una contaminación o a ser aguado a causa de recibir más educación. Pero él nunca titubeó en realidad. Luego de otro verano de reuniones evangelísticas, cambió el centro de su universo, dirigiéndolo más allá de los plácidos suburbios de Chicago hasta Wheaton, Illinois, ahora convertido en el centro intelectual y político del mundo fundamentalista.

3

Ruth

Wheaton encarnaba el espíritu más amplio del fundamentalismo norteamericano en la década de 1930. Como acreditada universidad de bellas artes, liberal y respetable desde lo académico, atraía a los descendientes de muchas familias fundamentalistas acomodadas e influyentes de Estados Unidos. Debido a que Wheaton prácticamente no le acreditó los cursos tomados en Florida, Billy, que ahora tenía casi veintidós años, tuvo que matricularse como estudiante del primer año. Con su ropa de color vivo y un acento de Carolina del Norte llevaba a la gente a pensar que era un muchacho campesino e ingenuo. Su edad y estatus como ministro ordenado con una experiencia real en la predicación lo hizo dar un salto por sobre otros neófitos y pronto emergió como una figura muy conocida en el campus. Poco tiempo después conoció a Ruth Bell, una estudiante de segundo año que, había crecido en Tsingkiang, China, como hija de un misionero médico presbiteriano. Ruth señala no recordar muy claramente la primera vez en que se encontraron. Billy se enamoró de ella inmediatamente e informó a su madre acerca de ello antes aún de juntar el coraje para pedirle una cita.

En muchos sentidos, la infancia de Ruth y Billy difícilmente podrían haber sido más distintas. Él se había enfrascado en la lectura de libros sobre tierras lejanas; ella no podía haber vivido más lejos de Charlotte. Él había escuchado sermones acerca de la perversidad de los juegos de cartas y de la blasfemia; el camino que regularmente recorría ella hacia la escuela la llevaba a través de arroyos putrefactos en los que los perros comían pequeños cadáveres de bebés asesinados por sus padres porque eran deformes o del sexo femenino. Ella sabía de niños secuestrados por bandidos y vendidos como esclavos o para ejercer la prostitución, y de misioneros que habían sido asesinados o se habían matado ellos mismos por la desesperación, debido a lo miserable de sus circunstancias. Billy se levantaba a las 2:30 a.m. para ordeñar las vacas; Ruth con frecuencia se mantenía despierta en la cama a esa hora, incapaz de dormir debido al ruido de los disparos de armas de fuego y a las bombas, o por temor a las ratas y escorpiones que ni aún las más estrictas medidas podían eliminar. A pesar de esas diferencias, existían asombrosos puntos de contacto entre los dos jóvenes. El padre de Ruth, el Dr. L. Nelson Bell, no solo amaba el béisbol, sino que había firmado contrato con el equipo granjero los Orioles de Baltimore poco antes de engancharse con el Movimiento Voluntario de Estudiantes para Misiones en el Extranjero y de dedicarse a las misiones médicas. Como director del Hospital General de Tsingkiang, el Dr. Bell demostró ser un cirujano talentoso, y como Frank Graham, un hombre de muchos recursos como sostén de su familia. También, al igual que los Graham, los Bell habían criado a su prole inmersa en la piedad presbiteriana, en base a dosis diarias de devocionales familiares y privados y esperando que memorizaran grandes porciones de las Escrituras.

La religiosidad de Ruth, sin embargo, tomó un giro serio mucho más temprano que la de Billy. A los doce años, apuntaba a una carrera de misionera al Tibet, al menos en parte, porque ese parecía el desafío más grande que podría enfrentar.

Durante 1935 y 1936, los Bell pasaron un año de licencia en Montreat, Carolina del Norte, una villa pintoresca en la ladera de la montaña que les servía como centro de conferencias y urbanización para jubilados a los presbiterianos del sur. Tanto Ruth como su hermana Rosa terminaron la escuela secundaria ese año. Rosa entró a Wheaton durante el otoño de 1936, y Ruth la siguió un año después. La belleza vivaz de Ruth, su vida de experiencias inusuales que fascinaba a los jóvenes cristianos que consideraban el campo misionero como el más alto de los llamados humanos, y su bien conocida piedad (se levantaba regularmente a las 5 a.m. para orar y leer la Biblia) la convirtieron en el mejor partido de su clase.

Aunque Ruth no sintió truenos y relámpagos cuando conoció a Billy Graham, durante el semestre de otoño de 1940, él la impresionó pocos días después por el fervor de su oración en una reunión informal de la iglesia. «Nunca había oído a nadie orar así antes», dijo. «Sentí que allí estaba un hombre que conocía a Dios de una manera muy peculiar». Cuando él finalmente reunió el coraje de pedirle que lo acompañara a una representación de El Mesías, de Handel, ella aceptó inmediatamente. Luego del concierto y una lenta caminata por la nieve hasta la casa de un profesor, para tomar el té, él volvió a escribir a su casa, anunciando que planeaba casarse con esta nueva muchacha que le recordaba tanto a su madre. Los Graham tomaron nota, pero no hicieron planes para la boda. Como lo recuerda su hermana menor Jean: «Él se había enamorado tantas veces, que no le prestábamos mucha atención». Ruth, siempre más reservada, prefirió solo hacérselo saber a Dios: «Si me permites servirte junto a este hombre, lo consideraré el mayor privilegio de mi vida». Ella evidentemente se sentía intrigada con respecto a él y les escribió a sus padres acerca de un joven «humilde, considerado, sin pretensiones y educado», con una determinación poco común a discernir la voluntad de Dios y cumplirla. Pero luego de que a veces pasara semanas sin llamarla, ella comenzó a salir con otros estudiantes. Eso produjo el resultado deseado y Billy le dio un ultimátum: «¡O sales solo conmigo, o puedes salir con todos los demás pero no conmigo!». Funcionó y comenzaron a salir regularmente, por lo general para asistir a alguna reunión de predicación. Él la impresionó por su «presentación audaz e intransigente del evangelio», pero posteriormente confesó que pensaba que el tono de voz de su predicación era demasiado fuerte y rápido. Y le llevó un tiempo acostumbrarse al hecho de que, casi invariablemente, se producía una impresionante cosecha al momento de la invitación.

A medida que Billy se iba sintiendo más seguro en la relación, comenzó a asumir el modo patriarcal y autoritario que había aprendido en casa. Le decía a Ruth qué comer e insistía en que ella hiciera más ejercicios. Ruth les confió a sus padres que Bill (nunca lo llamó Billy) «no es demasiado fácil de amar a causa de su severidad y su postura férrea con respecto a ciertas cuestiones», pero que su forma de asegurarle que hacía lo que hacía porque la amaba, invariablemente derretía su resistencia.

Hablaron del futuro en términos de sus respectivos «llamados». Ella todavía se aferraba a su sueño de evangelizar el Tibet. Él respetaba su noble aspiración, pero dado que no sentía un llamado al Himalaya para sí mismo, intentó convencerla que el más alto rol que una mujer puede desempeñar es el de esposa y madre. Al final del semestre de primavera, justo antes de partir, en el verano de 1941, le pidió a Ruth que se casara con él. Ella no le respondió inmediatamente, pero unas pocas semanas después le escribió diciendo que creía que su relación «era del Señor» y que le agradaría convertirse en su esposa. El 7 de julio, reconoció ante sus padres: «Estar en un trabajo [evangelístico] con Bill no será fácil. Habrá poco respaldo financiero, muchos obstáculos y críticas, y ninguna clase de gloria terrenal», pero agregó: «Yo sabía que no tendría paz hasta que rindiera mi voluntad al Señor y decidiera casarme con Bill». A esta altura, todavía no se habían besado.

Ese verano, Billy conoció a los Bell, que finalmente habían sido obligados a salir de China por los japoneses, y Ruth fue a Charlotte a visitar a los Graham. A finales del verano, Billy fue a Montreat, donde los Bell se habían establecido en forma permanente, y le dio a Ruth el anillo de compromiso. Entonces, cuando Ruth se preparaba para regresar a la universidad, se enfermó tanto que sus padres temieron que ella pudiera tener malaria y decidieron ponerlas tanto a ella como a Rosa, que sufría de tuberculosis, en un sanatorio presbiteriano de Nuevo México. El descanso restauró la salud de Ruth. Rosa se recuperó, aunque mucho más lentamente. Pero la calma que Ruth experimentó durante la separación resucitó viejas dudas. Finalmente, le escribió a Billy señalando que se sentía insegura de su amor por él y pensaba que sería mejor romper su compromiso. Él quedó destruido pero decidió no reaccionar apresuradamente. Cuando ella volvió a la universidad en enero de 1942, él ofreció recibirle de vuelta el anillo, pero ella titubeó, y explicó que el verdadero problema era que todavía se sentía llamada a ser misionera. Percibiendo una apertura, él usó un acercamiento cuya eficacia no se puede olvidar: la convenció de que no hacer lo que él quería sería frustrar la evidente voluntad de Dios. «¿Crees o no que el Señor nos ha reunido?», preguntó. Ella admitió que ese era el caso. Él señaló que la Biblia dice que el marido es cabeza de la mujer, y declaró con una autoridad probablemente basada en arena movediza: «Entonces yo llevaré el liderazgo y tú me seguirás». Ruth Bell con el tiempo renunció a su vocación misionera, pero solo el más ciego de los observadores podría concluir que también hubiera renunciado a su propia voluntad o a su independencia.

Billy y Ruth fijaron la fecha de casamiento para agosto de 1943, dieciocho meses más adelante. En el ínterin, finalizaron sus estudios. Ruth se graduó en artes, con un título secundario en Biblia. Según la concepción de la mayoría de sus amigos, ella era la mejor de las estudiantes, y él un comunicador carismático (en ese entonces y en los años siguientes), pero Billy tomó sus estudios con mayor seriedad que nunca, y desarrolló la saludable convicción de que siempre necesitaría saber más. Bajo la influencia de un destacado profesor que enseñaba en Wheaton en los espacios que le dejaba la Universidad de Pennsylvania, Billy decidió graduarse en antropología. En lugar de llevarlo hacia un relativismo cultural (con el supuesto de la ausencia de normas confiables en cuanto a la verdad y a los valores) la versión de antropología que le presentó Wheaton le proveyó una confirmación tranquilizadora con respecto a que la gente de todas las culturas es semejante en esencia, y por lo tanto igualmente abierta a una explicación franca de su problema (el pecado y su separación del único Dios verdadero) y de la solución (la aceptación de la gracia salvadora, hecha posible a través de Cristo).

A principios de 1943, Robert Van Kampen, un hombre de negocios local, director de una importante compañía dedicada a impresiones y a publicidad, habló en la capilla de Wheaton. Luego entabló una conversación con Billy, quien le dijo que planeaba ser predicador. Van Kampen lo invitó a hablar en una pequeña iglesia bautista, muy luchadora, a la que él asistía, cercana a Western Springs. El espacio físico de esa iglesia consistía en tan solo un sótano techado, primera instalación de lo que, según las expectativas de varias docenas de miembros, con el tiempo se convertiría en un edificio completo. El primer sermón de Billy, predicado según su velocidad y volumen habituales, rebotaba contra las paredes de estuco y contra los asientos de madera, pero impresionó a su audiencia y lo llevó a que le ofrecieran convertirse en pastor de la iglesia luego de su graduación, con un salario de cuarenta y cinco dólares por semana. Otras iglesias también habían mostrado interés en Billy, pero la perspectiva de tener que sostener a una esposa dominaba su pensamiento, y aceptó la oferta sin consultar con Ruth, descuido que condujo a una discusión acalorada sobre la diferencia entre autoridad y mostrar consideración. Al menos parte de la irritación de ella provenía del temor a que un pastorado le impidiera a Billy llevar a cabo la evangelización. No necesitaba haberse preocupado. Aparentemente nunca fue su intención permanecer en Western Springs por mucho tiempo. La guerra había avivado su fuego patriótico, y decidió enrolarse. Cuando sus profesores lo convencieron de que podría hacer un mejor aporte como ministro, se postuló a un cargo como capellán del ejército, señalando su preferencia en cuanto a ser asignado al frente de batalla. Dos veces rechazó el ejército su solicitud en base a que le faltaba experiencia pastoral y a que tenía bajo peso físico.

Luego de la boda en Montreat, Ruth se pescó un resfrío en el viaje de regreso a Western Springs de su luna de miel de siete días en una instalación turística de Blowing Rock, Carolina del Norte. En lugar de llamar para cancelar un compromiso que tenía en Ohio y así poder estar junto a la cama de su flamante esposa (razón que los que lo habían invitado seguramente entenderían) Billy la internó en un hospital de la localidad y mantuvo su compromiso, mientras le enviaba un telegrama y una caja de dulces para consolarla. Ella se sintió herida por esa aparente falta de preocupación en cuanto a su estado y a sus sentimientos, pero muy pronto descubrió que no había nada por encima de la predicación en la lista de prioridades de su marido, y que esa no sería la última vez que él dejaría de estar junto a la cama de un hospital (y hasta abandonaría la suya propia), y aún se perdería algunos momentos clave de tristeza o de celebración, por mantener la promesa de ir a predicar a algún lugar.

A pesar de la brevedad de los dieciocho meses que pasó como pastor, Billy desplegó talentos y tuvo ciertas oportunidades en Western Springs que resultaron cruciales para su promoción a un nivel nacional. Había comenzado a considerarse bautista, pero no estaba dispuesto a marcar ninguna línea que lo limitara en su alcance, y persuadió a los diáconos para que cambiaran el nombre de la iglesia Western Springs Baptist Church a otro más inclusivo como Village Church. Dio inicio a una serie de cenas de hombres de negocios en las que oradores evangélicos prominentes dirigían la palabra a grupos de hasta quinientas personas. También ayudó a la iglesia a comenzar un programa misionero, a salir de una hipoteca de larga data, y a realizar planes para agregar al edificio un templo construido a un nivel más elevado. Sin embargo, no estaba particularmente dotado para cuestiones básicas del trabajo pastoral como visitación personal y conflictos administrativos dentro de la congregación. «Billy no era un pastor», observó un amigo suyo de ese período. «Ese tipo de cosas le resultaban muy difíciles; no el realizarlas sino lograr que le gustaran. Él prefería predicar y asociarse con otros hombres que se dedicaran a predicar». Un hombre que percibió esto con total claridad fue Torrey Johnson, el joven pastor (emprendedor y extraordinariamente persuasivo) de la floreciente iglesia Midwest Bible Church. Johnson producía un programa radial muy popular los domingos por la noche, *Canciones en la noche*, que salía al aire en la emisora WCFL de Chicago, en un canal abierto con una potencia de quince mil vatios. Cuando el peso de sus deberes pastorales y de otros programas radiales demostraron ser una carga demasiado pesada, se acercó a Billy proponiéndole que asumiera su lugar en *Canciones en la noche*. Billy inmediatamente tomó conciencia de las posibilidades que eso tenía y convenció a la iglesia de que aceptara el desafío, aunque el presupuesto semanal del programa (cerca de 150 dólares) excediera los ingresos que la gente había prometido a la iglesia.

El instinto de Billy demostró ser correcto. Con una confianza que bordeaba la desfachatez, persuadió al barítono-bajo George Beverly Shea, ya muy conocido entre los evangélicos en el área de Chicago, de que se convirtiera en el principal intérprete musical del *show*. A partir de enero de 1944, los domingos, de las diez y media hasta las once y cuarto de la noche, el programa salía en vivo desde el templo del subsuelo de «la amistosa iglesia de la agradable comunidad de Western Springs». En medio de las interpretaciones simples y ricas de himnos y canciones del evangelio que hacía Bev Shea y los trinos vivaces de un cuarteto femenino conocido como The King's Karrolers, Billy, sentado a una mesa iluminada por luces de colores (para proporcionar un halo más teatral ante la audiencia que presenciaba en vivo), introducía breves meditaciones. Muchas de ellas señalaban la relevancia del mensaje cristiano en cuanto a diversas situaciones y problemas contemporáneos: la soledad de las familias que estaban separadas a causa de la guerra, la necesidad de valor y confianza para confrontar el peligro y el temor, el riesgo de sucumbir al atractivo del alcohol y de una vida licenciosa, la pertinencia de la profecía bíblica para la comprensión de los sucesos mundiales.

El programa pronto ganó popularidad, y las contribuciones enviadas por los oyentes liberaron a la iglesia de toda carga financiera. El programa también expandió la reputación de Billy, generándole más invitaciones para hablar en iglesias de toda la región, resultado que irritó a los feligreses, que sentían que un pastor debería estar en su lugar, atendiendo a las ovejas. Por su parte, Billy comenzaba a comprender que un ministerio independiente parecía adecuarse más a su talento y ambiciones. Este prosperaría aun mas cuando estuviera libre de las inevitables cuestiones parroquiales referentes a una congregación convencional. Mientras los feligreses sentían escozor, él comenzó a moverse en distintas direcciones que pudieran cambiar el curso de su carrera, y por cierto, del cristianismo evangélico.

probó por primera vez el verdadero sabor de la evangelización masiva. Detrás del escenario, antes del encuentro, iba y venía, mordiéndose las uñas y temiendo una de dos posibilidades: que nadie se presentara para escucharlo, o que él resultara un fiasco delante de una multitud. Su ansiedad no se aplacó cuando subió al escenario para enfrentar a una multitud de casi tres mil personas, por mucho la mayor audiencia ante la que se había presentado. Pero cuando comenzó a predicar, el temor se disipó y surgió el fuego. Electrizó a los que se habían reunido por su exuberancia y manejo de las Escrituras, y cuando hizo la invitación, cuarenta personas respondieron.

Las reuniones en el Salón de la Orquesta continuaron durante todo el verano y resultaron muy populares no solo para los muchachos que estaban en el servicio militar, sino entre la gente joven que estaba en albergues, los que recibieron con entusiasmo la oportunidad que les proveía una excusa para ir al centro de la ciudad el sábado por la noche. En octubre, después de una concentración que convocó a una multitud cercana a las treinta mil personas en el Chicago Stadium, esta serie de reuniones se trasladó a la iglesia Moody Church, en la que las multitudes crecieron tanto que Johnson a menudo planificaba dos programas idénticos y consecutivos. Precisamente cuando esas reuniones le estaban permitiendo a Billy echarle un vistazo a lo que el futuro podría depararle, finalmente el ejército lo aceptó para la capellanía y le dio el cargo de subteniente. Mientras se preparaba para asistir al programa de entrenamiento de capellanía auspiciado por el gobierno en Harvard Divinity School, contrajo un tipo severo de paperas. Durante seis semanas estuvo en cama con fuertes dolores, su temperatura alcanzó los 40,5 grados y medio, sufrió ataques de delirio y en ocasiones parecía dudoso que fuera a sobrevivir. Aun después de que la crisis pasó, los doctores le dijeron que posiblemente nunca tuviera hijos. Cuando los oyentes de *Canciones en la noche* se enteraron de su condición, una mujer compasiva le envió cien dólares, con el pedido de que él y su esposa lo gastaran en una convalecencia de descanso. Pocos días después, él y Ruth viajaron en auto a Miami para pasar algunos días disfrutando del sol de Florida. Torrey Johnson casualmente estaba en Miami en ese momento y se ofreció a llevar a Billy a pescar. En el bote, lugar en que los llamados telefónicos no podían interrumpir su charla promocional, Johnson desplegó todo un plan. Si él lograba que algunos otros líderes jóvenes cooperaran, deseaba coordinar los programas para jóvenes ya existentes y establecer otros nuevos bajo los auspicios de una sola organización, que sería conocida como Juventud para Cristo Internacional. «Si logro ponerlo en marcha, ¿te unirás a nosotros?», le preguntó a Billy. «Te pagaríamos setenta y cinco dólares por semana».

A Billy le pareció atractiva la propuesta. Su principal motivación (que ya se había convertido en una obsesión pertinaz) era «ganar tantas personas para Cristo como pudiera» y esta parecía ser la mejor chance que probablemente obtuviera para lograrlo. También resultaba prometedora en cuando al placer que le producía pertenecer al círculo de líderes cristianos. Como una cuestión más trivial, le entusiasmaba la posibilidad de conocer el país, y además él y Ruth tenían una necesidad acuciante de aumentar su salario. A Ruth también le agradó la idea; durante algún tiempo había estado conversando con él, recordándole que Dios lo había llamado a evangelizar, y no al pastorado. Dado que la iglesia esperaba que se incorporara al ejército, cortar los lazos con ella no sería difícil. A Billy le resultaba difícil renunciar a su cargo de capellanía luego de haberse esforzado tanto por conseguirlo, pero cuando supo que la pérdida de peso y la debilidad causada por su enfermedad lo limitarían a una tarea de escritorio en Estados Unidos, solicitó que lo relevaran de su compromiso, y lo obtuvo. Poco después, a principios de 1945, aceptó la invitación de Johnson, estipulando que sus deberes «no incluirían ni una pizca de trabajo de papelería».

En julio de 1945 más de seiscientos líderes jóvenes de toda Norteamérica formaron Juventud para Cristo Internacional. Torrey Johnson fue elegido presidente, y Billy Graham se convirtió en el primer representante de campo oficial de la organización.

Como representante de campo, Graham viajaba casi constantemente, hablando en concentraciones de estudiantes de escuela secundaria y de la universidad, dirigiendo la palabra a clubes cívicos y a grupos de hombres de negocio cristianos, y mostrándole a los líderes jóvenes y a los ministros la manera de establecer sedes de Juventud para Cristo en sus ciudades. Durante 1945, con la ayuda de una tarjeta de crédito, provista por un acaudalado patrocinador de la organización, y de automóviles, provistos por concesionarios de automotores y otras personas que los apoyaban, Graham visitó cuarenta y siete estados, recorriendo por lo menos 217.215 kilómetros, y eso lo colocó a la cabeza de los pasajeros civiles de United Airlines ese año. Quizá percibiendo el comienzo de un patrón que duraría toda la vida, y embarazada de su primer hijo, Ruth Graham empacó las pocas pertenencias que tenían y se mudó con sus padres a Montreat. Su madre le enseñó aquellas habilidades referidas al cuidado de la casa que no le salían naturalmente. Y lo que es aún más importante, sus padres le proveyeron compañía para paliar la soledad que sentía durante las largas ausencias de su marido, y pudo contar con una familia con la que compartir los momentos importantes. Cuando su primera hija, Virginia (a la que siempre la llamaron «GiGi»), nació el 21 de septiembre de 1945, Billy estaba de viaje, predicando afuera. Aunque se sentía reconfortada en el seno de su familia, Ruth mostró una inusual capacidad para estar sola, y muy pronto desarrolló una respuesta estándar que continuó repitiendo por décadas: «Prefiero tener un poquito de Bill que mucho de cualquier otro hombre».

Para subrayar la declaración que hacían sobre que el cristianismo no tenía por qué ser monótono y lúgubre, y que este les podía proporcionar «antiguas verdades a los jóvenes actuales» y estar «enfocado en la época pero anclado en la roca», los líderes de Juventud para Cristo llevaban ropas coloridas y chaquetas deportivas, «medias fluorescentes», llamativas corbatas pintadas a mano, y corbatas de moño chillonas, algunas de las cuáles eran luminosas. Las concentraciones en sí constituían una especie de vodevil evangélico, con coros de jóvenes, cuartetos, tríos y solistas, «concursos bíblicos, testimonios espirituales y patrióticos por parte de predicadores famosos y semifamosos, atletas, artistas, héroes militares, líderes cívicos y comerciales y la presentación de actos especiales. El sermón, por supuesto, era el clímax hacia el que apuntaban todos los actos preliminares. Tal como lo señaló una vez Billy Graham: «Utilizábamos todos los medios modernos para captar la atención de los inconversos, y luego les pegábamos fuerte con el evangelio justo entre los ojos».

Durante el verano de 1945, mientras intentaba pasar más tiempo en casa con Ruth, durante su embarazo, Billy habló en el Centro de conferencias Ben Lippen en la cercana ciudad de Asheville. Poco antes de que la reunión comenzara, descubrió que el director de canto habitual inesperadamente había regresado a Chicago. Alguien sugirió que convocara a Cliff y Billie Barrows, dos jóvenes músicos que estaban pasando su luna de miel en esa zona. Tanto Cliff como Billie habían asistido a la universidad Bob Jones College, y Cliff lo había escuchado predicar a Graham, pero nunca se habían encontrado. Barrows era un atractivo atleta joven de California, con un aspecto tan radiante que podría iluminar un tabernáculo, y había formado parte del coro de otro de los evangelistas jóvenes más populares. A Billy no le entusiasmaba tener que utilizar un equipo musical desconocido, pero no le quedaba otra opción. Esa noche Billie Barrows tocó el piano, Cliff cantó un solo, los dos cantaron a dúo, y Billy Graham predicó. En el término de un año, conformaron una de las asociaciones más unidas y duraderas de la historia evangelística.

En la primavera de 1946, Juventud para Cristo se ganó su designación de «Internacional». Mientras algunos de sus jóvenes dínamos daban vueltas por Japón, la China, Corea, la India, África y Australia, Graham, Templeton, Johnson y el cantante Stratton Shufelt realizaron un viaje de cuarenta y seis días por las islas británicas y el continente europeo, acompañados por Wesley Hartzell, periodista del *Chicago Herald-American*, un medio de William Randolph Hearst. Hearst ya había mostrado bastante interés en Juventud para Cristo, aparentemente porque le gustaba su énfasis patriótico y porque sentía que sus estándares morales podrían ayudar a combatir la delincuencia juvenil. No fue casual que él supusiera que cualquier movimiento que atrajera a casi un millón de personas a las concentraciones todos los sábados por la noche le ayudaría a vender algunos periódicos. Los informes de Hartzell sobre el viaje por la Gran Bretaña apareció no solo en los periódicos de Hearst, sino también en los servicios noticiosos internacionales, lo que les proveyó una exposición potencial ante prácticamente todos los periódicos de significación en los Estados Unidos.

Aquel primer viaje internacional, uno de los seis que Graham realizaría durante los tres años siguientes, constituyó un verdadero caso de ingenuidad en cuanto a las situaciones en el exterior. Ninguno de ellos tenía siquiera una noción acerca de la historia, costumbres, o aun distancias entre las principales ciudades. En una nación que todavía procuraba emerger de los escombros de la guerra, que con frecuencia se hallaba a oscuras a causa de apagones voluntarios e involuntarios y todavía desprovista de las mercaderías de consumo más básicas, la presencia de esos exuberantes jóvenes norteamericanos, que daban palmaditas en la espalda, andaban con trajes en tonos pastel, chaquetas deportivas de las usadas para las carreras y corbatas coloridas, escandalizaba a algunos y cautivaba a otros.

Aunque habían llegado casi sin un programa específico y muy pocos contactos que los ayudaran a implementar una programación, se las arreglaron para organizar concentraciones que convocaron una asistencia total de más de 100.000 personas. La respuesta en el continente fue mixta. Los predicadores jóvenes se encontraron con una resistencia a su actitud simplista hacia las Escrituras y su confianza para nada calvinista en la capacidad de los seres humanos para asirse de la salvación. Y cuando la teología les planteaba algún pequeño problema, ellos se mostraban tan... norteamericanos. Sin embargo, se las ingeniaron para fundar organizaciones de Juventud para Cristo en numerosas ciudades importantes, con frecuencia contando con la ayuda de militares norteamericanos.

Graham regresó a Inglaterra en el otoño de 1946 para una gira de seis meses. En esta ocasión invitó a Cliff y Billie Barrows para que hicieran un aporte como su equipo musical. Barrows se había unido a Juventud para Cristo y también disfrutaba de un éxito notable no solo como cantante sino también como evangelista, y, sin embargo, con prontitud aceptó la oportunidad de ser asistente de Graham. A pesar de su empuje y dinamismo, ambos hombres tenían un espíritu afable, que buscaba evitar el conflicto y un genuino aprecio por las habilidades de los demás.

Fue durante ese primer viaje que sucedió lo dicho por Barrows, «Dios realmente entretejió nuestros corazones de un modo especial».

Desde un punto de vista espiritual, el desarrollo clave lo marcó el encuentro de Graham con Stephen Olford, un joven evangelista galés, elocuente y poderoso. Los dos hombres se habían conocido fugazmente durante aquella visita de la primavera, y Graham había quedado impresionado por un tremendo sermón dado por Olford sobre la obra del Espíritu Santo en la vida de una persona. En esta ocasión los dos hombres pasaron juntos dos días (salvo por las reuniones de la noche) en un dormitorio oscuro de la casa de un minero. En ese inhóspito entorno, Olford condujo a Billy, paso a paso, a través del proceso que había producido una profunda renovación espiritual en él algunos meses antes. Él recuerda que Billy estaba «muy dispuesto a ser enseñado, y era precioso por lo humilde y reflexivo. Sencillamente se bebió todo lo que pude transmitirle. Le conté mi testimonio acerca de la forma en que Dios me había dado vuelta la vida por completo: una experiencia de la plenitud y unción del Espíritu Santo. Mientras yo hablaba, esos maravillosos ojos brillaban por las lágrimas, y me dijo: "Stephen, entiendo. Eso es lo que deseo. Eso es lo que necesito en mi vida"».

Olford sugirió que «oraran al respecto» y ambos hombres se arrodillaron. «Todavía puedo oír a Billy derramando su corazón en una oración de total entrega al Señor. Finalmente dijo: "Mi corazón ha sido completamente inundado por el Espíritu Santo", y entonces pasamos de la oración a la alabanza. Nos reíamos y alabábamos a Dios, y él iba de una punta a la otra del cuarto gritando: "Lo tengo. Estoy lleno. Este es el punto de inflexión en mi vida". Y se volvió un hombre nuevo».

Esa noche, según recuerda Olford, «por razones que solo Dios conoce, aquel lugar que solo había estado moderadamente lleno la noche anterior, se hallaba repleto hasta la puerta. Cuando Billy se levantó para hablar, se lo percibió como un hombre completamente ungido». Quizá consciente de que ese era un momento muy significativo, o quizá porque le faltaran sermones, Graham predicó un clásico, basado en la narración bíblica de la fiesta de Belsasar y los galeses, en general indiferentes, colmaron los pasillos tan pronto inició la invitación. «Prácticamente toda la audiencia respondió al llamado», recuerda Olford. «Mi propio corazón quedó tan conmovido por la autoridad y la fuerza que transmitía Billy que me costó conducir hasta mi casa. Mis padres aún vivían en ese entonces, y cuando atravesé la puerta, mi padre miró mi rostro y dijo: "¿Qué es lo que ha sucedido?" Me senté ante la mesa de la cocina y dije: "Papá, algo le ha sucedido a Billy Graham. El mundo va a escuchar hablar de este hombre. Va a dejar su marca en la historia"».

El líder de Juventud para Cristo en Minneapolis era George Wilson, un laico propietario de una librería cristiana, que cumplía funciones como administrador económico de las escuelas Northwestern Schools, fundadas y dirigidas por el afamado pastor fundamentalista de la Primera Iglesia Bautista de la ciudad, William Bell Riley. Cuando los evangelistas de Juventud para Cristo hablaban en las concentraciones de Wilson y en la iglesia de Riley, el pastor, anciano y achacoso, se aseguraba de asistir a los servicios, observando desde una silla de ruedas o cuando el clima lo permitía, desde un automóvil convertible que colocaban junto a la entrada. Bastante más allá de los ochenta años, Riley estaba buscando activamente a alguien que tomara las riendas de las Nortwestern Schools, que consistían de una escuela bíblica, un seminario y una universidad de humanidades recién inaugurada. Riley había hablado tanto a Graham como a Torrey Johnson con respecto a que alguno podría convertirse en director de las escuelas. Cuando Johnson dejó en claro que él permanecería con Juventud para Cristo, el anciano centró su atención en Graham, cuya carrera había seguido desde que se encontraran años antes en el Florida Bible Institute.

Billy insistía en que él tenía poco talento, y menos inclinación, para la administración y que no podía llevar adelante campañas evangelísticas y dirigir las escuelas al mismo tiempo. Riley le rebatía señalando que las cruzadas proveerían estudiantes y dinero para las escuelas y que cuando sus días de gloria en el circuito de la evangelización pasaran, como seguramente sucedería, tendría necesidad de una base central permanente. Graham confesaba que eso lo halagaba, pero continuaba insistiendo en que no se sentía guiado por Dios a aceptar ese ofrecimiento. «He estado esperando una señal del cielo. Y no la he recibido», escribió.

Acostumbrado a salirse con la suya y muy dispuesto a invocar autoridad del cielo para apoyar su posición, Riley mandó a llamar a Graham para que se acercara hasta su lecho de enfermo durante el verano de 1947, lo señaló directamente con un dedo huesudo, y, mientras por la ventana se observaba una tormenta de truenos y relámpagos, declaró imperativamente: «Amado, como Samuel designó a David por rey sobre Israel, así te designo director de estas escuelas. Nos volveremos a encontrar ante el tribunal de Cristo sobre esto». Incapaz de resistir esa combinación de precedente bíblico, dramatismo ante el lecho de muerte, y pirotecnia celestial, Graham transigió, pero solo hasta el punto de aceptar la función de rector interino si Riley muriese antes del 1 de julio de 1948, lo que cubriría el siguiente año académico. Cuando el anciano falleció el 6 de diciembre de 1947, Billy Graham se convirtió, a los veintinueve años, en el rector universitario más joven de Estados Unidos. Luego de seis meses de interinato y seis más como rector en funciones, Graham aceptó un status de rector a tiempo completo, pero sin recibir salario y pasando poco tiempo en el campus. Por temor a que esa ocupación lo desviara de la evangelización, y habiéndose opuesto a ella desde el comienzo, Ruth no mostró interés en ser la primera dama de un marido que probablemente no pasara más tiempo en Minneapolis que el que pasaba en Montreat. Cuando uno de los administradores llamó para preguntarle cuando se mudaría a la mansión del rector, ella le dio una corta y precisa respuesta: «Nunca».

Siendo un rector en gran medida ausente, Graham estableció un patrón de liderazgo que seguiría luego a través de toda su carrera: él recaudaría dinero, enrolaría candidatos, se mantendría en contacto por teléfono, dejaría las tareas administrativas diarias a un círculo de colegas confiables, y ocasionalmente complicaría la tarea de ellos tomando decisiones y asumiendo compromisos basados más bien en impulsos bien intencionados que en una comprensión bien informada de los hechos y las cuestiones pertinentes. Varios de los colegas de Graham de ese período han observado, con mucho tacto, que «Billy fue llamado a ser un evangelista, y no un educador», pero su titularidad en Northwestern de ninguna manera fue un fracaso. Su creciente importancia dentro de los círculos evangélicos atraía estudiantes a las tres instituciones, causando que estas dieran un salto de los ochocientos alumnos a aproximadamente mil doscientos. En el mapa de la educación superior norteamericana, estos institutos eran poco más que un punto oscuro, pero dentro del universo religioso del cristianismo fundamentalista, eran estrellas en ascenso.

Durante el otoño de 1948, Graham y Barrows se tomaron una licencia durante la que se ausentaron de Juventud para Cristo para dedicarse a tiempo completo a sus propias campañas. Para Graham, avanzar hacia un ministerio independiente más amplio parecía algo inevitable. Había surgido de entre el montón como el evangelista más exitoso de Juventud para Cristo, y sus reuniones captaban más espacio en las publicaciones evangélicas que las de cualquier otro joven predicador. Para Cliff Barrows, sin embargo, entrar como el segundo en el equipo de campañas Graham/Barrows le significaba subordinar su propio ministerio al de Graham. Esa subordinación no le resultó fácil. Cliff era un predicador muy dotado. Él y Billie, su esposa, combinaban en un solo paquete talento, entusiasmo, una sinceridad transparente y una notable falta de tendencia a sobrevaluarse. Cliff no solo reconocía que probablemente nunca igualaría el éxito de Graham como evangelista, sino que también percibía que las notables habilidades de los dos eran más bien complementarias que competitivas. Ambos podían lograr mucho más juntos de lo que cada uno podría alcanzar por sí solo o, para el caso, conjuntamente con cualquier otra persona que conocieran. Una noche, en Filadelfia, Cliff y Billie fueron hasta la habitación de Graham para hacerle conocer su decisión. Cliff le dijo: «Bill, Dios nos ha dado paz en el corazón. Mientras nos necesites, desde ahora hasta la venida de Cristo, y cuando sea, yo me sentiré feliz de ser el director de canto de tus reuniones, llevar tu portafolio, ir a cualquier parte y hacer lo que tu desees que haga». Eso constituía una notable negación a su yo, tanto más porque era voluntaria y no demandada. Cuarenta años después, Barrows reflexionaba sobre el sacrificio que él había hecho de su ego y dijo en tono suave, libre de toda simulación: «Todavía tengo la misma paz en mi mente y corazón. Creo que Bill lo sabe».

A pesar de su éxito, hasta ese momento la fama de Billy Graham estaba confinada mayormente al mundo evangélico, y cuando salió en las portadas de los periódicos y revistas nacionales un año después, parecía haber causado sensación de la noche a la mañana, inexplicable como un meteorito. De hecho, mucho del éxito del que iba a disfrutar poco tiempo después se podía rastrear directamente en los cuatro años que había pasado con Juventud para Cristo. Tan importante como convertirse en un profesional competente de su oficio fue que Graham estableciera fuertes vínculos con el puñado de hombres que permanecerían a su lado por el resto de sus vidas. También fue relevante que el construyera una red de contactos con ministros y líderes laicos que confiaban en él y recibirían con agrado la oportunidad de trabajar con él en las cruzadas que se llevaran a cabo a través de sus propias ciudades. Descubrió que es posible «orar» por campañas evangelísticas y esfuerzos evangelísticos exitosos cuando se los ha «trabajado» a través de una organización meticulosa y abundante publicidad. Finalmente, en su rol de rector de la universidad, él continuaba siendo consciente de sus fortalezas y también de sus debilidades como líder. A los treinta años, momento que tiene precedentes en cuanto a comenzar un ministerio más amplio, Billy Graham estaba listo para ascender a un terreno más alto.

5

La Catedral de Lona

En incontables ocasiones durante el último medio siglo, generalmente en conferencias de prensa previas a una gran cruzada, Billy Graham ha declarado que él sentía que un avivamiento religioso se abría paso y estaba a punto de alcanzar toda la tierra. En 1948 demostró estar en lo cierto.

Durante los años cuarenta la membresía de las iglesias en Estados Unidos creció cerca del 40%, habiéndose producido la mayor parte de este crecimiento con posterioridad al cese de la guerra, cuando la nación intentaba reconstruir la normalidad sobre el fundamento más confiable que conocía. La construcción de iglesias alcanzó niveles más altos que nunca, los seminarios desbordaban, y las universidades seculares agregaban programas de estudio religiosos. Los libros religiosos se vendían más que todas las otras categorías que no fueran ficción, y las ventas de Biblias se duplicaron entre 1947 y 1952. Mientras Graham y sus colegas de Juventud para Cristo y del movimiento Southern Baptist Youth Revival llenaban auditorios municipales y estadios, William Branham, Jack Coe, A. A. Allen y Oral Roberts abarrotaban estupendas carpas de circo de nueve postes con creyentes pentecostales desesperados por ver sanidad de enfermos, expulsión de demonios y resurrección de muertos.

Para los evangelistas era como ser corredores de bolsa en medio de un mercado en alza que se estaba disparando. Al igual que en otros campos, sin embargo, ese auge atraía a algunos cuyos motivos y métodos eran mucho menos santos, y se veían atacados por tentaciones semejantes a las descritas en las Escrituras como «los deseos de la carne, los deseos de los ojos, y la vanagloria de la vida», pero mejor conocidas por los nombres que se les dan en la calle: sexo, dinero y poder. Al considerar lo accidentado de la historia y las deficiencias contemporáneas que presentaba la evangelización itinerante, Graham y sus asociados se dieron cuenta que de gran parte del escepticismo era justificado. Para preparar una buena defensa, Graham llamó a Bev Shea, Grady Wilson y Cliff Barrows a su cuarto en el hotel durante una campaña en Modesto, California, en 1948. «Dios nos ha traído a este punto», les dijo. «Intentemos recordar todas las cosas que han resultado un escollo o un impedimento para los evangelistas en los últimos años, y reunámonos de nuevo en una hora para hablar sobre ello, orar y pedirle a Dios que nos guarde de todo eso». La tarea era fácil. Habían visto bastantes evangelistas surgir y sucumbir o irse de la ciudad inmersos en una nube de desilusión, de modo que se sentían capaces de establecer con exactitud y rapidez los problemas claves. Cuando se volvieron a reunir en el cuarto de Graham poco después esa misma tarde, todos habían confeccionado prácticamente la misma lista, que llegó a ser conocida según la tradición oral como el Manifiesto de Modesto.

El primer problema se relacionaba con el dinero. No veían una alternativa viable al sistema de ofrendas de amor, aunque los hiciera sentir incómodos, pero prometieron no hacer énfasis en la ofrenda e intentar mantenerse tan libres de sospechas como les fuera posible. En cuanto al manejo del dinero a través de solicitar a los miembros del comité patrocinador que supervisaran el pago de todas las cuentas y el desembolso de fondos para el equipo evangelístico.

El segundo problema potencial era la inmoralidad. Como jóvenes llenos de energías que a menudo viajaban sin sus familias, que estaban bajo el peso del vivo entusiasmo que producía el pararse delante de esas grandes multitudes que los admiraban. Ellos se alojaban en hoteles anónimos y albergues turísticos, todos ellos conocían bien el poder de la tentación sexual, y la posibilidad de ser atacados por ella; y todos habían sido testigos de carreras ministeriales prometedoras que habían naufragado a causa de una poderosa combinación entre el deseo y la oportunidad. Le pidieron a Dios «guárdanos, líbranos aun de la apariencia de maldad», y comenzaron a seguir ciertas reglas, sencillas pero eficaces, para protegerse. Evitaban situaciones que los dejara a solas con una mujer: un almuerzo, una sesión de consejería, o un traslado hasta un auditorio o el aeropuerto. Cuando estaban en el camino, tomaban cuartos muy próximos los unos a los otros como una manera extra de control social. Y siempre oraban por la ayuda sobrenatural.

Otros dos problemas, menos imperiosos en cuanto a ejercer presión que el dinero o el sexo, pero capaces de generar cinismo en contra de los evangelistas, era exagerar cifras para la publicidad y criticar a los pastores locales. Debido a que eso les ayudaba a conseguir invitaciones a iglesias y ciudades más grandes y por lo tanto alimentaba su ego y engrosaba sus bolsillos, los evangelistas se habían acostumbrado a exagerar las cifras referidas a las multitudes y a sus resultados. Tanto en la publicidad anticipada como en los informes dados a las publicaciones evangélicas. Billy Graham y su equipo comenzaron a usar un procedimiento constante. En lugar de generar sus propias cifras, normalmente aceptaban la estimación de la multitud dada por la policía, por el departamento de bomberos o por los administradores de los estadios aun cuando sentían que las estimaciones oficiales fueran demasiado bajas. Estaban pronto a admitir que muchos de los que se acercaban por los pasillos durante el momento de invitación no eran los interesados mismos, sino consejeros designados para ayudar a esos interesados. En lo que hacía a criticar a pastores, Graham determinó no criticar públicamente a los hombres que habían plantado la semilla y labrado los campos que él había llegado para cosechar.

El temor de Graham en cuanto a quedarse corto en su esfuerzo por servir a Dios tenía otra fuente. Si Billy tenía un par entre sus colegas de Juventud para Cristo, incuestionablemente ese era Charles «Chuck» Templeton. Trigueño y apuesto, inteligente y curioso en cuanto a lo intelectual, a pesar de su falta de educación secundaria, Templeton era reconocido en general como el más versátil de los evangelistas de Juventud para Cristo, y capaz de predicar, conducir un servicio devocional, o convertirse en el presentador de una concentración en un estadio con igual eficacia, la que era enorme. Años después, un veterano de Juventud para Cristo, recordando esos apasionantes días, rememoraba que «ese muchacho, Charlie Templeton, podía predicar simplemente de un modo fantástico. Eso fue antes de entrar en el seminario».

El escabroso matiz de aquella breve valoración apuntaba al corazón mismo de la crisis que tanto Graham como Templeton enfrentaron, luego de tres años en el circuito de concentraciones y avivamiento. Templeton había llegado a creer que el éxito del que disfrutaban él y los otros jóvenes leones de Juventud para Cristo era algo ilusorio y que ellos le ofrecían a su audiencia merengue en lugar de carne y que recogían sus «decisiones» a fuerza de su atractivo personal más bien que por una presentación convincente de un mensaje sustancioso basado en la roca sólida de la comprensión. Cada vez más atribulado, decidió renunciar a Juventud para Cristo y a su floreciente iglesia independiente en Toronto para procurar una educación formal. Aun sin un diploma de la escuela secundaria, se las arregló para ser admitido en el Seminario Teológico Princeton. Sabiendo que Graham compartía al menos algunos de sus sentimientos en cuanto a la necesidad de algo más de estudio disciplinado, fue a Montreat para enrolarlo como compañero de aventura. La idea le fascinó a Graham, pero señaló que el aumento de las oportunidades para evangelizar, sus responsabilidades en Northwestern, y la incongruencia que representaba que el rector de una universidad regresara a tomar clases haría que matricularse en el seminario resultara inviable. Graham y Templeton se encontraron en varias ocasiones para mantener largos períodos de oración y debate con respecto al siguiente año académico. Eran estos los momentos en que Billy luchaba por defender las creencias que había recibido de los ataques que Templeton montaba con las armas que recientemente había adquirido a través de su equipamiento en el seminario: crítica histórica y literaria de la Biblia, la teología visualizada como una empresa creativa más que como una adhesión escrupulosa a un plan, una lealtad epistemológica a los métodos y descubrimientos de las ciencias naturales, y las lecciones relativistas de la antropología, la sociología y psicología. En determinado momento, Graham, mostrándose nervioso, dijo: «Mira, Chuck, no tengo una mente lo suficientemente buena como para resolver estas cuestiones. Los mejores cerebros del mundo las han considerado y llegado a conclusiones que apoyan ambos lados de la cuestión. Yo no tengo el tiempo, la inclinación, ni una mentalidad como para seguir adelante con esto. He descubierto que si declaro: "La Biblia dice" o "Dios dice", obtengo resultados. He decidido que no voy a debatirme en estas cuestiones por más tiempo». Exasperado por su imperturbable abdicación a la lucha en la que se debatía su propia alma, Templeton emitió un reproche agudo: «Bill, no puedes rehusarte a pensar. Hacerlo sería morir intelectualmente. ¡No puedes desobedecer el gran mandamiento de Cristo de amar a Dios "con todo tu corazón, y con toda tu alma, y con toda tu *mente*!" No pensar es negar la creatividad de Dios. No pensar es pecar en contra de tu Creador. No puedes dejar de pensar. Eso sería un suicidio intelectual».

La acusación de Templeton causaba escozor, y Graham continuó debatiéndose entre la conciencia y el intelecto. Su dilema era real y atemorizaba. Si las Escrituras no constituían la verdadera e inspirada revelación de Dios, o sea la Palabra literal de Dios, transmitida directamente a los agentes humanos que estaban dedicados a escribirla, y confiable en todo sentido, ¿cómo podría él continuar predicándola con la misma confianza y poder? ¿Cómo podría seguir siendo el rector de un instituto fundado sobre una fe incuestionable y en absoluta dependencia de las Escrituras? Por cierto, si cualquier porción de la Biblia se consideraba no confiable, ¿cómo podría uno confiar en las otras porciones, incluyendo las declaraciones centrales de la fe cristiana? Por otro lado, si la Biblia fuera todo lo que él creía y ansiaba desesperadamente que fuera, ¿por qué no podía responder las preguntas de Templeton? ¿Y por qué el cuerpo docente y los estudiantes de las mejores universidades del mundo, al ser confrontados por las evidencias, parecían alejarse inexorablemente de las posturas que habían defendido? Prácticamente no podía un fundamentalista joven y sincero enfrentar una amenaza mayor que esa.

La resolución de esta cuestión llegó en una conferencia para estudiantes en Forest Home, un centro de retiros en las montañas de San Bernardino, cerca de Los Ángeles. Tanto Graham como Templeton estaban incluidos entre los oradores, y sus conversaciones, a las que se unieron otros que hacían preguntas similares, reavivaron las dudas de Billy. En medio de una nueva confusión fue a dar un paseo por la serenidad de un bosque de pinos. Se sentó por largo rato sobre una gran roca, alejada unos cuarenta y cinco metros del sendero principal, con su Biblia abierta apoyada en un tronco, y tomó la decisión de abandonar las dudas y aferrarse a su compromiso. Dijo: «Oh, Dios, no puedo probar ciertas cosas. No puedo responder algunas de las preguntas que me hacen Chuck y otros, pero yo acepto este libro por fe como la Palabra de Dios».

Chuck Templeton no podía o no quería hacer este tipo de entrega, pero entendió la reacción de Graham. Luego de acabar sus estudios en Princeton y de servir por un tiempo como un evangelista exitoso para el Concilio Nacional de Iglesias, Templeton reconoció que ya no era creyente en ninguno de los sentidos ortodoxos y que era intelectualmente deshonesto pretender otra cosa. Poco después dejó el ministerio y regresó a Toronto, donde se dedicó a desarrollar una carrera multifacética como columnista y editor de un periódico, como comentarista de radio y televisión, y como novelista y guionista.

En contraste absoluto con eso, la resolución consciente de Graham en cuanto a que nunca más volvería a tener dudas con respecto a la autoridad de las Escrituras impulsó su fe y, como él lo señaló más tarde, «le dio un poder y autoridad a mi predicación que nunca me han abandonado. El evangelio se convirtió en mis manos como un martillo y una llama, y yo sentía como si tuviera en ellas una espada con la que lograba dar estocadas profundas en la mente de las personas por el poder de la Biblia y llevarlas a entregarse a Dios».

Fortalecido por este acabado final que había recibido su fe, Graham se sumergió por completo en una campaña que lo convertiría en una figura nacional. Durante varios años, un grupo de laicos que operaba bajo la bandera de Cristo para el Gran Los Ángeles patrocinó encuentros evangelísticos en los que aparecían conocidos predicadores con los que se podía contar para captar una multitud respetable de fundamentalistas y quizá a un grupo variado de inconversos. Para el encuentro de 1949 invitaron a Billy Graham. Billy podía haber rendido sus dudas y su orgullo en Forest Home, pero no había renunciado a su fe en la publicidad. Por el contrario, presionó a un comité cauteloso a que invirtiera 25.000 dólares en carteles, carteleras, publicidad radial y avisos en los periódicos instando a los ciudadanos de Los Ángeles a «visitar la Catedral de Lona con su torre de luces», para escuchar al «evangelista joven más sensacional de Estados Unidos», y disfrutar de servicios evangelísticos al viejo estilo, en el que se presentaría «una selección deslumbrante de gente talentosa en el evangelio». La Catedral de Lona, una carpa del circo Ringling Brothers, montada en la esquina de las calles Washington y Hill, en la que se desplegaba una fotografía de Graham en un estilo bastante estridente, sobre una gran marquesina de lona, constituía en sí misma algo que llamaba mucho la atención. La fascinación de Billy por las celebridades y su entusiasta aprecio por el rol que podían jugar en cuanto a darle legitimidad y brillantez a una causa alcanzaron su plenitud en esa ciudad de estrellas de la radio y de las películas. A través de Henrietta Mears, una mujer rica y extravagante que enseñaba en una clase de Escuela Dominical de varios cientos de personas en la Primera Iglesia Presbiteriana de Hollywood, Graham logró acceder al Grupo Cristiano de Hollywood, una organización que reunía mayormente a actores menores y otras personalidades de los medios que él esperaba que le permitieran usar sus nombres e influencia a favor de la campaña. Uno de los más conocidos, aunque de los menos devotos, Stuart Hamblen, accedió a publicitar las reuniones en su popular programa de radio con reminiscencias del oeste. Graham también procuró apoyo oficial de alto nivel y se ganó el respaldo del público. Llenar una carpa de 6.000 asientos seguía siendo una tarea de enormes proporciones, pero parecía casi seguro que el encuentro resultaría bueno.

Dos años de hacer campañas le habían ayudado al equipo de Graham a desarrollar un estilo que suavizaba los aspectos más chillones de las concentraciones de Juventud para Cristo, en tanto que retenía los suficientes destellos de entusiasmo como para atraer y mantener la atención. Cliff Barrows tocaba su trombón y conducía el canto con la vivacidad de un animador, pero los himnos eran conocidos, pensados para reafirmar en los temerosos la idea de que a pesar del entorno de decoración circense, los servicios eran semejantes a los de las iglesias en los que la mayoría había crecido. Barrows mantenía los aplausos al mínimo nivel, y si los ejecutantes invitados alguna vez cruzaban la línea de lo apropiado y de buen gusto, el aporte sobrio y decoroso de Bev Shea siempre volvía a restaurar un sentido de seriedad antes de que Graham subiera al púlpito. Billy (Cliff lo presentaba ahora como el «Dr. Graham») seguía hablando con gran intensidad y fervor, pero nunca caía en la histeria desenfrenada o en las arengas demagógicas que atraían una desfavorable atención sobre algunas de las estrellas del avivamiento de sanidad pentecostal. Y les dijo a los periodistas: «Quiero acabar con todo lo que se critica en la evangelización masiva. Creemos que se trata de un encuentro espiritual. No creemos que sea un concierto ni un *show*».

Sea que esto se pueda vincular con su experiencia en Forest Home, o simplemente por el conocimiento de que nunca antes había tenido una oportunidad semejante, Graham predicó con una fuerza y autoridad que impresionó aun a sus colegas. Parado detrás de un púlpito con fachada de madera terciada recortada en forma de una Biblia gigante abierta, comenzaba la mayoría de sus sermones leyendo un extenso pasaje de las Escrituras y se lanzaba inmediatamente a una letanía altisonante acerca de lo que les sucedería a aquellos que no prestaran atención a las claras lecciones contenidas en esa porción de la Palabra de Dios. Prácticamente durante toda su presentación se mantenía en movimiento, utilizando un micrófono en la solapa que le daba la libertad de caminar para aquí y para allá a través de una larga plataforma, mientras Barrows le acomodaba el cable para evitar que se enredara en él. Algunos observadores calculaban que por lo menos caminaba un kilómetro y medio por sermón, y algunos encontraban que su desplazamiento era una distracción, pero mantenía la atención clavada en él, y les hacía sentir a los oyentes de cualquier sector de la carpa que les estaba hablando directamente a ellos, por lo menos parte del tiempo, en particular cuando se detenía de golpe, se inclinaba hacia adelante con ambas manos sobre las rodillas, y anunciaba con fiereza y el ceño fruncido el juicio de Dios sobre ellos, su ciudad y su nación. Una y otra vez, mientras sostenía la Biblia muy alto, o cuando dirigía sus manos como un rayo hacia ella cuando la tenía apoyada y abierta sobre el púlpito, declaraba que se debía prestar atención a las palabras que él decía porque «¡la *Biblia* lo dice...!».

El contenido de los sermones de Graham también preanunciaba lo que predicaría después. En la reunión de apertura él recorría el catálogo de problemas (adulterio, divorcio, crimen, abuso del alcohol, suicidio, materialismo, amor al dinero y un deterioro moral generalizado) y advertía que las únicas opciones eran «un renacer o el juicio». Por supuesto, esas eran sus proclamas evangelísticas favoritas, fáciles de transplantar a cualquier terreno urbano. Durante aquella campaña, sin embargo, Billy alarmó a su audiencia con una amenaza flamante: el comunismo con sus armas atómicas.

Un año antes se había aventurado a opinar acerca de que la Unión Soviética tenía la bomba y estaba preparada para usarla sobre Estados Unidos o cualquier otro país que se atreviera a desafiarla. Ahora la realidad tomaba el lugar de las especulaciones. Apenas dos días antes del comienzo de la campaña, el presidente Truman había anunciado que los rusos habían probado con éxito una bomba atómica y que durante dos años habían estado construyendo un arsenal nuclear que alteraría drásticamente el desequilibrio de poder que ellos habían experimentado ante Estados Unidos desde la Segunda Guerra Mundial. Graham aprovechó esa revelación sorprendente y martilló sobre ese clavo a través de toda la campaña.

Recordándole a su audiencia que él había visitado seis veces a una Europa devastada después de la guerra, declaró que «¡una carrera armamentista sin precedentes en la historia del mundo nos está arrastrando locamente hacia la destrucción!». Tronaba desde el púlpito señalando que se había trazado la línea entre el comunismo y la cultura occidental, de modo que no había acuerdo posible. «La cultura occidental y sus frutos tienen su fundamento en la Biblia, la Palabra de Dios, y en los despertares de los siglos diecisiete y dieciocho. El comunismo, por su parte, ha optado por estar en contra de Dios, en contra de Cristo, en contra de la Biblia y en contra de toda religión. El comunismo no constituye solo una interpretación económica de la vida; el comunismo es una religión inspirada, dirigida y motivada por el mismo diablo, que ha declarado la guerra en contra del Dios Todopoderoso». Advertía que el fuego de esa guerra caería directamente sobre ellos porque «los Quinta Columna, llamados comunistas, se muestran más desenfrenados en Los Ángeles que en cualquier otra ciudad de Estados Unidos... En este momento puedo ver la mano de Dios con juicio sobre Los Ángeles. Puedo ver que el juicio está pronto a caer». La única esperanza, decía el profeta, era el arrepentimiento y el renacer.

La predicación de Graham atrajo a una multitud razonable y produjo una cantidad aceptable de conversiones, pero al final de las tres semanas programadas, poco más que los gastos distinguió a la campaña evangelística de aquellas llevadas a cabo en años previos. El clima se había mostrado anormalmente frío para la época, la asistencia estaba flaqueando (los obreros espaciaron los asientos para que la cantidad de gente pareciera mayor de lo que era en realidad) y Billy se había quedado sin sermones. Se acostumbraba extender una campaña evangelística cuando alcanzaba éxito, pero varios de los miembros del comité pensaron que sería tiempo de finalizar aquella; sin embargo, se tomó la decisión de continuar sobre la base de evaluar semana a semana, y resultó bien. Stuart Hamblen había cumplido su promesa de publicitar las reuniones en su programa de radio y había asistido a varias reuniones, aparentemente disfrutando de su rol de patrocinador prominente. Siendo hijo de un ministro metodista y uno de los miembros originales del Grupo de la Fraternidad de Estrellas Cristianas, Hamblen también era bien conocido como alguien que había reincidido en la bebida, que apostaba, cantaba con una orquesta en pistas de baile, y era propietario de caballos de carrera, todas ellas transgresiones significativas ante los ojos evangélicos. Graham apreciaba el aliento que recibía de Hamblen, pero percibía que el *show* piadoso que montaba en público era hipócrita y comenzó a presionarlo, tanto a través de sus sermones como en encuentros privados, para que se arrepintiera de sus transgresiones. Luego de una sesión de medianoche con el evangelista, marcada por las lágrimas, la resistencia de Hamblen se desmoronó y él prometió cambiar radicalmente de vida. Aunque les parecía improbable a sus escépticos conocidos, la conversión de Hamblen se produjo y se mantuvo firme por el resto de su vida. Él comenzó a publicitar las reuniones evangelísticas de Graham de inmediato, y con mayor empuje, lo que ayudó a que creciera la cantidad de asistentes por la noche.

El pequeño auge de la publicidad que había detonado la conversión de Hamblen fue significativo, pero empalideció comparado con lo que seguiría. Aparte de los avisos, la cobertura que hicieron los periódicos de la campaña se había limitado a un breve informe del servicio de apertura e historias en la sección de religión de los sábados. Entonces, una noche, prácticamente sin advertencia alguna, un grupo de periodistas y fotógrafos rodeó a Graham cuando entró a la carpa. Perplejo, y hasta un poco asustado, Billy le preguntó a uno de los periodistas qué había sucedido. «Usted acaba de ser besado por William Randolph Hearst. Mire esto». Le mostró un pedazo de papel arrancado de la máquina de una agencia de noticias. «Esto es lo que ha sucedido. El jefe ha dicho: "Inflen el tema de Graham"». Casi de la noche a la mañana, Billy Graham se convirtio en una verdadera figura nacional. A la mañana siguiente, los dos periódicos de Hearst de Los Ángeles sacaron a Graham en sus portadas con grandes titulares, y otros de los doce periódicos de la cadena de Hearst también le dieron una extensa cobertura a la campaña. En el término de pocos días, las agencias Associated Press, United Press e International News Service levantaron la historia, y *Time, Newsweek* y *Life* las siguieron muy poco después, con historias de características importantes.

Cuando las reuniones evangelísticas se alargaron de tres a ocho semanas, las multitudes se volvieron tan grandes que la carpa, que se había expandido para contar con 9.000 asientos, a veces se llenaba horas antes de que comenzara la reunión, obligando a miles de asistentes tardíos a escuchar desde la periferia y a crear tal problema de tránsito que la policía finalmente decidía cerrar una de las calles en lugar de tratar de mantenerla despejada. Associated Press consideró esa campaña evangelística «una de las mayores que la ciudad jamás haya presenciado» y *Time* declaró que «nadie desde Billy Sunday» había empuñado «la hoz de la evangelización» con tanto éxito como «este hombre de Carolina del Norte, de treinta y un años, rubio y con pulmones de trompeta». Para cuando la campaña evangelística terminó, el 20 de noviembre, sumando la audiencia de las ocho semanas, esta se aproximaba a las 350.000 personas, con un número de interesados de alrededor de 3.000.

De repente, cualquier cosa que Billy Graham dijera sobre cualquier tema era probable que fuera a parar a los periódicos, fenómeno que, por razones justificadas, le despertaba ansiedad. En los meses que siguieron, tuvo poco tiempo para reflexionar sobre qué era lo que había sucedido o sobre su capacidad para manejarlo. A bordo del tren, de regreso a Minneapolis, los conductores y los pasajeros lo trataban como a un héroe, los periodistas se amontonaban a bordo para presionar con sus preguntas, y una bandada de colegas del noroeste le dieron la bienvenida al hogar en medio de la noche. Al siguiente día, mientras informaba sobre la campaña ante una audiencia del noroeste, tambaleó, y se sentó sin poder terminar, abrumado por la magnitud del giro que había pegado su vida.

Parte 2

«De victoria en victoria»
(1950-1960)

Billy Frank *(fila de atrás, segundo de izquierda a derecha)* en medio de sus compañeros de clase de la escuela Sharon High School, 1936.

Billy Frank (alrededor de 1935).

La Catedral de Lona en la
esquina de las calles Washington
y Hill en Los Ángeles, 1949.

El sensacional evangelista joven de Norteamérica predica ante una multitud de cuarenta mil personas en el estadio de la Universidad de Carolina del Sur, Columbia, Carolina del Sur, 1950.

Graham advierte a una audiencia formada por líderes de la iglesia de Nueva York que no hay lugar «más propicio a caer bajo juicio o sufrir una catástrofe que esta ciudad», 1951.

El estilo de
oratoria dinámica de
Graham electriza a
una audiencia inglesa
en el Albert Hall,
Londres, 1952.

Graham predica ante una audiencia de
soldados de Estados Unidos en Corea,
en la Navidad de 1952.

Una reunión al aire libre en la plaza Trafalgar de
Londres, en 1954, atrae una multitud estimada
en doce mil personas, la mayor que se reuniera
en ese lugar desde el Día de la Victoria.

Graham habla ante la mayor multitud jamás reunida en Gran Bretaña para un evento religioso, el día del cierre de la cruzada de Londres, en el Estadio de Wembley, en 1954.

Graham saluda a Dwight Eisenhower, el primer presidente con el que desarrolló una amistad cercana, en 1962.

Graham dejó pasmados a los observadores escépticos al llenar el Madison Square Garden durante dieciséis semanas en el verano de 1957.

Hablando desde las escalinatas del Federal Hall National Memorial, en Wall Street, en el año 1957, Graham le dice a una multitud reunida al mediodía que el dinero y las cosas que él puede comprar no producen una satisfacción duradera.

Ruth y Billy
con sus hijos.
*De izquierda
a derecha:*
Franklin, Ned
(con Ruth),
Anne, GiGi y
Ruth, 1963.

Ruth, la
esposa de Billy.

6

Evangelización
Sociedad Anónima

Billy Graham inició la segunda mitad del siglo con una campaña en Boston, poco promocionada. Los líderes de la Asociación Evangelística de Nueva Inglaterra decidieron patrocinar un encuentro en la víspera de Año Nuevo. Pensaban que el estilo de Graham resultaba demasiado vehemente como para atraer a los ciudadanos de Nueva Inglaterra, y su reputación aún insuficiente como para justificar un emprendimiento mayor. Allan Emery, Jr., era el que oficiaba como presidente general de esa reunión y trató de persuadir a su pastor, Harold John Ockenga, a que invitara al joven evangelista para encuentros de continuidad durante diez días en la venerable iglesia de Park Street, la congregación evangélica más prestigiosa de Nueva Inglaterra.

Ayudado por la publicidad de la campaña evangelística reciente de Los Ángeles, esa reunión de la víspera de Año Nuevo en el Mechanics Hall (escasamente publicitada) convocó a más de 6.000 personas, una sorpresa que llevó a Ockenga a reservar el auditorio y anunciar otro servicio para la tarde siguiente. Ese nuevo encuentro improvisado y sin publicidad volvió a llenar el edificio. La reunión programada para la noche, que se llevó a cabo unas pocas horas después, colmó el templo de Park Street y dos salones anexos, pero dejó afuera a más de 2.000 posibles adoradores, frustrados porque no lograron ingresar. La serie de nueve reuniones anunciadas se extendió a dieciocho, y por la presión de las multitudes que continuamente excedía la capacidad de cualquiera de las instalaciones, esos encuentros de evangelización se volvieron itinerantes y se desplazaron según las reservas programadas lo permitían, llevándose a cabo en la iglesia de Park Street, en el Mechanics Hall, en el teatro de la opera, en el Symphony Hall, de nuevo en el Mechanics Hall y finalmente en el Boston Garden, para llevar a cabo allí un encuentro que constituyó el clímax y atrajo a más de 25.000 asistentes, de los que hubo que rechazar a unos 10.000. Las multitudes mismas concentraron la atención, no solo por sus dimensiones, sino por la práctica de cantar himnos mientras caminaban por las calles o cuando regresaban a casa en el subterráneo o en ómnibus luego de las reuniones. Un ciudadano que había vivido siempre en Nueva Inglaterra recordó: «Simplemente se dio un espíritu de unanimidad, gozo y felicidad que nunca he vuelto a ver».

Ninguno de los cinco periódicos que aparecían a diario publicó un artículo negativo, sea sobre Graham o sobre su campaña, y no hicieron referencia a él no como evangelista, sino como la figura pública en la que se estaba convirtiendo. Sin duda, Billy deseaba ser alguien: alguien importante, famoso, que pudiera integrar el círculo de los otros alguienes. Pero aquello que lo consumía interiormente era el sentirse aprobado por el Alguien Supremo: el Dios Todopoderoso. Nada impulsaba a Graham con más fuerza que su permanente esperanza de poder «hacer algo grande para el Señor».

Ya en 1950, Graham experimentaba una aclamación popular, se había ganado el respeto de los círculos evangélicos, y demostraba que no tendría problemas en financiar su ministerio. La esfera clave en la que todavía tenía que penetrar era la política, y dado que mucha de su predicación encaraba temas políticos, buscaba congraciarse con figuras de la política con un afán casi desesperado. Luego de enviarle cartas y telegramas en forma reiterada al presidente Harry Truman, Graham finalmente consiguió, con la ayuda de John McCormack, congresista por Massachusetts, una entrevista para el 14 de julio de 1950. Cuando logró que la invitación se ampliara para incluir a Barrows, Beavan y Gracy Wilson, todos se alborotaron al punto que, según Grady recuerda: «Los cuatro pegábamos saltos en el cuarto del hotel». Cuando esos cuatro hombres finalmente entraron atemorizados al Salón Oval, vistiendo trajes en colores claros y zapatos blancos del tipo de los que habían visto que usaba el presidente en las fotografías, Truman los recibió con calidez, escuchó cortésmente acerca del llamado de Graham a un día nacional de oración y les hizo algunas observaciones acerca de la necesidad de resistir al comunismo en Corea. Cuando llegaban a su fin los treinta minutos que les habían concedido, Graham le preguntó al presidente si podía tener «una palabra de oración». El jefe del ejecutivo, que no era famoso por su piedad, le dijo: «No creo que haga ningún daño». Billy puso su brazo alrededor de Truman y comenzó a orar; Cliff introducía algún «hazlo, Señor» y varios «amenes» fervientes, y Grady espiaba a hurtadillas, notando que el presidente acogía la escena con lo que aparentaba ser una distancia prudencial.

Cuando el grupo abandonó la oficina del presidente, un puñado de periodistas se acercó a ellos, y Graham, ignorando que violaba el protocolo, relató con libertad lo que había expresado Truman y reconoció que habían orado juntos. Se mostró reacio ante los fotógrafos cuando estos le pidieron que recreara la pose que habían adoptado, pero estuvieron de acuerdo en ser fotografiados en los jardines de la Casa Blanca mientras le agradecían a Dios por el privilegio de haber visitado al presidente de Estados Unidos. A la mañana siguiente, los periódicos de todo el país publicaron la fotografía de esos jóvenes ingenuos, resplandecientes en sus ropas blancas y como suspendidos en el aire, semejando un cuarteto sureño de música gospel. La historia y las fotografías irritaron en sobremanera a Truman, y solo después de mucho tiempo de haber dejado la investidura llegó a considerar la modalidad de Graham como algo más que la de un mercachifle de Dios en procura de publicidad. Graham narró la historia de esta visita malograda con mucha frecuencia, lo que demostraba que la vergüenza que le había causado en verdad era profunda. Sin embargo, el mejor análisis de ello provino de Grady Wilson, que hizo una observación simple pero irrefutable: «Fuimos muy cándidos».

A pesar de su ingenuidad, Billy Graham había hecho progresos sorprendentes durante ese año, emergiendo de una relativa oscuridad para convertirse en el evangelista más conocido de su generación. Una cruzada en Portland, Oregón, convocó a más de 100.000 personas durante la primera semana y a unas 250.000 durante la segunda, muchas de los cuales no lograron ingresar.

La exitosa cruzada de Portland en el ministerio de Graham le debe menos a lo que ocurrió dentro del tabernáculo que a ciertos acontecimientos externos que justamente encajaron en su lugar durante ese período. El primero tiene que ver con la entrada de Graham a la liga mayor de la radiofonía religiosa. Al considerar el notable éxito que estaba alcanzando y su creciente fama, naturalmente consideró diversos medios a través de los que expandir y extender su ministerio. La ruta más obvia parecía ser la radio y, posiblemente, la televisión, medio que estaba aún en una etapa incipiente.

Antes de la cruzada de Portland, Fred Dienert y Walter Brennett, evangélicos que trabajaban en relaciones públicas y publicidad, y se especializaban en las cuentas religiosas, se acercaron a Graham para informarle que la red ABC estaría dispuesta a ofrecerle un espacio importante el domingo por la tarde, que podría ser transmitido desde cualquier ciudad a la que sus viajes lo llevaran. Graham se mostró interesado, pero consideraba que las demandas de un programa semanal serían excesivas y el costo astronómico (92.000 dólares por trece semanas), así que declinó la oferta. Seguros de que podrían persuadirlo a que cambiara de idea, los dos hombres volaron hasta Portland.

A Graham nunca le gustó realizar transacciones comerciales durante una cruzada, y por varios días se rehusó aun a verlos. Finalmente, cuando se preparaban para regresar a la Costa Este, él los llamó y los recibió en el cuarto de su hotel. Dienert recuerda: «Se trataba de un cuarto sin pretensiones: una habitación con una mesa, una silla y una cama de una plaza. Billy llevaba puesta una gorra de béisbol y un pijama verde, y constantemente iba y venía. Nos dijo que algunos amigos le habían hecho saber que podrían hacer algo para ayudar, pero nada definido. Le explicamos que si podía reunir solo 25.000 dólares con eso cubriría al menos tres semanas y las contribuciones de los oyentes se harían cargo del resto luego. Entonces él dijo: "Muchachos, oremos". No puedo decirles todo lo que hubo en esa oración, pero sé esto: Billy le hablaba al Señor y yo percibía que el Señor estaba escuchando. Él le dijo: "Señor, tú conoces mi corazón. No tenemos el dinero, pero me gustaría hacerlo. Señor, voy a poner afuera mi vellón. Quiero 25.000 dólares para hoy a medianoche". Bueno, he oído un montón de oraciones, pero nunca escuché a nadie hacerle a Dios una propuesta como esa: ¡25.000 dólares esta noche, o no seguimos adelante!»

Durante la reunión de esa noche, la falta de disposición de Graham a impulsar esa cuestión pareció hasta perversa. No hizo mención a un programa de radio en el momento de la ofrenda. Cuando finalmente habló sobre ello, se contentó con hacer notar que «hay dos hombres aquí que han venido a vernos por la posibilidad de entrar en la radio; el espacio está disponible; podemos permitir que los tabacaleros lo obtengan, o podemos tomarlo nosotros para Dios. Si quieres formar parte de esto, voy a estar en el cuartito que está junto a la zona del coro luego de la reunión de esta noche». Dienert se hundió en su asiento, seguro de que todo el asunto había acabado. Lo que siguió luego se convirtió en una de las historias favoritas de la biografía de Graham. La gente formaba fila para dejarle cheques, billetes, promesas, y hasta algunas pocas monedas en una caja de zapatos usada para recibir las ofrendas. Cuando se contó el dinero, Billy tenía 23.500 dólares entre efectivo y promesas para el programa. Dienert y Bennett estaban extasiados, hasta que Graham les recordó: «Yo no pedí 23.500 dólares. He pedido 25.000 dólares». Aceptar eso como una señal de Dios, les advirtió, sería caer en una trampa satánica. Por la misma razón, rehusó la oferta de Bennett acerca de que la agencia se encargara de la diferencia. Mientras los dos publicitarios, ofuscados y alicaídos, buscaban consuelo en compañía de Barrows y varios otros amigos en Louie's-on-the-Alley, un pequeño restaurante dedicado a los mariscos que era el favorito del equipo, Graham y Grady Wilson regresaron al Hotel Multnomah; allí los recibió el recepcionista, les entregó dos sobres y les informó de varios mensajes telefónicos. Las dos cartas eran de dos ricos empresarios de Texas, Bill Mead y Howard Butt, Jr., que eran ambos creyentes fervientes de la evangelización. Las contribuciones de Mead y Butt elevaron el total del dinero a exactamente 25.000

dólares. Para Graham, con toda razón, eso constituía una señal clara de que Dios lo estaba llamando al ministerio radial.

La caja de zapatos llena de dinero presentaba un problema. Graham fue informado de que si depositaba eso a su nombre, aunque fuera temporalmente, estaría sujeto al pago de impuestos, y los contribuyentes no podrían declarar sus ofrendas para ser deducidas. Probablemente porque temiera que un programa de radio podría fácilmente convertirse en un problema financiero, la junta directiva de Northwestern sintió que una aventura así debería independizarse totalmente de las escuelas. Graham llamó a George Wilson para pedirle consejo, y Wilson le ofreció una solución simple: «Necesitas una pequeña organización sin fines de lucro, en la que la junta directiva seamos tú, tu esposa y yo, y sobre la que puedas tener control». Graham le respondió: «Bueno, reúne los papeles y vente para aquí». Anticipándose a esta necesidad, Wilson ya había recolectado algunos documentos de constitución de sociedad de varias organizaciones sin fines de lucro como modelo. «Así que estipulé los artículos y estatutos, y los llevé a un abogado para que les pusiera las comas y otras menudencias. Algo que no quería que se cambiara era el artículo 1: "Extender el evangelio por todos y cualquier medio". Conociendo a Billy, yo sabía que él no se limitaría solo a realizar cruzadas. Así que ese artículo lo cubriría todo; y sigue haciéndolo: "por todos y cualquier medio"». Armado de los artículos de la constitución de la sociedad, Wilson voló a Portland, donde se reunió con Cliff Barrows, Grady Wilson y Billy y Ruth Graham como socios fundadores de la Asociación Evangelística Billy Graham, nombre, según se informa, que fue elegido a pesar de las fuertes objeciones de Graham. Al regresar a Minneapolis, George Wilson alquiló una oficina de un ambiente cercana a las Northwestern Schools, tomó una secretaria, y dio comienzo a un control diario de la organización que llevó adelante por treinta y seis años.

El ministerio de Graham con las películas también comenzó en Portland. Dick Ross, un joven cineasta que Graham había conocido en Los Ángeles, le había hablado al evangelista acerca de extender su llegada a través de películas de cine. Como primera incursión importante, Ross produjo un documental a color titulado *La historia de Portland*, más tarde rebautizada como *Cruzada de mitad de siglo* y utilizada ampliamente para publicitar el ministerio de Graham y para mostrarle a los potenciales patrocinadores de qué manera funcionaba una cruzada y en qué modo podía beneficiar a las iglesias de su ciudad. En el término de un año, la productora Billy Graham Evangelistic Films, más tarde rebautizada como World Wide Pictures, con oficinas centrales y estudios en Burbank, California, comenzó a producir un flujo constante de documentales y películas de ficción, estas últimas mayormente contando historias de vidas destruidas que se habían reconstruido por haber asistido a una cruzada con Billy Graham. Ross también ayudó a producir el nuevo programa de radio de Graham, *Hora de decisión*, nombre sugerido por Ruth. La primera transmisión, emitida desde la cruzada en Atlanta el 5 de noviembre de 1950, se inició con algunos comentarios introductorios de Cliff Barrows, canciones del coro y de la congregación, una lectura de las Escrituras realizada por Grady Wilson, y una canción de George Beverly Shea. Cliff Barrows entonces anunció aparatosamente: «Y ahora, como siempre, un hombre con el mensaje de Dios para estos días de crisis: Billy Graham».

No se hizo ninguna mención a dinero durante ese primer programa, pero Barrows le pidió a la gente que le hiciera saber si sentía que las emisiones «cubrían una necesidad a través de todo el país». Poco después comenzó a recordarle a los oyentes, de la manera más breve posible, que la continuidad del programa dependía de las ofrendas voluntarias: «Envíen sus cartas a Billy Graham, Minneapolis, Minnesota. Esa es la única dirección que necesitan». No hizo falta más impulso que ese. Enseguida se encendió la mecha de la *Hora de decisión* y en el término de cinco semanas atrajo la mayor audiencia que jamás hubiera registrado el servicio de mediciones Nielsen de una transmisión religiosa. Por cautela, Graham había ordenado a la agencia Bennett que contratara solo 150 estaciones, el segmento menor que la red ABC podía vender, y les dejó en claro que lo cancelaría de inmediato si las contribuciones por parte de los oyentes no cubrían los costos. En pocos meses el programa salió al aire por 350 radios de la red, y poco después se extendió a 1.000 estaciones en Estados Unidos, y alcanzó muchos otros puntos del mundo a través de por lo menos 30 estaciones de onda corta.

La cruzada de Atlanta, a pesar de llegar a una asistencia total de 500.000 personas y del exitoso inicio de *Hora de decisión*, le produjo a Graham un gran bochorno. Aunque él no lo promovió, el comité de la cruzada recogió una ofrenda de amor muy sustanciosa para él y su equipo durante la reunión de clausura. Al día siguiente, el periódico *Atlanta Constitution* publicó dos fotografías, una al lado de la otra. En una se veía a un grupo de ujieres muy satisfechos, sosteniendo cuatro grandes bolsas de dinero; en la otra aparecía Billy Graham saludando con la mano y sonriendo ampliamente al subir a un automóvil frente al Hotel Biltmore, justo antes de abandonar Atlanta. Las fotografías aparecieron en periódicos de todo el país, en los que la implicancia era que los evangelistas itinerantes (Billy Graham incluido), todavía seguían tratando de demostrar que uno podía servir a Dios y a Mamón. Profundamente herido, Graham le pidió consejo a Jesse Bader, secretario de evangelización del Concilio Nacional de Iglesias. Bader le aconsejó que hiciera que la Asociación Evangelística Billy Graham les determinara a él y a su equipo salarios fijos que no guardaran relación con la cantidad de cruzadas que pudieran llevar a cabo en el año. Graham estuvo de acuerdo y fijó su propio salario en 15.000 dólares, comparable a lo que recibían los pastores urbanos prominentes en ese tiempo, pero menos de lo que podía obtener a través de ofrendas de amor. Más adelante aceptaría dinero para su columna en el diario y las regalías por algunos de sus libros, pero nunca, luego de que el sistema entró en vigencia en enero de 1952, ni él ni su equipo aceptaron otros honorarios por su trabajo en una cruzada.

A principios de 1952 el ministerio evangelístico le consumía a Graham tanto tiempo, energía e imaginación que comenzó a dudar si es que podría seguir adelante por mucho tiempo más. Alentado por Ruth, renunció a su cargo en Northwestern, pero eso no podía considerarse una preparación para bajar la cortina sobre su ministerio.

7

Poderes y principados

En un período de siete años Billy Graham se había disparado como un cohete desde su base en el norte de Illinois para llegar a ser el líder más conocido, sino el más influyente, de un movimiento evangélico que resurgía. En los años siguientes a la guerra, la nación se había abocado al esfuerzo de restablecer una apariencia estable y de normalidad. En algunos sentidos había logrado un tremendo éxito, pero la euforia provocada por la victoria y la prosperidad de posguerra pronto dieron lugar a nuevos ataques de ansiedad. El comunismo parecía expandirse por todo el mundo, y Estados Unidos sentían que no les quedaba otra opción que intentar contenerlo. Cuando Graham y su equipo se encontraron con el presidente Truman en el verano de 1950, el Comandante en Jefe les mencionó la posibilidad de enviar tropas a Corea. Luego de unas pocas semanas, precisamente cinco años después de que Estados Unidos finalizara lo que esperaba que fuera su última guerra, enviaba otra vez jóvenes a una tierra distante, tierra que la mayoría de los norteamericanos no conocía o por la que no se interesaba, en un intento por rescatarla de una invasión comunista. La nación, que hasta hacía poco se mostraba orgullosa y confiada, se hallaba de nuevo en medio del desconcierto. En ese estado de ansiedad, se debatía ante dos llamados clásicos y probados: echarle la culpa a un chivo emisario o aceptar que las antiguas verdades familiares todavía seguían siendo válidas. Billy Graham intuitivamente captó la manera de aprovechar ese momento. Machacó en contra del comunismo, acusándolo de intentar socavar los mismos fundamentos de la civilización occidental y de no mostrar interés en realizar ningún esfuerzo por la pacificación o por llegar a un acuerdo. Al mismo tiempo, pregonó con confianza que el mundo no se había caído del bolsillo de Dios, que aquellos que estaban atentos y ponían su confianza en las verdades que los habían conducido hasta aquí podrían manejar un futuro incierto con seguridad porque Dios estaba de su lado.

Las campañas más grandes de Graham en 1952 se llevaron a cabo en Houston, Texas, y en Jackson, Mississippi. Pero la más importante fue una cruzada de cinco semanas en la capital de la nación. El punto más alto de esa cruzada, su clímax, fue una concentración con 40.000 personas sobre las escalinatas del Capitolio, a pesar de una lluvia persistente. La invitación para llevar adelante la cruzada había sido auspiciada por un grupo bipartito de senadores y diputados, varios de los cuales asistieron regularmente y trabajaron como voluntarios durante las reuniones, lo que le permitió a Billy forjar lazos importantes y duraderos con el poder durante su estancia en la capital.

Los políticos lo veían como un espíritu afín, o como alguien cuya amistad podía transmitir bendición. Aproximadamente un tercio de los senadores y un cuarto de los diputados de la Cámara solicitaron que se les dieran asientos con una ubicación preferencial para las reuniones de la cruzada y una buena cantidad de congresistas asistió a la concentración en el Capitolio. La estadía de Graham en Washington también lo llevó a desarrollar una relación con dos hombres controversiales, que se convertirían en amigos cercanos: Richard Nixon y Lyndon Johnson. La atención que le prestaron aparentemente convenció a Graham de que él y aquellos que lo apoyaban ejercían una considerable influencia política. Hacia fines de 1951 expresó esta opinión: «Los cristianos de Estados Unidos no van a permanecer sentados ociosamente durante 1952. Van a votar en bloque por el hombre que presente la plataforma con mayores valores morales y espirituales, sin que importen sus perspectivas en otros asuntos. Yo creo que podemos mantener el equilibrio del poder». Él sugería que ese bloque surgiría de un esfuerzo coordinado, en el que los miembros de las

iglesias seguirían «las instrucciones de sus líderes religiosos».
Aunque cuidadoso en cuanto a hacer notar que se abstendría
de brindar un aval público a alguien, les dijo a los periodistas
que bien podría compartir su elección personal con una cantidad de líderes religiosos «que probablemente usarán mi punto
de vista como guía».

A pesar de su profesión de neutralidad durante las primeras etapas de la campaña presidencial, aparentemente él
ya tenía idea sobre cuál sería su elección. Varios meses antes
había hecho una evaluación altamente positiva de Dwight
Eisenhower y expresado la esperanza de que el general pro-
curara la presidencia. Luego de que Eisenhower decidió entrar
en carrera, Graham fingió imparcialidad, pero no resultaba difícil discernir hacia dónde se inclinaba. Durante la primavera y
el verano se hizo eco de los sentimientos republicanos y a veces
hasta de las frases exactas usadas en la campaña. Luego de que
Eisenhower ganó la nominación, Graham lo visitó en Denver y
le obsequió una Biblia, que aparentemente el general conservó
y leyó con frecuencia durante la campaña. Eisenhower le dijo a
Graham que creía que no parecería sincero el hacer un show
religioso durante la campaña, pero que tenía la intención de
unirse a una iglesia después de la elección, ganara o perdiera.
Sea que este acercamiento del general fuera cándido o cuidadosamente calculado, se ganó la admiración de Graham, y
la historia se abrió camino hacia los periódicos. Sin lugar a
dudas, Eisenhower reconocía el valor potencial de la buena
voluntad de Graham.

Lograr el favor de Graham mostró ser algo sabio. Porque él
no solo continuó haciendo comentarios con sabor republicano,
sino que pocos días antes de la elección de noviembre, reveló
a la prensa que aunque todavía no había tomado partido, un
sondeo personal realizado a unos 200 eclesiásticos y editores
religiosos de 30 estados y 22 denominaciones distintas indicaba que el 77% de ellos prefería a Eisenhower como presidente.
Era predecible que gestos semejantes le ganaran el aprecio y
afecto de Eisenhower y, luego de su aplastante victoria en las
elecciones, eso llevó a que se le solicitara a Graham que fun-
cionara como asesor religioso en las ceremonias inaugurales.

La cruzada en Washington y su creciente relación con Eisenhower realzaron la importancia simbólica de Graham como portavoz oficial del cristianismo protestante. Luego de que el cardenal Francis Spellman visitó a las tropas en Corea bajo los auspicios del Departamento de Defensa, el Pentágono decidió patrocinar un viaje semejante para Graham.

Al evangelista se le brindó un tratamiento de primera clase en esa gira, pero no podríamos considerarlo un ejercicio de vanagloria. Prácticamente en cada parada, Graham y sus colegas visitaron orfanatos establecidos por soldados estadounidenses para cuidar de los niños que habían perdido sus familias en la guerra. Del mismo modo fue diligente en cuanto a visitar numerosos hospitales y unidades hospitalarias quirúrgicas móviles del ejército en las que se trataba a los soldados heridos. Vio, por primera vez, escenas que excedían su imaginación: «Hombres a los que se les había disparado a los ojos, cuyos brazos habían sido mutilados, con enormes heridas abiertas en sus costados y espalda y con la piel carbonizada a causa de horribles quemaduras». Ver sufrir a sus compatriotas fortaleció su convicción de que Washington debería procurar ponerle un rápido y decisivo final a semejante carnicería, y no lo convirtió en alguien que abogara en favor de la guerra. «Desearía que todos los norteamericanos pudieran estar conmigo en los hospitales», dijo. «Tendrían un nuevo sentir con respecto al horror de la guerra». Y reconoció que los norteamericanos no eran los únicos que estaban sufriendo. Luego de ver a un prisionero de guerra comunista que había sido «quemado por fuego líquido», señaló: «Al verlo no pude evitar pensar acerca del terrible sufrimiento por el que están pasando los ejércitos comunistas también. Elevé oraciones por ellos, porque nuestro Dios no es solo el Dios de los norteamericanos, sino de los comunistas también. Estoy convencido de que como cristianos deberíamos orar diariamente por nuestros enemigos comunistas».

Billy no quedó menos conmovido por su encuentro con los coreanos cristianos, que ya mostraban esa dedicación que produciría un crecimiento cristiano explosivo durante los siguientes cuarenta años. En Pusan, protegiéndose de los vientos y temperaturas bajo cero con una campera forrada en piel de oveja y botas gruesas, y de posibles ataques comunistas por parte de una falange de la policía militar que blandía rifles y ametralladoras, habló durante cuatro noches desde una plataforma al aire libre, dirigiéndose a varios miles de coreanos y soldados estadounidenses sentados sobre pequeñas colchonetas de paja o parados en medio del barro para escucharlo. En Seoul asistió a reuniones de oración que comenzaban a las cinco de la mañana. Y en Taegu y otras ciudades, se sintió avergonzado cuando los pastores coreanos lo tomaron fuertemente de la mano en gratitud por haber ido allí, mientras abundantes lágrimas corrían por sus mejillas. «Me sentí muy humillado cuando estuve con esos hombres», dijo. «Esos hombres habían sufrido persecución por Cristo, sus hogares habían desaparecido, no tenían ninguna posesión material y allí estaban, viniendo a escucharme predicar el evangelio y agradeciéndome por hacerlo. Ellos me predicaban a mí, pero no lo sabían». Como lo había prometido, Graham pasó varios días, incluyendo la Navidad, en el mismo frente de batalla. Volando en pequeños aviones y helicópteros a través de una densa niebla y tan cerca de la artillería enemiga que los proyectiles que explotaban sacudían repetidamente a la aeronave, aterrizaba en pequeñas pistas, se colocaba un casco y un chaleco antibalas apenas tocaba suelo y les predicaba a cientos de soldados norteamericanos completamente armados, que en algunos casos acababan de regresar del combate. Sin excepción, Graham descubría que los hombres eran inusualmente receptivos al mensaje que les transmitía sin ningún tipo de adornos.

Graham ejercía una influencia aún mayor en la esfera espiritual. Eisenhower se convirtió en el primer presidente en llevar a cabo una oración como parte de la ceremonia inaugural, y poco después de que todas las ceremonias concluyeron, fue bautizado en la Casa Blanca. Graham insiste en que estas dos acciones se produjeron por propia iniciativa del presidente, pero él rápidamente dio un paso al frente para celebrarlas y para asegurar a sus seguidores que la nación estaba nuevamente en buenas manos.

En 1953, Graham llevó a cabo cruzadas en media docena de ciudades norteamericanas; la más exitosa fue una de cuatro semanas en Dallas, cuya reunión de clausura, que constituyó el clímax, llenó el Cotton Bowl (75.000 asientos) y se convirtió en la reunión evangelística más concurrida de las que se hubieran llevado a cabo en Estados Unidos hasta ese momento. Aquella cruzada también resultó notable porque marcó el momento en el que Graham presentó formalmente su pedido de membresía dentro de la Primera Iglesia Bautista de Dallas, la congregación bautista más grande del Sur. Ese año Graham también publicó *Paz con Dios*, una extensa exposición de la teología y el pensamiento social contenido en sus sermones.

Como lo haría durante toda su vida, Graham luchaba con su fama y su éxito. Se daba cuenta de que estaba alcanzando un estatus casi icónico en la mente de muchas personas. Permitirles a sus asociados y a otros que se refirieran a él como el «Dr. Graham» —sobre la base de que ese título honorífico resultaba útil para «atraer a un estrato social más alto»— reflejaba su esfuerzo por alcanzar la aprobación humana; del mismo modo, la preferencia que expresó con posterioridad en cuanto ser llamado simplemente «Sr. Graham» o «Billy» reflejaba su preocupación con respecto a que lo anterior resultara inapropiado.

Mientras Billy construía una carrera como evangelista itinerante, Ruth trabajaba con una intensidad semejante para construir una vida hogareña estable para su familia en crecimiento. Una tercera hija, llamada Ruth, pero conocida desde su nacimiento como Bunny, había llegado a fines de 1950, y en 1952 finalmente los Graham tuvieron un hijo, William Franklin III. Ruth practicaba una forma de disciplina un tanto más laxa que aquella por la que Billy Frank y sus hermanos habían pasado. A pesar de los ocasionales comentarios de Billy sobre los beneficios del castigo corporal y el recuerdo de los niños y de las frecuentes palizas, algunos conocidos de ese período recuerdan que los jovencitos Graham eran todo menos un modelo de decoro en su conducta en la iglesia y en otros encuentros públicos.

Sin embargo, pocos podían criticar el desarrollo espiritual de esos niños. La maternidad y otras demandas domésticas no habían alterado la inclinación devota de Ruth. Usualmente mantenía una Biblia abierta apoyada sobre una mesa o estante y a veces la llevaba en la mano y la leía mientras pasaba la aspiradora. Se ocupaba de que los niños cumplieran a diario con el «altar familiar», semejante en forma y contenido a aquellos según los que ella y Billy se habían criado, aunque siempre los llevó a cabo en forma más breve, para que los chicos no se resintieran. También se esmeró mucho en hacer que las ausencias de su marido parecieran normales. Las partidas siempre se mantenían en un nivel poco emocional, como si no fueran más significativas que una salida para ir a la ferretería; y si los niños comentaban acerca de la ausencia de su padre, les decía que él «había ido a un lugar para contarle a la gente acerca de Jesús». GiGi hace mención a un recuerdo de cuando era pequeña: «Yo pensaba que todos los papás se iban. Y mi abuelo fue una figura tan paternal para nosotros que nunca me pasó por la cabeza que eso fuera algo tan inusual». Lo percibieran como algo inusual o no, los niños notaban la ausencia de su padre. Ruth decía: «Cuánto lo extrañamos es algo que solo cada uno de nosotros sabe». Ella les leía las cartas de Billy en voz alta, guiaba a los niños a orar por su padre y su tarea, y los domingos por la tarde los reunía para escuchar su voz durante la transmisión radial *Hora de decisión*. Luego del programa, él generalmente llamaba para hablar con cada uno de ellos. No fue fácil, pero tanto Billy como Ruth estaban decididos a no permitir que la carrera de él les hiciera pagar a los niños el precio que a menudo suelen pagar los hijos de los evangelistas.

8

Confiar y obedecer

Para mantenerse a tono con su modesta aspiración de no conocer nada «sino a Cristo y a él crucificado» la teología de Billy
Graham no resultaba difícil de comprender. El corazón mismo
de su predicación fue y siempre sería una corta lista de afirmaciones sencillas: que un Dios soberano ha revelado su voluntad
a los seres humanos a través de la Biblia, su Palabra, la cual es
completamente confiable, exacta e inspirada; que los seres humanos son pecadores y corruptos, pero si aceptan el ofrecimiento de gracia que Dios les hace, posible por la obra redentora del
Cristo crucificado, resucitado y viviente, su naturaleza pecami-
nosa puede ser transformada de un modo sobrenatural (pueden
«nacer de nuevo») y luego de la muerte vivirán para siempre en
el cielo. Sin duda, la simplicidad de este plan da cuenta de la
popularidad tan extendida y duradera que ha alcanzado el cristianismo evangélico. Resulta fácilmente comprensible y a pesar
de su concepción negativa de la naturaleza humana, es esencialmente optimista; aunque no les resulte fácil, los seres humanos
pueden llevar a cabo de inmediato lo que necesitan hacer; Dios
hará el resto, y la recompensa será infinita. Para mucha, mucha
gente estas fueron en verdad «Buenas Nuevas».

Más adelante en su carrera Graham dedicaría libros enteros
a temas tales como el Espíritu Santo, los ángeles, y el problema
del sufrimiento, pero durante esos primeros años, tanto en sus
sermones como en sus columnas periodísticas y en el libro *Paz
con Dios* simplemente transmitió este *kerygma* (palabra grie-
ga que significa «proclamación», con frecuencia utilizada para

describir el mensaje del evangelio en su expresión básica) con poca intención de elaborarlo más allá, o de defenderlo. Su tarea, como él la comprendía, no era hacer preguntas difíciles a las Escrituras, sino seguir el consejo del antiguo himno evangélico: «Obedecer y confiar».

Nada en la teología de Graham ni en sus recetas para la vida cristiana era original, y ni siquiera singular, pero él proclamaba sus convicciones con estilo y un sentido de urgencia y eso captaba y mantenía la atención. Y las afirmaba con tal carácter y personalidad que le resultaban convincentes a aquellos que estaban dispuestos escuchar. Al modo de los oradores de Juventud para Cristo y de varios de los predicadores sureños, Graham generalmente comenzaba contando algunos chistes de precalentamiento (a menudo con poca gracia) para relajar a la audiencia y hacerles saber que a pesar de las cosas duras que tenía que decirles, en realidad era un buen tipo y no muy diferente de ellos. Tan pronto como acababa con esos ejercicios de relajación, hacía un cambio y se abocaba a crear un gran nivel de tensión en aquellos que lo escuchaban. Normalmente comenzaba mencionando una lista de problemas individuales o sociales que había observado, o sobre los que había escuchado en las noticias o mencionados en algún artículo, o acerca de los que había leído o debatido. Señalaba que al igual que el joven rico de la parábola, muchos parecían tenerlo todo, pero adentro se sentían solos, inquietos, vacíos, abatidos y deprimidos. Y aun aquellos cuyas vidas personales parecían ricas y realizadas debían vivir en un mundo lleno de terror y amenazas. Como resultado directo de la rebelión de la humanidad pecadora en contra de Dios, nuestras calles se habían convertido en junglas donde campeaban el terror, los atracos, las violaciones y la muerte. La confusión reinaba en los campus universitarios como nunca antes. Los líderes políticos vivían en constante peligro de enfrentar balas asesinas. Las tensiones raciales parecían estar a punto de desatar fuerzas titánicas de odio y violencia. El comunismo amenazaba con erradicar la libertad de sobre la faz de la tierra. Algunas naciones pequeñas estaban logrando desarrollar la bomba, de modo que la guerra global parecía volverse inevitable. Objetos que se desplazaban a alta velocidad, aparentemente guiados por una inteligencia desconocida, se introducían en la atmósfera por razones que nadie comprendía. Con toda claridad, todas las señales apuntaban hacia el fin del presente orden mundial.

Para mantener atentos a todos en el estadio, caminaba dando grandes pasos e iba y venía, y a veces casi corría de una punta a la otra de la plataforma, con su cuerpo tenso y preparado. Luego, después de crear en sus oyentes la conciencia de que todas las rutas de escape atractivamente señalizadas conducían a callejones sin salida, sacaba la única brújula que indicaba de manera confiable el camino recto y angosto que conducía a la felicidad personal y a la paz duradera. Billy señalaba que «la *Biblia* dice» que el único Camino que vale la pena seguir, la única Verdad que vale la pena conocer, y la única Vida que vale la pena vivir es aquella que se les ofrece a los que reconocen su impotencia, se encomiendan a la gracia y la misericordia de Dios, y le entregan su vida a Jesucristo, quien es capaz de suplir su más profunda necesidad. «Cristo murió por tus pecados», proclamaba. Aquel ofrecimiento, según enfatizaba Graham, era el más espectacular que cualquier persona podía recibir, pero no estaría disponible para siempre. Aun cuando Cristo no volviera pronto, la vida de cada individuo era breve e incierta. ¿Cómo podría alguien estar seguro de seguir vivo dentro de veinticinco, quince, diez, o aun dos años? ¿Y una semana? ¿Un día? Era muy fácil morir en un accidente automovilístico de camino a casa después de la reunión y luego encontrarse con Dios en el Juicio, conscientes de haber dejado pasar esa última oportunidad de escapar a una eternidad de separación de su bendito semblante. La vida era incierta. La eternidad podía estar apenas a un latido de distancia.

«Voy a pedirles que se levanten de sus asientos», anunciaba, «y vengan a pararse delante de la plataforma para decir: "Esta noche yo deseo que Cristo entre en mi corazón"». Y luego, de repente y a diferencia de la mayoría de los evangelistas, que continuaban dando la lata, rogando, e intentando convencer, mientras se cantaba el himno de invitación, él dejaba de hablar, cerraba sus ojos, apoyaba el mentón sobre el puño de la mano derecha, sostenía codo derecho con la mano izquierda, y esperaba que el Espíritu Santo se moviera para que hombres y mujeres, muchachos y chicas decidieran que ese sería su día de salvación.

Aunque Graham con frecuencia hablaba de problemas sociales de magnitud nacional y mundial, no solía hacer muchas sugerencias en cuanto a la forma de lidiar con ellos además de aceptar a Cristo como Salvador personal. En parte porque se consideraba un evangelista, no un teólogo ni un reformador social. Y principalmente porque tenía la convicción, ampliamente compartida entre los evangélicos, de que la única manera de cambiar a la sociedad era cambiando a los hombres y mujeres en forma individual, y ellos entonces actuarían como un fermento que volvería más cristiana a la sociedad. Y él parecía suponer que naturalmente la llevarían a asemejarse a la sociedad decente, trabajadora, de clase media, patriótica y capitalista a la que él mismo pertenecía y con la que se sentía más a gusto. Él y sus compañeros evangélicos no esperaban producir un cambio social básico y amplio a través de promover alguna legislación o de desobedecer aquellas leyes que se veían como claramente injustas.

En 1947, Carl F. H. Henry, uno de los más prominentes y quizá el más dotado de los jóvenes teólogos evangélicos escribió un libro fundamental: *La conciencia intranquila del fundamentalismo moderno*, en el que lamentaba la falta de sensibilidad de su movimiento ante los problemas sociales. Los modernistas tenían una perspectiva insuficiente del evangelio, según él creía, pero a menudo demostraban una preocupación por la sociedad que avergonzaba a los fundamentalistas. Si los evangélicos iban a causar el impacto que deberían, tendrían que desarrollar un mensaje social más progresista. Harold Ockenga estuvo de acuerdo. Él enfatizaba que los evangélicos «debían preocuparse no solo por la salvación personal y la verdad doctrinal, sino también por los problemas raciales, la guerra, la lucha de clases, el control del alcohol, la delincuencia juvenil, la inmoralidad y el imperialismo nacional». También en 1947, el predicador radial Charles Fuller fundó el Seminario Teológico Fuller, una de cuyas metas era alentar a un ministerio más iluminado en cuanto a lo social.

Graham era consciente de esas corrientes de cambio moderadas y quedó impresionado en particular por el libro de Carl Henry, pero su pasión primordial estaba dirigida a ganar almas y pesaba más que su preocupación social y las soluciones que ofrecía sobre los principales problemas sociales eran típicas del individualismo evangélico y de la moralidad pietista: lograr que los individuos asistieran a la iglesia, leyeran sus Biblias y oraran; entonces los problemas sociales se desvanecerían. Además, demostraba solo un aprecio limitado por los esfuerzos mancomunados para lograr cambios sociales.

Para Graham el comunismo era un mal tan absoluto que consideraba los ataques contra él como apenas una ligera desviación de su ostensible neutralidad política. El racismo planteaba un problema mucho más difícil. Muchos cristianos, lo mismo que muchos observadores no cristianos, sentían que él debería estar usando toda su influencia para denunciar la segregación y los prejuicios. Al mismo tiempo, algunos otros de sus seguidores, en particular los del sur, continuaban defendiendo las políticas y prácticas racistas y no deseaban que él se inmiscuyera en algo que ellos consideraban como un sistema ordenado por Dios. Para complicar las cosas aún más, el aumento de confianza por parte de los negros en diversas formas de protesta pública iba en dirección opuesta al profundo aborrecimiento que él sentía por el conflicto y la incorrección. Las complejidades de ese problema lo perseguirían por décadas.

Como hijo del Sur, Graham había heredado una perspectiva acerca de los negros como de gente cualitativamente diferente e inferior. Al igual que muchos sureños, sin embargo, no había estado expuesto a una forma de racismo virulenta. Su padre usaba la palabra «nigger», que luego suavizó a «nigra» y posteriormente a «negro», pero también había contratado a Reese Brown, un hombre de color que había asistido a la escuela y también servido como sargento durante la Primera Guerra Mundial, como capataz en su tambo. Billy admiraba a Brown, trabajaba junto con él, había aprendido de él, jugaba con sus hijos, y había compartido comidas a su mesa, todas esas experiencias que volvían difícil sustentar cualquier idea con respecto a que los negros fueran criaturas infrahumanas.

Los institutos Bob Jones College y Florida Bible Institute eran solo para blancos y allí no se trataban cuestiones de justicia racial. El Wheaton College había sido fundado por abolicionistas y su cuerpo de estudiantes incluía algunos pocos estudiantes negros, de algunos de los cuales Billy se hizo amigo. Sus estudios de antropología le enseñaron que raza es un término y un concepto bastante impreciso, a menudo utilizado por los laicos para explicar cosas tan obviamente no genéticas como el idioma, la religión y los valores sociales. También aprendió que la mayor parte de los pueblos del mundo, incluyendo aquellos que son responsables de algunos de los mayores logros de la humanidad, provienen de una herencia mixta. Pero esas experiencias y perspectivas no demandaban que se les diera una respuesta radical. La mayoría de los evangélicos, aún en el Norte, no consideraban que fuera su deber oponerse a la segregación; alcanzaba con haber tratado cortés e imparcialmente a los negros que habían conocido en persona; y Billy encontraba que eso era fácil de hacer. Durante los primeros años de su ministerio independiente, Graham llevó a cabo reuniones segregadas siempre que esa fuera la costumbre local. En Portland objetó la presunción automática de que por ser bautista del Sur también estuviera a favor de la desigualdad racial. «Todos los hombres han sido creados iguales por Dios», señaló de forma terminante. «Cualquier negación de eso constituye una contradicción a la ley sagrada». Valientes palabras y buen texto, pero dos meses después aceptó algo que las negaba y contradecía al predicar ante audiencias segregadas a lo largo de su cruzada en Atlanta y más tarde en Forth Worth, Shreveport, Memphis, Greensboro y Ralegigh. Le molestaba que se mantuviera alejados a los negros, pero se resistía a realizar cualquier acción que pudiera engendrar conflicto u ofender a sus anfitriones blancos.

Entonces, en la Convención Bautista del Sur de 1952, sorprendió a algunos de sus hermanos al afirmar que era deber cristiano de cada universidad bautista recibir de buen grado a los estudiantes negros que fueran calificados. Advirtió: «La estatura moral del pueblo bautista no será mayor que las políticas de los educadores bautistas». Graham sentía con claridad que era su obligación hablar en contra de la segregación, pero también creía que su primer deber consistía en procurar atraer a tanta gente como le fuera posible. A veces encontraba que esas dos convicciones eran difíciles de conciliar. En Jackson, Mississippi, en el mismo corazón del cinturón negro, aceptó que se sentaran de

forma segregada, pero luego proclamó: «No existen bases para
la segregación en las Escrituras. Puede ser que haya lugares en
los que eso sea lo esperado por las dos razas, pero ciertamente
no lo es en la iglesia». Reconoció que lo aceptaba en las cruzadas sureñas donde la costumbre local lo demandaba, pero dijo
que hacer esto lo hacía sentir incómodo. «El terreno a los pies
de la cruz está al mismo nivel», dijo, y agregó: «Me conmueve
el corazón cuando veo a los blancos lado a lado con los negros
junto a la cruz». Esas declaraciones desataron un coro de amenes y aleluyas del sector de los negros y aplausos por parte de
los editores de *Christian Century*, que predijeron que su franqueza lo dañaría en el Sur. Ambas respuestas fueron correctas.
Y cuando los segregacionistas lo criticaron, él inmediatamente
dio marcha atrás. Dijo ante el periódico local: «Siento que he
sido mal interpretado en cuanto a la segregación racial. Nosotros seguimos las costumbres sociales existentes en cualquier
sector del país en el que ministramos. Hasta donde yo he podido encontrar en mis estudios de la Biblia, ella no dice nada
sobre segregación o no segregación. He venido a Jackson a predicar solo la Biblia y no a entrar en cuestiones locales».

Sin embargo, en marzo de 1953, algo más de un año antes
de que la Corte Suprema dictaminara que las escuelas segregadas eran inconstitucionales en el caso de Brown contra el
Consejo de Educación de Topeka, Kansas, y algo más de una
década antes del Acta de Derechos Civiles de 1964, Graham le
dijo al comité patrocinador de su cruzada en Chattanooga que
no podía aceptar la acostumbrada práctica de la ubicación de
asientos segregados. Cuando el comité se rehusó, fue hasta el
tabernáculo de la cruzada y removió personalmente las cuerdas
que señalaban el sector reservado para los negros. De hecho,
pocos negros se atrevieron a mudarse al sector de los blancos y
mucha gente puede no haberse dado cuenta de lo que Graham
había hecho (el incidente pasó sin comentarios por parte de
los periódicos locales) pero él no podía saber lo que sucedería,
y su gesto resultó significativo. En Dallas, pocos meses después, retrocedió un poco al aceptar que el comité patrocinador
designara sectores separados de asientos para los blancos y los
negros, pero los ujieres no hicieron ningún intento por impedirle a un número pequeño de negros que eligiera sentarse en

áreas reservadas para los blancos. Poco después, cuando algunos eclesiásticos negros de Detroit participaron activamente en diversos comités y resultaron muy visibles en la plataforma, en el coro y en el cuerpo de ujieres, Graham proclamó: «La iglesia debe practicar el cristianismo que profesa. El estado, el mundo de los deportes y aun el campo de los negocios van mucho más adelante que la iglesia en cuanto a integrarse racialmente. Y la gente de la iglesia debería ser la primera en dar un paso adelante y practicar lo que Cristo enseñó: que no hay diferencia ante los ojos de Dios». La discriminación racial, advirtió, ha dañado la política exterior norteamericana y ha frustrado la obra de los misioneros cristianos.

Luego de la decisión de la Corte Suprema del 17 de mayo de 1954, Graham no volvió a permitir que se aplicara ninguna forma de segregación en sus reuniones, aun en el Profundo Sur (Deep South), aunque a veces estaba menos preocupado por la injusticia intrínseca de la discriminación racial que por los efectos que esta tuviera sobre la imagen de su ministerio. Coherente con su naturaleza pacífica y conciliadora, Billy siempre prefirió mantener el decoro que dar un ejemplo audaz y nunca se sintió cómodo con las protestas violentas, y ni aun con aquellas medidas sociales negativas no violentas dirigidas a cambiar el orden presente. Sin embargo, tampoco jamás se replegaría de una posición más elevada que hubiera alcanzado.

9

Harringay

Ninguna otra cruzada aparece tan imponente en la memoria colectiva de la organización Graham como el trabajo llevado a cabo por doce semanas en el Harringay Arena de Londres en 1954. Esta campaña fue en contra de todas las expectativas, triunfó sobre el escepticismo y la oposición y captó la atención y el interés del mundo angloparlante, en particular, del Imperio Británico.

El impulso para la Cruzada de Billy Graham en el Gran Londres, como se la conoció oficialmente, provino de la Alianza Evangélica de Gran Bretaña, cuyos miembros lo habían conocido a través de sus campañas con Juventud para Cristo. La invitación oficial se produjo en 1952, luego de que Graham convocara a una gran concentración en el Royal Albert Hall y se reuniera con casi setecientos clérigos en Westminster para hacerle frente a sus temores y reservas en cuanto a una cruzada en toda su dimensión.

La resistencia había adquirido diversas formas. Un crítico liberal escribió: «Su teología atrasa cincuenta años con respecto a la erudición contemporánea. No da señales de haber leído nada sobre eso durante las últimas tres décadas. Va a destiempo con la mayoría de los ministros y pastores». Los calvinistas estrictos objetaban su uso del llamado, de la invitación, arguyendo que la salvación la lleva a cabo Dios y no se trata de algo que los seres humanos simplemente puedan elegir aceptar o rechazar. Y para los fundamentalistas de la línea dura, la disposición de Graham de asociarse con aquellos considerados teológicamente faltos de solidez (lo que en su concepción no solo incluía a la mayoría de los anglicanos, sino a muchos miembros de la Alianza Evangélica) lo señalaban como alguien a quién se debía evitar más bien que promocionar. También operaba allí, por supuesto, la antigua veta del antiamericanismo y una resistencia a lo que muchos percibían como una argumentación de venta a presión. Esa falta de un apoyo amplio llevó a Graham a hacer una pausa, pero él tenía la esperanza de que la extensa red de amistadas que había formado durante sus viajes con Juventud para Cristo le consiguiera el apoyo que necesitaba.

Decidido a no permitir que la cruzada fracasara por falta de preparación, Graham ordenó la utilización a gran escala de las armas en las que más confiaba: la oración y la publicidad. Mucho antes de que comenzara la cruzada, más de 18.000 personas estaban orando en Gran Bretaña por su éxito y también miles de norteamericanos. Aunque Billy consideraba la oración como el instrumento clave de asalto al introducirse en el vacío espiritual que confesaba haber encontrado en Inglaterra, lo que le proveyó un impresionante apoyo de respaldo fue una campaña promocional tan sorprendente que tanto el Club de Difusión Publicitaria como el Club de Publicidad lo declararon el esfuerzo publicitario del año, y fue la primera vez que un estadounidense ganó el reconocimiento de las dos entidades y la primera vez en que una sola campaña se adjudicó los dos premios. Este bombardeo publicitario incluyó casi 10.000 avisos en medios impresos, casi 30.000 carteles con la fotografía del evangelista con la sencilla mención: «Escuche a Billy Graham», y cientos de miles de volantes. Además, Graham analizó la campaña en profundidad con el presidente Eisenhower y confiaba en que el presidente usara su gran influencia para ayudarlo desde atrás de la escena. Con oración, publicidad y patrocinio político alineados para apoyarlo, Graham zarpó hacia Londres en febrero de 1954. La pronta respuesta de la prensa al aluvión de publicidad previo a la cruzada había sido en gran parte negativa, lanzando dardos burlones con respecto al estilo y esencia de Graham.

Billy, obvia y comprensiblemente, se mostraba bastante aprensivo. La noche de la reunión inaugural, mientras él y Ruth se preparaban para dejar su modesto alojamiento sobre una zapatería cercana a Oxford Circus, su asesor clave llamó para informarle que había varios cientos de periodistas, pero que la multitud todavía era muy pequeña. Graham fácilmente podía imaginar los diarios y las pantallas de televisión llenos de imágenes de un estadio vacío. Mientras él y Ruth se dirigían en automóvil al estadio, se tomaron de las manos y Billy miraba hacia afuera, hacia esa oscuridad lluviosa, mudo y temeroso de un fracaso humillante. Cuando llegaron al estadio, que tenía la apariencia de un depósito, no había nadie afuera y tomó fuerzas para enfrentar lo que imaginaba sería una bandada de periodistas burlones listos a destrozarlo. Entonces vio a uno de los miembros del equipo correr hacia ellos, obviamente tomado por el entusiasmo. El hombre exclamó: «El edificio está abarrotado y hay miles del otro lado intentando entrar. Han llegado de todas partes durante los últimos veinte minutos. ¡Escúchenlos cantar!» A Billy se le llenaron los ojos de lágrimas mientras agradecía a Dios el no haberlo abandonado. Cuando finalmente fue hora de ascender a la plataforma, Billy vio por sí mismo aquel auditorio abarrotado. Lleno de júbilo, apenas podía esperar el momento de predicar. Habló muy rápido y en un tono de voz demasiado fuerte, pero la invitación produjo una cosecha de 178 almas, proporción que alcanzaba la media de las cruzadas de Graham (el 1,5%), pero eso les hizo saltar los ojos de las órbitas a los británicos reticentes; estaba en camino el más notable de los despertares religiosos de la historia británica moderna. Durante las siguientes doce semanas solo en dos o tres noches se pudo encontrar algún lugar vacío en ese estadio con capacidad para 12.000 personas. Y se programaron reuniones extra durante los fines de semana para poder permitir el acceso a las multitudes excedentes.

Harringay marcó la introducción de una nueva técnica, que se convertiría en una parte vital y corriente de las siguientes cruzadas. Stephen Olford (el que había guiado a Billy a un «caminar más profundo» con el Espíritu Santo durante aquellas memorables sesiones de Gales) había dejado la evangelización itinerante para convertirse en pastor de la Iglesia Bautista de la Calle Duke, en Londres. Por propia experiencia sabía que la mayor parte de la gente que asistía a los encuentros evangelísticos ya pertenecía a alguna iglesia, y cavilaba acerca de formas en la que se pudiera aumentar la proporción de personas ajenas a la iglesia que asistieran a esas reuniones, para asegurarse de que no volvieran a quedar a la deriva en medio de la noche luego de que acabaran los encuentros. La solución a la que arribó fue bíblica, elegantemente simple, y notablemente eficaz. La Iglesia de la Calle Duke proveería transporte gratis y haría los arreglos para que se le reservara un asiento a cualquier miembro que deseara asistir a la cruzada. La entrada a la cruzada y el boleto de ómnibus serían libres y gratuitos, pero vendrían en paquetes para no menos de dos personas, así que todos los miembros de la iglesia que recibieran su boleto tendrían la obligación de llevar al menos una persona no convertida con ellos, con preferencia, un amigo, pariente o socio. Olford lo llamó la Operación Andrés, por el apóstol cuya primera contribución registrada al ministerio de Jesús fue invitar a su hermano Pedro a que conociera al Mesías. El plan alcanzó un éxito rotundo y se convirtió en una característica habitual de las cruzadas de Billy Graham.

A medida que la cruzaba iba tomando impulso, el problema no era llenar Harringay, sino alcanzar a aquellas otras multitudes para las que una asistencia regular simplemente no resultaba factible. Por sugerencia de un ingeniero de ABC que había venido junto para ayudar con las transmisiones del programa *Hora de decisión*, el equipo experimentó con líneas terrestres de retransmisión que sacaban al aire la reunión por línea telefónica hasta altoparlantes instalados en iglesias o en salones alquilados. Luego de que una instalación primera en el Cine Troccet, en el sector sur de Londres, demostró que la técnica podía funcionar, se contrataron otras líneas, y ya en mayo la cruzada estaba saliendo en 430 iglesias y salones alquilados en 175 diferentes ciudades y pueblos de Inglaterra, Irlanda, Escocia y Gales. En aquellas reuniones, miembros del equipo o líderes de iglesias locales conducían el canto y las oraciones y levantaban una ofrenda para pagar el costo de la retransmisión y el alquiler del salón. Y cuando llegaba el momento del sermón, la transmisión terrestre daba comienzo. Casi en todos los casos, la claridad de la transmisión (a menudo considerablemente mejor que el sonido en Harringay) hacía fácil poder concentrarse en el sermón y algunos observadores notaron que el nivel de atención y respuesta a la invitación era al menos tan bueno, y a veces aún mejor, que en las reuniones en vivo. Al mismo tiempo, debido a que aquellos que conducían los encuentros por lo general eran personas de la iglesia local y a que la asistencia raramente excedía a unos pocos centenares, los críticos difícilmente podrían haber señalado que la respuesta a la invitación fuera producto de una manipulación emocional producida por el carisma de un profesional.

La aclamación popular le ayudó a Graham a que se le abriera una puerta a los círculos de elite también. En Cambridge y Oxford logró llenos totales, luego habló en grandes encuentros en la Universidad de Londres, en el Imperial College, de Kensington, y en la Facultad de Economía de Londres.

Casi todos los días Billy hablaba ante un nuevo grupo o se encontraba con líderes políticos o religiosos. Ese ritmo lo agotó. Perdió peso y las ojeras alrededor de sus ojos se oscurecieron aún más, pero el entusiasmo y la satisfacción de estar haciendo «algo grande para Dios» lo mantenían en movimiento. Una reunión al aire libre en Trafalgar Square convocó a un número estimado de 12.000 personas. Más de 40.000 niños se congregaron un sábado a la mañana en la pista de carreras caninas próxima a Harringay para escuchar a Roy Rogers y Dale Evans brindarles entretenimiento y darles su testimonio. Una concentración de Viernes Santo en Hyde Park atrajo a otras 40.000 personas y dos reuniones llevadas a cabo el día de la clausura (una en el White City Stadium y la otra en el gigantesco Estadio de Wembley) convocó, a pesar de una lluvia torrencial, a dos audiencias desbordantes que juntas llegaron a por lo menos 185.000 personas, la mayor multitud jamás reunida en eventos religiosos de la historia británica, aun mayor que cualquier multitud reunida durante las Olimpiadas de Verano de 1948 en Wembley. El arzobispo de Canterbury, Geoffrey Fisher, se sentó en la plataforma y dio la bendición. Luego se volvió hacia Grady Wilson y dijo, con cierto asombro melancólico en la voz: «No creo que jamás volvamos a ver algo como esto hasta que lleguemos al Cielo».

Las enormes multitudes y la aclamación amplia fueron tan impresionantes que hicieron que Graham lograra uno de los momentos que más atesoró de la campaña: una reunión con el primer ministro Winston Churchill. El primer ministro había declinado las invitaciones a asistir a la cruzada y las solicitudes anteriores de mantener una entrevista personal, pero la concentración en Wembley despertó su curiosidad y accedió a recibir al evangelista para una visita de cortesía de cinco minutos, probablemente calculando que ni él ni su partido se verían afectados por hacer un reconocimiento hacia el hombre que había captado de ese modo la atención de la nación.

Precisamente dos días después del encuentro en Wembley, al mediodía, Billy Frank Graham, de Charlotte, Carolina del Norte, fue conducido a la Sala del Gabinete, en el número 10 de la calle Downing, para encontrarse con la figura más formidable de mediados del siglo veinte. Irónicamente, Churchill puede haber estado más ansioso que Graham; antes de que Billy llegara, él iba y venía, preguntándose en voz alta de qué podría hablar uno con un evangelista norteamericano. Cuando Billy entró al salón, encontró al primer ministro parado junto a una larga mesa de conferencias, con uno de sus famosos cigarros entre los dedos, todavía sin haber sido encendido. Se sorprendió al descubrir que su anfitrión era un hombre de muy baja estatura, pero con todo se sintió impresionado por su presencia. Churchill parecía deprimido. Varias veces dijo: «Soy un hombre viejo, sin esperanzas que dar al mundo». Luego le preguntó: «¿Qué esperanza tiene usted para el mundo, joven?». Fuera planeado o por accidente, el primer ministro había dado justo con el tópico perfecto para hablar con un evangelista estadounidense. Billy buscó en el bolsillo y sacó de allí su pequeño Nuevo Testamento y dijo con toda seriedad y rapidez: «Señor primer ministro, ¡yo estoy lleno de esperanza!». Gesticulando con el Nuevo Testamento en la mano, declaró: «Porque yo sé lo que va a suceder en el futuro». Entonces procedió a darle a Churchill un breve discurso sobre el significado de la vida, la muerte y la resurrección de Cristo y proclamó la firme creencia de que Cristo volvería nuevamente para llevar la historia humana a una conclusión gloriosa. Churchill dijo muy poco, pero escuchó atentamente mientras la visita se alargaba a cuarenta minutos. Le dijo a Graham que quizá la única esperanza para la humanidad fuera, precisamente, un regreso a Dios, y le pidió que mantuviera en privado los detalles de su conversación. Sus asesores tiempo después indicaron que él había quedado impresionado con el ferviente joven norteamericano.

La prueba fundamental de una cruzada evangelística, por supuesto, no tiene que ver con la cantidad o calidad de cobertura periodística, ni con la cantidad de personas famosas favorablemente impresionadas con las que se haya entrado en contacto, sino con lo duradero del impacto sobre los individuos y las instituciones. Evangélicos ingleses entusiastas casi unánimemente le reconocieron a la cruzada el haber producido la mayor ola de interés religioso desde comienzos de la Primera Guerra Mundial. Aquellos que consideraron los resultados de una manera algo más modesta disfrutaron de ver la religión, y en particular la evangélica, convertirse en tapa de los periódicos y en tópico de conversaciones generalizadas. Aun el venerable periódico *London Sunday Times* hizo notar que las iglesias se habían sorprendido al descubrir que el espíritu de materialismo que ellos creían que era el causante de que la gente perdiera interés en las cuestiones espirituales había quedado expuesto como apenas un barniz que cubría un anhelo genuino y amplio por lo religioso.

Nadie experimentó mayor impacto con respecto a la cruzada que Billy Graham mismo. Aunque se podría evaluar los efectos de su predicación en los demás, Harringay le dio a su propia carrera un impulso incalculable. Al tocar Londres, él tocó todo el Imperio Británico, cuyos tentáculos se extendían alrededor del globo. Dejando su marca en esta gran capital del mundo, se transformó en una figura mundial. Tanto el embajador estadounidense como el ministro del interior británico le reconocieron haber hecho más por las relaciones anglo-norteamericanas que lo que cualquier otro hombre o esfuerzo diplomático había podido lograr desde el fin de la guerra.

10

Campos blancos
para la siega

En los años que siguieron a su triunfo en Harringay, Graham hizo todo lo posible por cumplir con el mandato de Jesús de «predicar el evangelio a toda criatura».

Inmediatamente después de Harringay, él y un pequeño grupo de asociados emprendieron un impactante *tour* por ciudades europeas, en la mayoría de ellas saludado por multitudes desbordantes. Experimentó tanto las más pesadas críticas como el mayor de los éxitos en Alemania, quedando expuesto a un fuego cruzado por lo que sus críticos consideraban una mezcla típicamente norteamericana de mercantilismo y sensacionalismo y por una teología que juzgaban superficial e ingenuamente literalista. Su proclama acerca de que la gente podía nacer de nuevo simplemente profesando su fe en Cristo iba en contra del proceso de catecismo y confirmación consagrado por la práctica de las tradiciones reformadas y a algunos les parecía equiparable a una herejía. Los ataques más agudos, sin embargo, provinieron de la prensa de la Alemania del Este, que cargó contra él con las acusaciones de que era un espía, un arma de los petroleros tejanos, un enviado del imperialismo y del capitalismo norteamericano, y un demagogo que utilizaba las mismas técnicas empleadas por Hitler.

El punto más alto del viaje por Alemania, tanto desde lo emocional como de lo estadístico, tuvo lugar en Berlín. La concentración se había programado en el gran estadio olímpico en el que Hitler y Goebbels habían empujado a la nación hacia la guerra, y Graham sabía que una gran cantidad de alemanes del Este estarían presentes (todavía no se había levantado el muro de Berlín). Dentro del estadio 80.000 personas (por lo menos 20.000 de la Alemania del Este) cantaban himnos protestantes en el lugar en el que se habían entonado los himnos de guerra nazis y la bandera que se había colgado en lugar de la svástica proclamaba la afirmación de Jesús: «Yo soy el Camino, la Verdad, y la Vida». La asistencia fue tremenda y hubo una fuerte respuesta a la invitación.

Con el éxito en la Gran Bretaña y el Continente en su haber, Graham decidió desafiar al Extremo Oriente, comenzando por aceptar la invitación de los cristianos de la India. Graham enfrentó el viaje con su usual mezcla de temor y audacia, con el miedo a fracasar miserablemente y, sin embargo, creyendo que el viaje podría marcar un punto de inflexión en la historia del cristianismo en la India. El presidente Eisenhower le envió un telegrama de aliento poco antes de que partiera, y el secretario de estado John Foster Dulles, cuyo entusiasmo por Graham aparentemente equiparaba al de Eisenhower, lo invitó a su casa para una sesión informativa sobre asuntos mundiales. Dulles, que era hijo de un ministro religioso que a menudo había sacado a relucir la necesidad de mostrar una «fe dinámica y recta» para contrarrestar el celo casi religioso de los comunistas comprometidos, lo elogió por no aguar su mensaje en tierras del extranjero, pero además le brindó un consejo político que esperaba guardara a Graham de realizar declaraciones que fueran en sentido contrario a la política exterior de Estados Unidos.

Preparado de ese modo, Graham partió para la India. Al llegar, el país obviamente lo sorprendió y encantó, gratificando con su naturaleza exótica su deseo de toda la vida de visitar tierras extrañas, y estimulando en él la curiosidad por otras culturas que sus estudios de antropología en Wheaton habían alentado. Por momentos se sentía absolutamente desbordado por la magnitud de la población de la India y por sus problemas. La pobreza que veía a cada paso apelaba a su compasión.

Al principio la campaña pareció en peligro de verse eclipsada en un país tan tumultuoso, ya que Graham arribó en medio de disturbios y agitación causados por la nueva división de los estados de la India implementada por el gobierno. Pero dado que resultaba evidente que los disturbios no tenían nada que ver con él, no se sintió amenazado por ellos. «Todas las personas responden a una sonrisa y al afecto», señaló más tarde. «En Bombay los revoltosos se arrojaban piedras los unos a los otros, pero cuando yo pasaba, les sonreía y ellos me devolvían la sonrisa». Parecía que él no podía concebir la posibilidad de que un disturbio fuera una expresión justificada de ira y descontento, ni podía ir más allá de su convicción de que todos los problemas y sus soluciones finalmente son individuales. Cuando Graham y su pequeño grupo de asociados se desplazaron hacia el Sur, hasta el Cinturón Bíblico de la India, donde se concentraba la mayor parte de los cristianos de la nación, él tuvo ocasión de predicarle a multitudes mucho más grandes de lo que cualquiera se hubiera atrevido a predecir públicamente, con frecuencia pronunciando sermones muy similares a aquellos que había predicado en los pantanos de la Florida, apenas modificados para ser emitidos ante una audiencia cuya historia y cultura difícilmente podrían diferir de la otra de un modo más notable. A pesar de su aparente éxito, aun Graham admitió que las enormes multitudes se habían acercado, en parte, por la novedad de que él fuera estadounidense, y resultaba claro que algunos observadores no cristianos quedaron perplejos por lo que escucharon y vieron.

El punto más alto de la cruzada, considerándola como un todo, llegó en Kottayam, una ciudad de solo 50.000 habitantes, ubicada en el mismo corazón de la mayor población cristiana de la India. El día de la reunión, un rumor comunitario lo despertó a las 4 de la mañana. Graham miró por la ventana de su cuarto para contemplar una vista sorprendente. Cinco mil adoradoras se habían reunido ya en el anfiteatro improvisado, esculpido en la ladera de una montaña, en torno al campo de atletismo de una escuela perteneciente a la Iglesia del Sur de la India y estaban llevando a cabo una reunión de oración masiva, rogándole a Dios que bendijera la visita del evangelista norteamericano a su país. Durante el día que siguió, Billy y su equipo vieron con asombro como pequeños grupitos de peregrinos, todos vestidos de blanco y muchos de ellos con grandes Biblias bajo el brazo, provenientes de todas direcciones, entraban buscando una ubicación y se sentaban sobre hojas de palmera para protegerse del ligero frío de la tierra. Más de la mitad habían viajado por lo menos dieciséis horas; algunos habían caminado entre ochenta y noventa y seis kilómetros. Todo el día continuaron llegando, y fueron llenando el anfiteatro hasta que la multitud alcanzó la increíble cifra de 75.000 personas, en el momento en el que Graham habló esa noche. Con sus vestimentas refulgentes bajo la deslumbrante luz de los potentes reflectores, formaban la más sorprendente y extensa compañía de cristianos que la región hubiera visto.

Aquellos que compartieron esos momento todavía hablan del «milagro de Kottayam», pero la sensación más poderosa en cuanto a la presencia de fuerzas sobrenaturales en operación se produjo en Palamcottah, en la zona sur de la India. Graham había leído y visto lo bastante con respecto a la religión hindú como para estar consciente de la capacidad que tenían para incorporar nuevas creencias y deidades dentro de su mitología fantásticamente elaborada. También conocía la reverencia que profesaban hacia los hombres sagrados de variadas estirpes. Sin embargo, no estaba preparado para la reacción que se iba a producir en Palamcottah, donde la respuesta de la multitud al poder que emanaba de su persona alcanzó nuevos niveles.

La reunión de la noche no comenzó de manera prometedora. La enorme multitud, estimada en más de 100.000 personas, tenía problemas para calmarse y un sistema de sonido estrafalario dificultaba la posibilidad de que muchos pudieran escuchar. Algunos comenzaron a gritar y a dar alaridos y los misioneros temieron que se iniciaran disturbios. Frustrado por la falta de atención, Graham recurrió a la única arma que pensó que podría funcionar: la oración. Luego escribió: «Incliné la cabeza e hice una oración que no había elevado en mucho tiempo. Era prácticamente una oración de mando, una oración de autoridad. Recuerdo que abrí mi mano como si fuera a descender sobre la multitud, y dije: "Oh, Dios, detén todo este ruido; calma a la gente ahora". Inmediatamente sobrevino un silencio mortal en medio de la multitud y esa se convirtió en la reunión más silenciosa y reverente de las que habíamos tenido en la India hasta ese momento. Era como si de repente hubiera descendido un soplo de Dios. No se escuchaba un solo sonido». Graham predicó ante esa multitud repentinamente silenciosa por alrededor de una hora, sintiendo un «tremendo poder y libertad». Luego recordó: «Cayó un Pentecostés. La gente comenzó a correr hacia adelante y a postrarse sobre sus rodillas. Algunos empezaron a clamar a Dios por misericordia; otros repetían: "Jesús, sálvame, Jesús, sálvame". Hasta que tres o cuatro mil personas pasaron adelante y tuvimos que detener la invitación porque no había lugar para nadie más. Caían sobre sus rodillas como moscas. Era casi como si cayeran muertos por el Señor». En su cuarto, esa noche, Graham escribió: «En verdad la demostración del Espíritu en la reunión de esta noche es la más profunda y grande que jamás he experimentado...»

La noticia de la presencia y el poder del evangelista pronto se esparció a través de la campiña que rodeaba Palamcottah. A la mañana siguiente, cuando llegó a la catedral para predicar en una reunión de mujeres, encontró el templo abarrotado por 5.000 personas. Un número semejante, por lo menos, estaba parado afuera, clamando poder filtrarse hacia el interior y las calles estaban llenas de muchos otros que intentaban al menos echarle un vistazo al hombre que había producido tal alboroto. «Muchos de ellos se postran y prácticamente me adoran cuando paso», escribió en una carta. «Muchos también procuran colocarse bajo mi sombra». Verse tratado como un dios lo aterrorizó por completo. «Les repetí una y otra vez que yo no soy sino un hombre; pero la noticia de lo que Dios está haciendo se ha esparcido por todo el sur de la India y la gente viene de a miles para ver y escuchar el evangelio».

Mientras Billy dejaba perplejo al mundo preparando a la gente para ir al hogar eterno, Ruth permanecía en Black Mountain construyendo un hogar terrenal. Al crecer sus hijos y disminuir la privacidad, ella se abocó a la construcción de un medio ambiente que se adecuara tanto a su sentido estético exigente como a su preferencia por la soledad. En 1954 los Graham tuvieron la oportunidad de comprar una pequeña ensenada de unas sesenta hectáreas, densamente arbolada, entre dos colinas muy empinadas que se elevaban detrás de Montreat. Era una época en que la mayor parte de la gente prefería mudarse a la ciudad y no al campo, y dos familias de las montañas ofrecían la tierra en venta a unos 25 dólares la hectárea. El camino sinuoso de arcilla roja, angosto y empinado, apenas era transitable, y Billy se cuestionaba si era sabio intentar construir un hogar en la ladera de una montaña, pero dejó que ella tomara la decisión. Le producía una leve alarma que ella lo hiciera. Mientras él estaba en un viaje a la Costa Oeste, ella consiguió el dinero del banco y compró la tierra. Luego, mientras Billy estaba en Europa y el Extremo Oriente durante 1955 y 1956, ella rastreó las montañas de Carolina del Norte, sacudiéndose con su jeep rojo al ascender y descender por caminos secundarios, metiéndose en huecos remotos, bajando en estaciones de servicio y en pequeñas tiendas de comestibles para preguntar si alguien sabía de alguna cabaña de troncos que se pudiera comprar. A algunos de los ciudadanos les resultaba difícil creer que esa criatura decidida, vestida con jeans azules y una chaqueta del ejército, fuera la esposa del ciudadano más famoso del estado, o que ella de verdad anduviera buscando comprar casas viejas, pero su búsqueda le permitió encontrar cinco cabañas y varios camiones cargados de madera, ladrillos bien curados, alambre para cercos, y una partida de auténticos muebles rústicos tallados, los que compró en una venta de segunda mano.

Ruth contrató a un arquitecto para que diseñara los planos de la casa, pero ella misma actuó como contraparte del arquitecto y como administradora del proyecto. Su tarea no fue fácil. A los trabajadores locales se les hacía difícil entender por qué una mujer cuyo marido tenía un buen trabajo querría una casa construida con troncos viejos en lugar de ladrillos, madera nueva y un revestimiento exterior de asbesto, y luego desear llenarla con trastos viejos en lugar de ir a Sears Roebuck y comprar muebles que fueran de acuerdo y no estuvieran rayados porque otros los hubieran usado antes. Billy mismo mostraba cierta preferencia por las cosas nuevas y modernas, pero le permitió a su esposa que construyera a su gusto, tan solo estipulando que debería haber asientos confortables y muy buena iluminación.

Es facil que a uno le guste Little Piney Cove, la pequeña ensenada. La vista de las montañas, enmarcada por los amplios ventanales que llenan la sala, el comedor y la gran cocina funcional, de techo alto y vigas rústicas, es algo que no tiene precio. Los cuartos mismos son amplios, cálidos y ricos con esa madera, los libros y recuerdos, y la fragancia de esos cuatro hogares a leña, el mayor de los cuales, en la sala, es de una dimensión como para entrar parado dentro de él, y coronado por una repisa en la que están esculpidas las palabras *Eine feste Burg ist unser Gott*: «Poderosa fortaleza es nuestro Dios».

11

Nuevos evangélicos, antiguos fundamentalistas

A mitad de la década del '50, Billy Graham era un líder clave y la figura pública más prominente de un movimiento que había adquirido una forma definida y se llamaba a sí mismo el nuevo evangelicalismo. El término, acuñado por Harold Ockenga, implicaba una forma de cristianismo conservador que conscientemente se señalaba como no perteneciente a la vieja línea fundamentalista en varios aspectos decisivos. Sus partidarios adherían lealmente a ciertos principios básicos del fundamentalismo tales como la naturaleza inspirada y totalmente confiable de las Escrituras, el nacimiento virginal, la pecaminosidad del género humano, la expiación sustitutiva, la resurrección y la segunda venida, pero tendían a ser más tolerantes en cuanto a las diferencias teológicas menores que había entre ellos. La movilidad social, la educación, los viajes y las asociaciones que solventaban les ayudaban a comprender que hay gente buena y sincera que puede tener una mirada muy diferente del mundo, y que esas diferencias no tienen porque ser siempre una amenaza. Tendían a sentirse más cómodos dentro de congregaciones evangélicas, denominaciones y organizaciones paraeclesiales, pero no insistían en que esos fueran los únicos cuerpos en los que se podía servir a Dios. Si un creyente evangélico elegía permanecer afiliado a una denominación histórica, como lo habían hecho Nelson Bell y Harold Okenga, eso resultaba aceptable, y quizá hasta deseable, dado que podían contrarrestar tendencias hacia el liberalismo dentro de esos cuerpos. Muchos se mostraban escépticos con respecto al hablar en lenguas y a las sanidades que habían ocurrido en las denominaciones pentecostales, pero vacilaban al tener que definir la obra del Espíritu Santo, y consideraban a los pentecostales que pertenecían a la Asociación Nacional Evangélica como hermanos y hermanas en Cristo.

A pesar de su convicción de que el debate teológico debería estar en segundo lugar con respecto a la evangelización, los nuevos evangélicos de ninguna manera eran anti-intelectuales. Por el contrario, Ockenga, Bell y Carl Henry, lo mismo que otros líderes del movimiento, tenían un alto aprecio por el trabajo intelectual serio y creían fervientemente que las convicciones evangélicas podían y debían ser expuestas y defendidas según los mismos cánones rigurosos de la erudición que se observaban en las universidades y seminarios seculares y liberales. Porque para que el verdadero cristianismo se pudiera recomendar a sí mismo ante hombres y mujeres modernos, tenía que ser intelectualmente respetable. Podía proclamar «la Biblia dice», pero tenía que demostrar por qué esa proclama merecía que se la tuviera en cuenta. En última instancia, podía rechazar la evolución, pero debía presentar las mismas evidencias que los científicos seculares tenían en consideración y no declarar simplemente que la evolución no podía ser verdadera porque difería del relato de la creación que aparece en el Génesis.

A mediados de la década del '50 los nuevos evangélicos no solo habían rechazado la estrechez de la visión fundamentalista, sino que habían comenzado a creer que podrían tener una oportunidad hacia afuera para recuperar un tipo de hegemonía cultural que los evangélicos no habían conocido, por lo menos en el Sur, desde la Guerra Civil. La fe modernista en la bondad inherente de la humanidad y en lo inevitable del progreso había sufrido fuertes embates durante las dos décadas previas, haciendo que la perspectiva bíblica de una humanidad trágicamente dañada resultara plausible y la oferta de una transformación radical fuera muy atractiva. Aparentemente en respuesta a esta circunstancia, Estados Unidos estaban experimentando un despertar religioso inconfundible en parte por la creciente popularidad de Billy Graham. Muchos nuevos evangélicos se atrevían a esperar que, con la ayuda de Dios y las conexiones de Billy Graham, podrían revitalizar el cristianismo evangélico, y a través de él a Estados Unidos y al mundo.

Graham y el presidente Eisenhower mantenían un contacto regular, aunque no particularmente frecuente. Antes de sus viajes al exterior, Graham trataba de darse una vuelta por la Casa Blanca para hacerle saber a Eisenhower a dónde iba y saber si debía prestar atención a alguna oportunidad diplomática o cuidarse de algún riesgo en especial. Cuando regresaba, normalmente enviaba un largo informe sobre lo que había observado, o solicitaba una oportunidad para conversar sobre algún asunto urgente o para entregar alguna información extremadamente vital al Comandante en Jefe. Luego de las principales cruzadas, rutinariamente le enviaba al presidente algunas líneas, haciéndole saber la dimensión de las multitudes y asegurándole que la mayor parte de la gente con la que se había encontrado en la ciudad en la que se había llevado adelante la cruzada lo admiraba y oraba regularmente por él. Graham no hacía ningún intento por ocultar el deleite que le producía la relación que tenía con él, ni tampoco su inclinación política. Como cualquier político interesado en la reelección, el presidente hacía su parte en este intercambio, pero el tono y el contenido de sus cartas sugieren que era un afecto genuino el que nutría esa amistad, al menos tanto como el pragmatismo político.

El contacto con la Casa Blanca condujo naturalmente a un mayor trato con el vicepresidente Richard Nixon, cuyo ferviente anticomunismo y asociación con los evangélicos atrajo a Graham hacia él. Su similitud en cuanto a edad también facilitó el desarrollo de lo que llegaría a ser una larga y fatídica amistad. En tanto que a muchos les resultaba difícil admirar o siquiera confiar en el vicepresidente, Graham rápidamente se convirtió en alguien que lo apoyó con entusiasmo y en su solícito consejero. En el verano de 1955 hizo esta observación: «La sinceridad de Nixon, sus firmes convicciones y su humildad son evidentes y contagiosas». Esas atractivas cualidades, pensaba él, eran un buen presagio para obtener el pasaje republicano a las elecciones de 1956, y reveló que estaba sugiriéndoles a sus amigos de «las altas esferas eclesiales», que se invitara a Nixon a hablar ante diversas asambleas religiosas durante el siguiente año.

La frecuencia e informalidad de su intercambio fue creciendo a medida que se acercaba la elección. El evangelista llamaba

«Dick» al vicepresidente, y firmaba las notas «Cordialmente a su disposición, Billy». Nixon correspondía a esa familiaridad, y los dos hombres afianzaron su amistad con nuevas notas, partidos de golf y regalos. Graham no restringió sus alabanzas y favores a una comunicación privada. Le dijo a *U.S. News & World Report* que Nixon era «muy respetado en todo el mundo como un hombre del pueblo», e hizo los arreglos para que el vicepresidente, a quien él señalaba como «un espléndido hombre de iglesia», hablara en las principales conferencias metodistas, bautistas y presbiterianas de Carolina del Norte durante el verano, aun proveyéndole un discurso que no le había sido solicitado, que pensaba que Nixon pudiera querer usar. También ofreció invitar a varios importantes líderes religiosos, incluyendo un obispo metodista y otro episcopal, el presidente de la Convención Bautista del Sur, y el moderador de la iglesia presbiteriana del sur de Estados Unidos para almorzar con el vicepresidente en la casa de Graham en Montreat. Graham sentía que el contacto con esos líderes religiosos y otros le ayudaría inmensamente a Nixon. «Con toda franqueza», le dijo, «usted necesita crecer dentro de los círculos religiosos. Creo que es tiempo de que usted alterne con algunos de esos hombres y les permita conocerlo. No hay nada como el contacto personal. Ellos quedarán completamente convencidos de su sinceridad y habilidad, del mismo modo que me ha sucedido a mí».

Mientras Graham y otros trabajaban en los pasillos del poder político, Harold Ockenga, Carl Henry, y un pequeño equipo de hombres más orientados hacia la erudición se ocupaban de atender un nuevo retoño dentro del bosquecillo académico. Cuando Charles Fuller le habló por primera vez a Ockenga acerca de que iba a utilizar su ministerio radial para generar ingresos y fundar una escuela de evangelización y misiones para estudiantes universitarios, Ockenga (que tenía un doctorado de la Universidad de Pittsburgh) le contrapuso la visión de crear un seminario de carrera de primera línea para llenar la brecha que se había creado cuando Princeton avanzó hacia el campo liberal, de modo que se equipara a los evangélicos para la formidable tarea de articular y defender el cristianismo conservador ante a la teología liberal y el materialismo secular. La idea atrapó la imaginación de Fuller, y en 1947 el Seminario

Teológico Fuller abrió sus puertas para recibir una clase inaugural de treinta y nueve miembros (número impresionante
en sí mismo, y mucho más por el hecho de incluir estudiantes
que procedían de Harvard, Dartmouth, Berkeley y USC) en su
campus de Pasadena, una hermosa instalación de propiedad de
un millonario adquirida por Fuller a buen precio. Iba a pasar
una década antes de que Billy Graham estableciera vínculos
formales con el Seminario Fuller como miembro del consejo
administrativo, pero la admiración que sentía por su fundador
y por el cuerpo docente se dejaban ver a través del permanente
entusiasmo que mostraba por la nueva institución y su misión.
Él estaba satisfecho por haberse conectado con una institución
académica seria, y a la gente de Fuller le gustaba la visibilidad
que le proporcionaba al incipiente instituto su vínculo con él.

A pesar de la confianza que tenía en el cuerpo docente y en
los estudiantes de Fuller, Graham se preocupaba porque tal vez
se demorara mucho en lograr un impacto y comenzó a soñar
con alguna forma de presentar sus creencias y preocupaciones
ante los pastores del nuevo evangelicalismo norteamericano, los
que podrían al mismo tiempo comunicarlas a sus feligreses. De
acuerdo a ese sueño inició en 1956 una publicación religiosa
muy seria, *Christianity Today*, que pronto se convertiría en la
más leída del país. «Los evangélicos necesitaban un punto que
los concentrara», señaló Graham. «Quizá una publicación dinámica ayudara a lograrlo».

Como parte de su misión para influir sobre la política nacional, esa revista debería tener como procedencia Washington,
D.C. «Yo percibía que una revista que proviniera de Washington
sería portadora de una autoridad no frecuente. También deseá-
bamos que nuestro editor se mezclara con los diputados, senadores y líderes gubernamentales, para que pudiera hablar con
un conocimiento de primera mano sobre las cuestiones del día».
Graham confiaba en que decenas de miles de pastores le darían
la bienvenida a una publicación de ese tipo, pero se daba cuenta
de que llevaría años llegar a confeccionar una lista de subscriptores que resultara substancial. Con el aporte de varios amigos
acomodados económicamente, incluyendo el magnate petrolero
J. Howard Pew, Graham logró distribuir en forma gratuita y sin

cargo esa revista durante dos años entre todos los pastores y estudiantes ministeriales de Estados Unidos, Canadá, Gran Bretaña, Australia y Nueva Zelanda, así como también entre los misioneros angloparlantes del extranjero, lo que totalizaba unos 200.000 subscriptores gratuitos y conformaba la lista más larga de ministros protestantes jamás reunida con otros propósitos. Esa medida le dio a *Christianity Today* una cantidad de lectores que ninguna otra publicación religiosa podía igualar, y esos lectores comenzaron a responder de manera positiva.

Cuando los nuevos evangélicos que habían fundado y dado forma a *Christianity Today* dieron a conocer su intención de crear un paraguas bajo el cual unir a cristianos de diversas denominaciones, se encontraron expuestos a un enemigo formidable: los viejos Fundamentalistas. Las diferencias entre ambos grupos, difícilmente comprensibles para aquellos que no pertenecieran a ninguno de los dos campos pero reales y significativas, habían sido pasadas por alto hasta cierto punto por la admiración que ambos sentían por Billy Graham. Por lo tanto, resultaba lógico, o al menos simétrico históricamente, que cuando finalmente se separaron en dos bandos definidos y a menudo antagónicos, Billy Graham quedara en el centro de la refriega.

Los evangélicos se diferenciaban poco de los fundamentalistas en cuestiones de doctrina. Lo que los distinguía era su estrategia en cuanto a qué hacer con esa doctrina. Consideraban que tenían una tarea doble. En primer lugar, sentían que resultaba imperativo proclamar el evangelio ante audiencias tan amplias como lo permitieran la capacidad, las oportunidades, los recursos y la tecnología. Y en segundo lugar, buscaban recuperar la posibilidad de ser escuchados y respetados por las denominaciones históricas por mostrar creencias ortodoxas. Los fundamentalistas apoyaban de palabra la evangelización, pero proclamaban que lo más importante de su fe era protegerla, y protegerse ellos mismos, del error. Esa estrategia de protección incluía el prestar una atención meticulosa a los vericuetos e insignificancias dentro de las enseñanzas cristianas y mostrar una preocupación obsesiva con respecto a la contaminación que podían transmitir aquellos que no eran puros. Creían en la Gran Comisión («Vayan por todo el mundo y anuncien las Buenas

Nuevas a toda criatura»), pero entendían que debería ser interpretada a la luz de la directiva dada por el apóstol Pablo, que era igualmente vinculante: «No se unan con los incrédulos en un yugo desigual. Pues ¿qué tiene en común la justicia con la injusticia? ¿O qué relación puede haber entre la luz y las tinieblas?... Por lo tanto, el Señor dice: "Salgan de en medio de ellos, y apártense"». Insistían en que cualquier intento de predicar el evangelio sería socavado y finalmente convertido en una victoria de Satanás si eso incluía comunión con aquellos cuyas mentes habían sido nubladas por el Modernismo y cuyos corazones se habían enfriado por la transigencia. Algunos pensaban que alcanzaba con simplemente separarse de los incrédulos, de los liberales y de los ecuménicos; un grupo más extremo consideraba que la pureza también requiere separarse de aquellos que eligen no separarse.

A Billy Graham le resultaba difícil repudiar a gente que le parecía sincera, profesaba creer al menos en algunas de las mismas cosas que él creía, y lo trataba con cortesía y amabilidad. Cuando los no evangélicos veían los ríos de gente que respondía a su invitación, querían canalizar hacia sus propias iglesias al menos algún arroyito. Como notaron que era posible cooperar con las cruzadas sin que él atacara sus creencias desde el púlpito, comenzaron a unirse a las invitaciones que se les hacían y cuando él aceptaba ir a sus ciudades, se ofrecían como voluntarios para formar los comités. Al principio Graham no se sentía cómodo con el apoyo de los no evangélicos, pero pronto se convenció de que mientras nadie intentara decirle lo que podía o no podía predicar, no habría un real peligro en cuanto a aceptar la ayuda y el aliento de personas cuyas creencias diferían de las suyas propias en algunos puntos. Después de todo, un aspecto clave de la estrategia de los nuevos evangélicos era hacer que la doctrina evangélica se hiciera oír en las denominaciones históricas; ¿no podrían ser sus cruzadas el instrumento perfecto para esa estrategia? Graham cada vez estuvo más dispuesto a aceptar la cooperación de todos, luego a darle la bienvenida y luego prácticamente a requerirla, excepto de los grupos protestantes más flagrantemente modernistas, tales como los Unitarios, o de organismos como los Mormones o los Testigos de Jehová, cuyas enseñanzas los excluían tanto de los círculos evangélicos como de los históricos, y que muy rara vez mostraban interés en formar parte de sus cruzadas.

Cuando el Consejo Nacional de Iglesias publicó la nueva versión inglesa de la Biblia, la Revised Standard Version, en 1952, la aceptación o rechazo de la RSV muy pronto se convirtió en la prueba de fuego dentro de los círculos fundamentalistas. La mayoría de los profesores del Seminario Fuller tenían una perspectiva positiva del nuevo libro, hecho que según se informa le costó a Charles Fuller la pérdida de miles de seguidores. En ese clima Graham podría fácilmente haber elegido mantenerse alejado de la contienda, dado que él tenía mucho que perder y poco que ganar, pero no lo hizo. En cambio, afirmando estar a favor de hacer que la Biblia fuera más fácil de leer y comprender, emitió una declaración apoyando la nueva versión y alentando a sus seguidores a que lo comprobaran.

Aproximadamente en la misma época en que dio los primeros pasos para fundar *Christianity Today*, Graham hizo que se cortara cualquier lazo de unidad que hubiera quedado entre los nuevos evangélicos y los antiguos fundamentalistas al aceptar una invitación de parte del Consejo Protestante de la ciudad de Nueva York, afiliado al Concilio Nacional de Iglesias, de corte liberal, para llevar adelante una cruzada en el Madison Square Garden ya finalizando la primavera de 1957.

Graham había rechazado invitaciones para ir a Nueva York en 1951 y en 1954, en ambas ocasiones porque sentía que dentro del grupo que le extendía la invitación pesaban demasiado los fundamentalistas y por lo tanto no representaba al espectro amplio de iglesias protestantes de la ciudad. En el Concilio Protestante estaban representadas 1.700 iglesias, el 94% de todos los organismos protestantes del área metropolitana. De hecho, el liderazgo del concilio mostraba poco entusiasmo por la cruzada de Billy Graham, pero la idea recibió un fuerte impulso por parte de algunos de sus integrantes influyentes y acaudalados, como el presidente del Chase Manhattan Bank, George Champion, un evangélico del sur, laico, que presidía el Departamento de Evangelización del concilio, y la señora Cleveland Dodge, una mujer laica y adinerada, y también de algunos de los clérigos principales de la ciudad, entre los que se contaba Norman Vincent Peale.

Aparentemente Graham se había decidido a no preocuparse más por agradar a los fundamentalistas. En una entrevista publicada en la edición de junio de *Christian Life* señaló que «las peleas, contiendas y controversias dentro del pueblo de Dios... daban un ejemplo muy pobre», aduciendo que una razón clave por la que no se había producido un verdadero avivamiento en Estados Unidos era a causa de «los insultos y las injurias» que prevalecían entre los evangélicos. Y en cuanto a su aparición en Nueva York bajo los auspicios del Concilio Protestante, hizo esta pregunta: «¿Qué diferencia hace quién sea el que patrocine una reunión?».

Graham llamó «extremistas» a sus críticos y dijo rotundamente: «Me gustaría ser muy claro. Intento ir a cualquier lugar, patrocinado por cualquier persona, para predicar el evangelio de Cristo si no me ponen condiciones con respecto al mensaje. He sido auspiciado por clubes cívicos, universidades, asociaciones ministeriales y concilios de iglesias de todo el mundo. Intento continuar así».

La cruzada de Nueva York no causó una división entre los antiguos fundamentalistas y los nuevos evangélicos, pero les proveyó un evento en torno al cual los dos grupos se vieron obligados a definirse. Muchas personas que no pertenecían a estos grupos ignoraban lo que sucedía dentro de las filas de este segmento del cristianismo conservador y muchos nunca llegarían a reconocer o comprender plenamente las diferencias que existían entre ellos, pero durante la lucha que hizo crisis en 1957, la máscara de la unidad evangélica se cayó y los términos fundamentalismo y evangelicalismo vinieron a representar a dos movimientos diferentes.

12

Dios en el Garden

Si acaso lo hacía alguna vez, Billy Graham hablaba de sus cruzadas o de otras empresas simplemente como algo más dentro de una serie de eventos, sin que hubiera mucha diferencia entre ellas. Pero la cruzada de Nueva York resultó más que especial: única. Fuera que él lograra un éxito o que fracasara, todos sabrían acerca de ella y la recordarían.

Durante casi dos años los miembros del equipo trabajaron para desarrollar un aparato a prueba de fallas para la cruzada. Nuevamente organizaron un esfuerzo de oración enorme a nivel mundial. Para cuando comenzó la cruzada, había más de 10.000 grupos de oración en al menos setenta y cinco países que se encontraban diariamente para rogar la bendición de Dios sobre Billy Graham y la cruzada de Nueva York. El principal esfuerzo, por supuesto, se realizó en la misma Nueva York, donde al menos 150.000 personas firmaron tarjetas comprometiéndose a orar. Un programa de radio, *El mediodía es tiempo de oración*, alentaba a incontables personas a orar, y 75.000 discos plásticos colocados sobre el discador de muchos teléfonos de hogares y oficinas le recordaban a la gente: «Ore por la cruzada de Billy Graham en Nueva York». Otros aspectos de la preparación de la cruzada se llevaron a cabo también con la misma meticulosidad burocrática.

A pesar de todos los esfuerzos por generar un éxito, la ansiedad llevaba a Billy Graham a comerse las uñas. Las acusaciones fundamentalistas de que se había «vendido a los modernistas» continuaban preocupándolo, a pesar de estar decidido a seguir adelante sin su apoyo. Al mismo tiempo, no todos los liberales de la iglesia a los que, supuestamente, se había vendido lo agasajaban con piezas de plata. Reinhold Niebuhr, del seminario Union Theological Seminary, lo atacó repetidamente desde las páginas de *Christian Century* y *Christianity and Crisis*, acusándolo de una predicación simplista, de producir conversiones superficiales y esencialmente sin significado y de que ese pietismo individualista desviaba la atención y los recursos de problemas sociales apremiantes como los prejuicios raciales. A los ojos de Niebuhr, las iglesias protestantes teológica y socialmente responsables comprometían su dignidad e integridad al refrendar un mensaje tan simple con la esperanza, probablemente vana, de poder agregar unos pocos miembros a la lista de su iglesia.

Los católicos también apuntaron críticamente a la cruzada de Graham, pero con una mezcla de calidez y cautela que reflejaba una ambivalencia fascinada con respecto a él. Graham compartía la antipatía evangélica general hacia el catolicismo, pero nunca se abocó a atacar a los católicos del modo en que muchos fundamentalistas eran proclives a hacerlo, y los católicos parecieron apreciar eso. A pesar de ello, el reverendo John E. Kelly, en representación del *National Catholic Welfare Council*, prohibió expresamente a los católicos asistir a las reuniones de la cruzada en el Madison Square Garden, escuchar a Graham por radio o por televisión, y leer sus libros o sermones, acusando a Graham de ser «un peligro para la fe» por promulgar doctrinas falsas y heréticas de una manera tan atractiva que la abstinencia total era la única opción segura. Aun así, Kelly admitió que Graham era «un hombre de oración, humilde, dedicado» y por quien todos los católicos deberían orar. Más aún, afirmó: «Los proyectos católicos para evangelizar a las personas que no van a la iglesia resultarían mucho más eficaces si se aplicaran con la mitad de la eficiencia con la que lo hace el equipo de Graham».

La cruzada se inició el 15 de mayo ante una multitud de 18.000 personas que, si bien no llenó el lugar, fue justamente considerada como la audiencia más numerosa que jamás hubiera asistido a la noche inaugural de una cruzada en Estados Unidos.

La multitud de inicio no fue algo casual. En las noches en que el estadio no llegaba a contener a la multitud, Graham llevaba a cabo reuniones improvisadas en la calle Forty-ninth para aquellos que habían quedado afuera. La cruzada se había planeado originalmente para durar seis semanas, pero Graham consideró con la gente del Garden la posibilidad de cinco meses completos. Luego de dos semanas, cuando vio el nivel sostenido de asistencia, decidió extenderse por lo menos a las tres primeras semanas de julio. La asistencia del 12 de junio cruzó la barrera del medio millón de personas y la campaña pareció ir adquiriendo mayor empuje en lugar de ir perdiéndolo. Más que en cualquier otra campaña previa, la televisión jugó un papel importante en cuanto que logró enfocar en Graham la atención general. Más allá de sus numerosas apariciones en los canales locales, Walter Cronkite lo entrevistó en CBS, John Cameron Swayze lo visitó con la cámaras de ABC y él habló con Steve Allen, Dave Garroway, y Tex McCrary y Jinx Falkenberg en la NBC. También apareció como invitado en *Meet the Press*. Además, el equipo produjo un programa que salía al aire cada noche en WPIX-TV a las 11.30 p.m., en el que se proporcionaba información, se contaban historias de interés humano generadas en la cruzada, y se invitaba a los espectadores a comunicarse con los consejeros para recibir ayuda sobre problemas espirituales o de otro tipo. Ese fue el primer intento de Graham con el ministerio telefónico y tuvo tanto éxito que ya en la tercera semana de reuniones se debieron instalar líneas telefónicas adicionales para manejar los llamados que llegaban hasta la una y media o dos de la mañana.

Sin embargo, el verdadero gran avance mediático se produjo cuando Graham decidió emitir las reuniones del sábado a la noche en vivo, por la cadena televisiva ABC. Leonard Goldenson, que jugó un papel decisivo en lograr una versión televisiva de *Hora de decisión* por ABC, visitó a Billy en su hotel y le propuso emitir la cruzada por ABC una vez por semana. «Pensé que sería algo tremendo», recuerda Graham, «porque nadie se presentaba en televisión de modo simultáneo en toda la nación en ese tiempo. Pero me asustaba la cuestión del dinero, porque teníamos que comprarle a ABC el espacio. Así que llamé al Sr. Howard Pew y le pregunté si nos apoyaría si decidíamos meternos en ese brete. Pew me eludió al principio, pero finalmente se comprometió con 100.000 dólares, suficiente como para financiar los primeros dos programas, con la expectativa de que la contribución de los espectadores cubriera las expensas de los siguientes programas».

La primera transmisión, del 1 de junio, alcanzó una medición del 8.1, hecha por Trendex, que se tradujo en aproximadamente 6,4 millones de espectadores, suficientes como para llenar la capacidad del Garden todos los días de un año, y más que suficiente para convencer a Billy Graham de que finalmente había encontrado la manera más eficaz de utilizar ese poderoso nuevo medio. Las cartas comenzaron a llegar casi de inmediato a un promedio, entonces increíble, de entre 50.000 y 75.000 por semana, y contenían suficiente dinero como para hacer innecesaria la promesa de Howard Pew. Solo la primera transmisión produjo una cosecha de 25.000 interesados, más de los que habían pasado adelante en el Garden durante las primeras nueve semanas de la cruzada, y la encuestadora Gallup reveló que el 85% de los norteamericanos adultos podían identificar correctamente a Billy Graham; lo que es más, casi tres cuartas partes de esa cantidad tenían una opinión favorable de él.

Además de las reuniones nocturnas en el Garden, Graham llevó a cabo varias concentraciones enormes al aire libre. El 20 de julio, en el que había sido planeado como el encuentro de clausura hasta que Graham anunció otras tres semanas de extensión, 100.000 personas colmaron el Yankee Stadium, en medio de un calor de 40,5 grados, y al menos otras 10.000 quedaron afuera, rompiendo el record previo de asistencia al estadio. Richard Nixon dirigió unas palabras a la multitud y les transmitió saludos del presidente.

De alguna manera resultaba desconcertante que los triunfos de Graham en el Madison Square Garden, en el distrito financiero y en el Yankee Stadium, no tuvieran una contraparte al norte de la Calle 125th. Las tensiones raciales continuaban aumentando en el sur, y los boicots de Martin Luther King, sus sentadas y otras formas de resistencia no violenta estaban aumentando la presión. Graham todavía sentía que la confrontación constituía una táctica peligrosa pero comenzaba a reconocer que se requería algo más que la predicación para asegurarles los derechos civiles básicos a las minorías. En una entrevista con el *New York Times* unas pocas semanas antes de la cruzada, él enfatizó que la acción más eficaz sería «sentar un ejemplo de amor como creo que ha hecho Martin Luther King». Dada la época y el grupo que lo apoyaba, este respaldo oficial al líder controversial de los derechos civiles constituyó un paso notable por parte del precavido evangelista. A pesar de eso, las multitudes en el Madison Square Garden eran mayormente de blancos, y eso les molestaba a Graham y a su equipo. En vez de sentirse satisfecho por haber logrado las dos cosas (hablar en contra de la discriminación mientras permitía que sus seguidores racistas vieran que el suyo seguía siendo un ministerio dirigido principalmente a los blancos) Graham dio pasos concretos para seguir su propia recomendación de «sentar un ejemplo de amor».

Su primera movida fue promover la integración en su propia organización invitando a Howard O. Jones, un joven pastor negro de Cleveland, a unirse al equipo. Jones organizaba convenciones de jóvenes negros y encabezó un encuentro en Harlem en el que Graham habló a un salón abarrotado de varios miles de negros. También ayudó a posibilitar una concentración en una iglesia negra de Brooklyn, en la que Graham admitió, aparentemente por primera vez en público, que se requería una legislación en contra de la segregación para acabar con la discriminación, aunque agregó que esto se malograría a menos que se complementara con una fuerte manifestación de amor cristiano. Esos esfuerzos ayudaron a que aumentara la asistencia de negros a la cruzada; *U. S. & News Report* estimó que hacia fines de la cruzada, los negros constituían casi el 20% de la audiencia. Pero a esta altura, más esencial que cualquier tarea específica o resultado era la propia presencia de Jones dentro del equipo, y esa presencia no pasaba desapercibida. Algunos supuestos cristianos, indignados por la acción integracionista de Graham, bombardearon las oficinas de Nueva York y Minneapolis con airadas llamadas telefónicas y cartas infames.

Graham apenas daba inicio a su precalentamiento. A pesar de sus reservas con respecto a las tácticas confrontativas, inesperadamente dio un paso audaz al invitar a Martin Luther King a visitarlo a él y a su equipo y a participar en una de las reuniones de la cruzada. Fuera de escena, King se encontró con Graham y los miembros de su equipo para informarles sobre la situación racial en Estados Unidos y sensibilizarlos en cuanto a las cuestiones clave, incluyendo cambios de terminología que deberían conocer si iban a relacionarse eficazmente con los negros. El 18 de julio, ante una multitud que colmaba el Garden, Billy invitó al líder negro a unirse a él en la plataforma y a conducir a la congregación en oración. En su introducción dijo: «Una gran revolución social está teniendo lugar en Estados Unidos hoy. El Dr. King es uno de sus líderes y le agradecemos que haya sacado el tiempo de su agenda tan llena para venir a compartir esta reunión con nosotros hoy». Las palabras no aprobaban explícitamente la revolución ni que King formara parte de ella, pero las implicaciones eran inconfundibles: Billy Graham les hacía saber tanto a los blancos como a los negros que estaba dispuesto a ser identificado con la revolución y su líder más destacado, y Martin Luther King les estaba diciendo a los negros que Billy Graham era su aliado. Según Graham y Jones, King también le dijo al evangelista: «Sus cruzadas hacen más dentro de los blancos de lo que yo puedo hacer. Nos ayudamos el uno a otro. Siga adelante». Howard Jones recuerda que ese cuasi aval mutuo hecho en público «puso al auditorio en contra de Billy». Una nueva tanda de respuestas airadas repetían acusaciones como que Graham era «directamente un integracionista», un «amante de los negros» y un alborotador; declararon que él había «perdido al Sur» al abandonar la evangelización y dar un salto hacia la política; y hasta dieron la explicación, lejos de toda probabilidad, de que su asociación con King finalmente lo había dado a conocer como quien era: un comunista.

A mitad de verano Graham estaba exhausto. Había perdido tanto peso que, luego de verlo en uno de sus programas televisivos, la madre de Richard Nixon lo llamó desde California para decirle que se lo veía enfermo y que necesitaba descansar un poco. Él aceptó su consejo y comenzó a pasar la mayor parte del día en la cama, trabajando en sus sermones y cuidando sus energías para enfrentar los compromisos diurnos que no podía evitar y para el combate desgastador con Satanás que debía enfrentar cada noche en el Garden.

Luego de una extensión final de tres semanas, la cruzada terminó el Día del Trabajo. Desde una plataforma ubicada en medio de luces de neón, Graham enfrentó a una multitud que abarrotaba el Times Square Garden, y que se extendía a lo largo de Broadway por cuadras y cuadras para formar un cordón humano, hombro con hombro, que aparentemente superaba ampliamente las 100.000 personas. Las evaluaciones posteriores a la cruzada realizaron el consabido análisis, usando términos como «primero» y «más». Contando con una asistencia promedio de casi 18.000 personas por reunión, la campaña había sido el evento más extenso y de mayor asistencia en la historia del Madison Square Garden. Sumando las multitudes de las concentraciones al aire libre, el total de asistentes alcanzó los 2.000.000 de personas y las decisiones por Cristo estuvieron por encima de las 55.000. Más de 1.500.000 cartas fueron llegando a Minneapolis como respuesta directa a las emisiones televisivas semanales, y por lo menos 30.000 de ellas hablaban de decisiones tomadas en la privacidad de los hogares.

Graham dijo: «Creo que la historia nos va a decir que 1957 fue el año del despertar espiritual», pero quedaba en claro que no había revolucionado a Nueva York. Él admitió: «Probablemente Nueva York se vea igual, ¡pero existe una tremenda diferencia! La diferencia está en la vida de miles de hombres y mujeres que nunca volverán a ser los mismos». La declaración, aunque difícil de documentar de un modo estadísticamente satisfactorio, mostró ser bastante plausible debido a la cantidad de cartas que llegaron a las oficinas centrales de la Asociación Billy Graham en Minneapolis en las que se afirmaba que habían sucedido precisamente esos cambios profundos como resultado directo de haber respondido a la invitación de Graham. En los años que siguieron, esa se convertiría en la interpretación ortodoxa de los resultados de las cruzadas. La misma no iba a satisfacer a los críticos. Decepcionaría a muchos seguidores que habían trabajado y esperado más que eso. Pero sería lo suficientemente buena como para mantener la locomotora del evangelio avanzando por los rieles.

13

Cosechando torbellinos

Como se esperaba, la cruzada de Nueva York transformó en permanente la ruptura con los fundamentalistas. En una carta abierta de doce páginas, Graham instaba a sus críticos a darse cuenta de lo siguiente: «Muchos hombres son considerados erróneamente "liberales" o "modernistas" por evangélicos mal informados. He descubierto a través de mi contacto con ellos que cientos son hombres de Dios, cálidos, que se mantienen tomados de las cosas esenciales de la fe cristiana, pero que por diversas razones no quieren identificarse con el Evangicalismo moderno, ni con sus organizaciones e instituciones... Deberíamos ser extremadamente cuidadosos de no volvernos parecidos a los antiguos fariseos, pensando que podemos "acaparar" el evangelio». Los defectos espirituales del liberalismo extremo, advirtió, no resultan más detestables que aquellos que causan «la amargura, los celos, el rencor, las divisiones, los conflictos, la dureza, la búsqueda de venganza y la mala voluntad que caracteriza a algunos pocos fundamentalistas».

La pérdida de apoyo por parte de los fundamentalistas desanimó a Graham, pero emergió de ello como la figura más prominente de un movimiento social revitalizado a nivel nacional. Harold Ockenga, que legítimamente podía reivindicar ser el padre de ese movimiento, identificó explícitamente a Graham como «el vocero de las convicciones e ideales del nuevo evangelicalismo». Algunos evangélicos mantenían la cautela, temerosos de que el éxito mundano, en la forma de grandes multitudes, y el reconocimiento popular pudiera corromper su propia pureza y estropear a su joven paladín, pero otros se deleitaban en sus triunfos y se regodeaban en la respetabilidad que él había logrado para el movimiento. Cuando las encuestas de Gallup repetidamente lo incluyeron entre los «hombres más admirados» de la nación, y lo hizo todos los años a partir de 1955, ellos sintieron que su propia opinión con respecto a él había sido confirmada por el pueblo en general. Y cuando Ralph Edwards hizo un recuento de la vida de Billy en *Esta es tu vida*, con la participación de Richard Nixon, sintieron que sus propias vidas (que después de todo no eran tan radicalmente distintas de la de él) habían sido legitimadas y consideradas dignas de honor.

Graham tomó en serio la celebridad. No solo persistió en su determinación de mantener su vida perceptiblemente inmaculada, sino que también mostraba una gracia notable y una paciencia incansable hacia aquellos con los que se encontraba en circunstancias más privadas. Para protegerse de sus admiradores, de los cazadores de autógrafos y de las personas que buscaban que les ministrara, raramente comía en restaurantes conocidos, y tampoco realizaba las largas caminatas que habían sido un hábito toda su vida. Sus asociados amablemente intentaban disuadir a aquellos extraños que procuraban abordarlo sin previo aviso. Graham deseaba y necesitaba esa especie de cerco que contrarrestara las constantes intrusiones, pero cada vez que un admirador o alguien que lo solicitaba se filtraba a través de esa fina barrera protectora, su antigua costumbre de buscar ser agradable superaba cualquier impulso que lo llevara a sentirse molesto.

La celebridad afectaba la vida familiar de los Graham también. Su casa en la ladera de la montaña era difícil de encontrar, y los vecinos, considerados, aprendieron a no darles directivas a los peregrinos curiosos. Pero algunos, inevitablemente, encontraban el camino angosto y empinado que conducía a la casa, donde preguntaban por alguna dirección, simulando haberse perdido, o simplemente vagaban por los alrededores del jardín del frente, con la esperanza de poder alcanzar a ver al famoso evangelista o a alguno de los miembros de su familia. Ruth tendía a ignorarlos. Si Billy estaba en casa, raramente le informaba acerca de esos visitantes; si él los veía, con frecuencia salía a saludarlos y a conversar por unos pocos minutos. Sin embargo, con el tiempo accedió a colocar un vallado de seguridad con puertas electrónicas y compró dos pastores alemanes como perros guardianes, cuya supuesta ferocidad nunca fue puesta a prueba.

Ruth entendía que podía hacer muy poco por proteger a su marido de su propio sentido gregario, pero se oponía categóricamente a exponer a sus hijos a la mirada pública. Ellos no estaban dispuestos a hacer comentarios (fueran simpáticos, reveladores o simplemente infantiles) ante las preguntas de los periodistas. No subían a la plataforma para dar su testimonio personal durante las cruzadas, o a contarles a las multitudes entusiastas acerca del hombre maravilloso que era su padre. Y estaban sujetos a una disciplina constante y relativamente firme en su hogar. Cuando Billy estaba en casa, cosa que sucedía menos de la mitad del tiempo, gran parte del régimen disciplinario de Ruth parecía salir volando por la ventana. «Mamá prefería tenernos dentro de una rutina», recuerda GiGi. «Ella supervisaba lo que veíamos por televisión y cuánto veíamos; se ocupaba de que hiciéramos la tarea de la escuela, y nos mandaba a la cama a una hora determinada. Pero cuando papá estaba en casa, él decía: "Oh, déjalos quedarse levantados y ver su programa de televisión junto conmigo", o nos daba algo más de dinero para que gastáramos en caramelos y goma de mascar. Mamá siempre manejaba eso con gracia. Sencillamente declaraba: "Lo que diga su padre está bien para mí". Íbamos alternando entre esas dos distintas rutinas. No se producía una tensión. Solo se trataba de dos rutinas». También era una rutina diferente para Ruth. GiGi señala: «Ellos se mostraban siempre muy afectuosos. Cada vez que él estaba en casa, andaban abrazados o tomados de las manos. Se amaban el uno al otro, y resultaba muy evidente».

Sea lo que fuere que Billy Graham sintiera en forma privada con respecto a su fama (y aun sus amigos más leales, los que más lo admiran, reconocen que él no la consideraba como algo que lo abrumara) instintivamente entendía su valor para el ministerio. También comprendía que sus lazos con la administración Eisenhower-Nixon constituían una óptima credencial pública, y trabajaba diligentemente para mantenerlos. En público continuaba señalando: «No creo que la política forme parte de mi tarea. Mi trabajo es ganar personas para Cristo. Sigo la política de cerca,

tanto como sigo la religión, pero no tomo partido». En privado
seguía actuando como un estratega republicano.

En diciembre de 1957 le dijo a Nixon: «Creo que tu balance
político es sumamente bueno, pero, sin embargo, temo que muchos factores cooperen en contra de que cualquier republicano
resulte elegido en 1960. El senador Kennedy está logrando una
propaganda fantástica a través de ciertos elementos de la prensa.
En verdad va a constituir un adversario formidable. Contrario a
lo que piensa la opinión pública, a la hora de la verdad, la cuestión religiosa es muy fuerte y cabe la posibilidad de que obre a tu
favor». Era inevitable que su cercanía con el centro del poder involucrara a Graham en las luchas que concitaban la atención del
poder. En septiembre, precisamente cuando la cruzada de Nueva
York llegaba a su fin, estaban a punto de iniciarse las clases en
las escuelas, y docenas de ciudades y pueblos sureños estaban en
medio de una turbulencia a causa de que los ciudadanos intentaban encargarse de toda una serie de órdenes de la corte federal
destinadas a abolir la segregación en las escuelas. En lo que algunos consideraron como una prueba estratégica de resistencia a las
demandas federales originadas en una conciencia de identidad
propia, el foco de la crisis por los derechos civiles se mudó del
Profundo Sur a Little Rock, Arkansas. Allí, el gobernador Orval
Faubus llevó a un punto culminante la confrontación causada
por la determinación del gobierno federal a avalar la orden de la
Corte Suprema en cuanto a la abolición de la segregación en las
escuelas y el rechazo obstinado de los estados del sur en cuanto
a obedecerla. Durante dos semanas los disturbios y el descontrol
parecieron cercanos, y ante la posibilidad de que se iniciara una
gran ola de violencia, Billy Graham emitió una declaración ano-
dina: «Es deber de todo cristiano, cuando no viola su relación con
Dios, obedecer la ley. Los insto a hacerlo en este caso».

Indudablemente, él hubiera preferido estar fuera de la mirada
pública en esta tormenta en particular. Si no decía nada, o ela-
boraba excusas sobre los racistas del Sur, se arriesgaba a perder
el apoyo de los evangélicos negros y se ponía en la línea de fuego
de los cristianos blancos comprometidos con la justicia racial. Si
hablaba o actuaba en oposición a aquellos que se resistían a la integración, se arriesgaba a que se distanciara de él un importante

segmento de su audiencia y de sus seguidores. Pero cuando el presidente, que lo había usado como caja de resonancia en lo que hacía a las cuestiones raciales durante algún tiempo, lo llamó para decirle que pensaba enviar tropas a Little Rock, Graham le respondió: «Señor presidente, creo que es lo único que puede hacer. Esto se ha ido de las manos, y ha llegado el momento de detenerlo». Alrededor de una hora después, Nixon llamó para hacer una segunda lectura de la inclinación que había mostrado. Graham le dio la misma respuesta que a Eisenhower. Esa tarde, miles de soldados de la División Aerotransportada 101, junto con algunos miembros adicionales de la Guardia Nacional, entraron en Little Rock.

El apoyo genuino, aunque restringido, de Graham al movimiento dirigido a la integración indefectible dejó disconformes a muchos. Los racistas lo veían como el crítico y el oponente que en realidad sí era. Aquellos que se esforzaban por derribar barreras para lograr la igualdad lo etiquetaron de equívoco y transigente, siempre listo a dar un paso atrás para no arriesgar su popularidad con una postura valiente y audaz. Y los gobernadores y políticos del sur, cualquiera fuera su sentir profundo en cuanto a la integración, encontraban difícil de aceptar que se hubiera puesto del lado del gobierno federal en medio del desafío más notorio a la autonomía de los estados sureños desde la Guerra Civil. Desafectar a un segmento tan importante de su potencial cuerpo de apoyo lo preocupaba enormemente, pero pareció no tener dudas en cuanto a que el presidente había tomado la decisión correcta, y por las razones correctas. Durante los siguientes dos años, la reputación que fue ganando Graham como integracionista le creó tanto conflictos como oportunidades para dar un ejemplo positivo. Enfrentó ambas cosas en el modo cauto y mesurado que solía irritar a sus críticos pero que lo mantenía fuera de problemas.

A medida que la reputación de Graham y su influencia continuaban creciendo, comenzó a buscar otras maneras de utilizarlas para mejorar y aumentar su ministerio y el evangelicalismo en general. *Christianity Today* se había ganado un lugar seguro dentro de las publicaciones religiosas, pero continuaba con un enfoque centrado en los pastores. Billy sentía la necesidad de una revista más popular, dirigida al cristiano laico, una revista que fuera «detonante del pensamiento, devocional y evangelística y con un estilo dinámico y fácil de leer». También constituiría el órgano oficial de su ministerio, algo que no estaba en las posibilidades de *Christianity Today*, informando sobre sus cruzadas y otras actividades, así como las de sus evangelistas asociados, y recordando gentilmente a los subscriptores acerca de las constantes necesidades económicas del ministerio. Dos años después, en noviembre de 1960, la primera edición de *Decisión* alcanzó una notable cartilla de 253.000 subscriptores, generados a través de la radio, la televisión, las cruzadas y envíos directos a través del correo. La circulación se incrementaba con cada edición hasta que, cinco años después, *Decisión* llegaba a 5.000.000 de hogares, convirtiéndose por lejos en la publicación religiosa más ampliamente difundida en todo el país.

14

Hasta lo último de la tierra

En 1959 Billy Graham era una figura renombrada internacionalmente, solicitada por todos los eclesiásticos protestantes y líderes cívicos del mundo. En 1959, después de más de un año de intensa preparación por parte de su equipo, llevó a cabo cruzadas espectacularmente exitosas en Melbourne y Sídney, Australia, y en Auckland, Wellington y Christchurch, Nueva Zelanda. Las iglesias en esos dos distintos escenarios estaban listas para un despertar, y la simplicidad directa de Billy resultaba muy apropiada dentro de su modalidad.

La televisión había llegado a Australia apenas dos años antes, y Billy Graham se convirtió en su primera atracción nacional. Cuando llegó el tiempo de recapitular, los resultados fueron impresionantes. Un obispo anglicano declaró que las cruzadas habían sido «lo más grande que jamás había sucedido en la historia de la iglesia de Australia», y los datos parecían confirmarlo. La asistencia total, incluidas todas las reuniones, excedieron los tres millones de personas, e incontables más que escucharon al evangelista por televisión. El número de interesados del que se tuvo conocimiento fue de casi 150.000, las tres cuartas partes de los cuales afirmaron estar tomando la decisión por primera vez. Casi todos los clérigos manifestaron aprecio por el esfuerzo realizado por Graham y muchos estaban agradecidos por ese nuevo espíritu de unidad que habían descubierto al cooperar con clérigos y laicos de otras denominaciones.

Desde Australia Graham voló a Inglaterra, donde visitó a la reina y al príncipe Felipe. Conversaron y Graham les informó acerca del «aumento notable de un sentimiento espiritual que percibo aquí». Pocos días después, visitó Rusia. Aunque había sido invitado por la Iglesia Bautista de Moscú, el viaje fue anunciado oficialmente como turístico. Cuando asistió a esa iglesia el domingo a la mañana, cuya capacidad de 3.500 asientos se veía colmada, tanto él como sus asistentes se sentaron en la platea alta para pasar desapercibidos. Aunque los funcionarios de la iglesia le habían reservado un banco y habían preparado un intérprete, no fue presentado a la asamblea, y no tomó parte en la reunión. Él informó que sus colegas bautistas esperaban ver algún día un estadio lleno de gente ansiosa por escuchar el evangelio, pero no anticipaba que eso pudiera suceder en el futuro próximo. «Ese funcionario dijo que teníamos que avanzar paso a paso y yo siento que esta visita ha sido un paso importante».

A principios de 1960, Graham se embarcó en una gira de ocho semanas por dieciséis ciudades de once países africanos, agregando un quinto continente al itinerario llevado a cabo en su carrera. Esta gira hizo surgir en él una clara conciencia de la necesidad que había en África de un testimonio evangélico y del potencial que eso tenía, pero pareció sentir que él mismo no era el hombre clave para tal empresa. Durante los siguientes treinta años, él regresaría a la mayoría de los lugares en los que había llevado adelante grandes cruzadas durante los primeros años de su ministerio.

A excepción de la cruzada que llevó a cabo en Sudáfrica en 1973, a la que se había rehusado a asistir anteriormente mientras no se garantizara que todos los grupos raciales serían admitidos y aceptados sin ser discriminados, nunca volvió a intentar otra gira africana a gran escala. Con todo, aquella gira dejó una fuerte impresión y sentó importantes precedentes. Durante un período de predicaciones en Nigeria, un misionero bautista del Sur invitó a Graham y su equipo a visitar un leprosario cerca de la ciudad. El misionero le dijo a Graham que los cristianos del leprosario sabían quién era él y que habían construido una enramada con material silvestre como ramas y paja, con la esperanza de que les hiciera una visita y pudiera llevar a cabo una breve reunión. La vista de una villa llena de personas con los dedos de la mano y del pie, la nariz y las orejas comidos por la lepra debe haber resultado horrorosa, pero Billy predicó un sermón apasionado, asegurándole a los asistentes que Dios los amaba sin que importara su condición física y que Cristo había muerto para hacerles posible tener un cuerpo espiritual y perfecto en el cielo. Cuando hizo la invitación, docenas de personas levantaron sus manos deformadas y llenas de cicatrices para expresar su deseo de aceptar la salvación que él les estaba proclamando. Mientras el equipo se preparaba a partir, una pequeña mujer, que tenía apenas unos muñones en lugar de manos, se acercó a él para decirle, con el misionero como intérprete: «Sr. Graham, nunca lo había visto a usted antes. Pero desde su cruzada de 1954 en Londres, los cristianos hemos estado orando por usted. Aquí, en nuestro pequeño leprosario, nos hemos mantenido al tanto de su ministerio». Levantando un sobre hacia él con sus dos muñones, le dijo: «Esto es apenas una pequeña ofrenda de amor para usted y su equipo, por su ministerio mundial». Profundamente conmovido, Billy tomó los muñones de ella entre sus manos y le agradeció. Cuando la mujer se fue, el misionero le tradujo una nota que había incluido en el sobre: «Dondequiera que usted vaya, a partir de ahora, queremos que sepa que nosotros hemos invertido de un modo muy pequeño en su ministerio y entregado la moneda de la viuda. Enviamos nuestro amor y oraciones con usted alrededor del mundo». Adentro del sobre había dos billetes nigerianos que valían aproximadamente cinco dólares y sesenta centavos en dinero estadounidense en ese tiempo. Graham se dio vuelta para mirar esos matorrales. Luego de unos momentos, se volvió hacia Grady y Cliff, con lágrimas que le corrían por las mejillas. «Muchachos, este es el secreto de nuestro ministerio», les dijo.

Los africanos y otros que procuraban desacreditar a Graham, fácilmente podían aprovecharse de su oposición declarada al comunismo, al Islam y a las religiones tribales. Pero tenían menos éxito en pintarlo como partidario de la supremacía blanca. Dondequiera que iba, enfatizaba, como lo había hecho en la India, que Jesús no era un hombre blanco. «En toda África los rostros se iluminan cuando les decimos que Cristo pertenece a todas las razas... que él nació cerca de África, que fue llevado a África como refugiado y que un africano le ayudó a llevar su cruz». En Kenya y en todo otro lugar, los cristianos blancos y negros concurrían juntos a las sesiones de entrenamiento para consejeros y se sentaban mezclados en las reuniones. En el Rhodesia del Norte y en Rhodesia del Sur (conocidas hoy como las naciones independientes de Zambia y Zimbabwe, respectivamente) Graham insistió en que se admitiera a los negros a las reuniones, haciendo de ellas los primeros encuentros públicos integrados que se llevaban a cabo en los dos países. Y consiguió que sus sermones fueran traducidos a las lenguas nativas y no solo dados en inglés, como algunos de los europeos de los comités patrocinadores deseaban, esperando desalentar la asistencia de los africanos. Repetidamente les recordaba a las multitudes mayoritariamente blancas que el suelo debajo de la cruz estaba a un solo nivel y que todos los que se paraban allí eran iguales. Le agradó que muchos periódicos, incluyendo publicaciones sudafricanas, informaran debidamente que «mujeres blancas bien vestidas estaban hombro con hombro junto a sirvientas africanas». En Etiopía, Graham fue recibido por el patriarca de la Iglesia Ortodoxa Etíope y el emperador Haile Selassie, amigo de toda la vida de las misiones evangélicas.

Luego de Etiopía congregó 10.000 personas en una concentración llevada a cabo bajo una tienda gigante color carmesí en el Cairo, aparentemente la primera reunión cristiana de ese tipo en la historia de Egipto. Los arreglos para ambas visitas habían sido pulidos con la ayuda de la oficina del vicepresidente Nixon. Más adelante, Graham reveló que había sido invitado a llevar a cabo una cruzada completa en la capital de Egipto, pero que había decidido no hacerlo para que los cristianos que asistieran no quedaran sujetos a persecución.

Como una réplica de la gira africana, Graham visitó tanto Jordania como a Israel, ninguna de las cuales desbordó de gozo por su presencia. El rey Hussein le abrió las puertas para una breve visita, y como un singular gesto de buena voluntad, una radioemisora musulmana grabó su sermón sobre Juan 3.16 y lo pasó varias veces mientras él estuvo en el país.

Las autoridades israelíes le dieron a Graham una cálida bienvenida oficial, pero se rehusaron a permitir que el Concilio

Cristiano que lo patrocinaba alquilara grandes salones para reuniones públicas. Como una restricción más, en un acuerdo no oficial al que la revista *Time* logró acceder, el primer ministro, David Ben-Gurion le prohibió al evangelista mencionar a Jesús cuando hablara a audiencias judías. Graham amablemente señaló que aceptaría ambas limitaciones. En una conferencia de prensa en el hotel King David, hizo notar que una de las razones por las que había viajado a Israel era para predicar el evangelio, y entonces agregó: «Pero quiero dejar en claro que voy a dirigirme solo a audiencias cristianas. No tengo intenciones de hacer proselitismo». Ese gesto generoso ablandó cualquier resistencia que pudiera haber quedado, así que algunos israelíes protestaron por las restricciones que se le habían puesto a Graham, y cuando predicó un mensaje evangelístico no apologético ante una audiencia ostensiblemente cristiana, pero que según algunos observadores imaginaban que podía ser en un 70% judía, no hubo quejas. Mientras estuvo en el país, Graham visitó al presidente israelí Ben-Zvi y estableció una amistad que se prolongó en el tiempo con gigantes de la política israelí como Abba Eban y Golda Meir.

Con la gira africana se cubría ligeramente más de una década de actividad durante la que Billy Graham había emergido prácticamente del anonimato fuera de los círculos evangélicos para convertirse en uno de los hombres más conocidos y admirados del mundo.

Parte 3

Los reinos del mundo y su gloria

(1960-1974)

15

Elección y voluntad propia

Cuando Graham regresó a Estados Unidos después de su gira africana, le dio un informe completo al presidente Eisenhower, al vicepresidente Nixon y al Secretario de Estado Christian Herter, que habían reunido a un puñado de sus ayudantes principales para una sesión informativa informal que duró varias horas, lo que indicaba que la Casa Blanca no lo consideraba simplemente un embajador de buena voluntad, sino un hombre cuyos contactos y observaciones podían convertirlo en un recurso diplomático valioso. Esa visita a la Casa Blanca renovó la sensación que le producía a Graham el estar cerca del centro del poder, e indudablemente reforzó su deseo de permanecer allí, una posibilidad que no era nada cierta. El presidente pronto terminaría su período. Parecía obvio que Richard Nixon sería nominado por el partido Republicano, pero la probabilidad cada vez mayor de un atrayente senador joven de Massachusetts, John F. Kennedy, pudiera obtener la nominación del partido Demócrata volvía incierta la posibilidad de que Nixon ganara las elecciones sin una verdadera lucha. Porque se sentía cercano al vicepresidente y tenía muy pocas chances de repetir una relación igualmente cercana con Kennedy, Graham comenzó a procurar formas en las que pudiera ayudar a su amigo a mantenerse en el poder.

En mayo de 1960, cuando las perspectivas de Kennedy se volvieron más ciertas, Graham le dijo a un grupo de periodistas: «Este es un momento de tensión mundial. Es tiempo para un hombre de estatura mundial. No creo que sea momento de experimentar con novatos». Tampoco pensaba que fuera el tiempo de experimentar con un presidente católico. Le escribió a Nixon: «Si el senador Kennedy resulta nominado, captará el voto católico en casi un cien por ciento. Independientemente de las concesiones que usted le haga a la Iglesia Católica, de cuánto se esfuerce por complacerla, aún si tuviera un compañero de fórmula católico, no lograría sacarle ni siquiera el cinco o el diez por ciento de los votos católicos. Dado que los votantes del lado protestante sobrepasan a los católicos en una proporción de tres a uno, usted debería concentrarse en solidificar el voto protestante. En mi opinión, si comete el error de buscar un candidato a vicepresidente católico, dividirá a los protestantes sin hacer ningún avance en cuanto al voto católico. Por lo tanto espero que descarte esa idea a toda costa. Resulta imperioso que tenga como compañero de fórmula a alguien perteneciente a la iglesia protestante, alguien al que la iglesia protestante pueda apoyar con entusiasmo». Consciente de que este tipo específico de consejo político iba directamente en contra de su profesión de no ostentar partidismo, Graham agregó: «Apreciaría que guardara esta carta como enteramente confidencial. Me haría un favor si la destruyera después de leerla».

A mediados del verano, ambos partidos eligieron sus candidatos. Nixon optó por Henry Cabot Lodge, un exsenador de una familia tradicional de Massachusetts; Kennedy buscó atraer al sur y al suroeste eligiendo a Lyndon Johnson. La intención expresa de Graham en cuanto a mantenerse fuera de la campaña fue de corta duración. Preocupado porque Kennedy llevaba la delantera y porque la campaña de Nixon luchaba por mantenerse a flote, le escribió a Nixon para decirle que pensaba que la proporción de clérigos protestantes que lo apoyaban ahora (estimada en un 76%) probablemente aumentara y que el bloque de votos católicos no parecía tan sólido como él había supuesto. Le informó que había escrito a toda su lista de contactos de correo, que incluía a dos millones de familias norteamericanas, instándolos a que organizaran sus clases de Escuela Dominical para obtener más votos. Sospechaba que la mayoría de esas personas estaban registradas como demócratas o independientes, pero debido a su muy conocida amistad con el vicepresidente, sentía que concentrar el esfuerzo para estimular los votos podría producir una significativa oscilación a favor de Nixon y estaba alentando a otras organizaciones religiosas, probablemente inclinadas hacia Nixon, a que siguieran su ejemplo. Instó a Nixon a no darse por vencido en los estados del Sur o limítrofes, expresando un optimismo cauto en cuanto a que la plataforma más conservadora del Partido Republicano «bien podría encolumnar detrás de usted a esos estados».

Nixon perdió una de las elecciones más reñidas de la historia de Estados Unidos. Graham debe haber sentido en lo profundo de su corazón que sus días de intimidad con la Casa Blanca estaban llegando a su fin, por lo menos hasta 1964, en que Nixon podría volver a intentarlo. Sin embargo, con prudencia se abstuvo de cualquier acción o declaraciones que pudieran distanciarlo de Kennedy, y el presidente electo respondió del mismo modo. Kennedy nunca le extendió a Graham la diestra de comunión que Eisenhower y Nixon le habían ofrecido, pero comprendía que no tendría objeto endurecer la resistencia que Graham sentía hacia él.

Graham y Nixon se mantuvieron ocasionalmente en contacto. Luego del fallido intento del exvicepresidente por lograr ser gobernador de California en 1962, Graham le envió una cálida carta pastoral animando a su amigo a no amargarse ni entrar en un ostracismo y excluir a aquellos que se preocupaban por él. «El verdadero carácter de un hombre se ve en medio de la desilusión o de la derrota», le dijo. Graham instó a Nixon a «comenzar a leer la Biblia, y descubrir el valor, poder y secretos de la oración, y asistir a la iglesia con una renovada fidelidad» en lugar de permitir que la desilusión lo abatiera. Concluía con una nota que ayuda a entender la lealtad poco frecuente que le demostró a Nixon en años posteriores. «Dick, tengo miles de amigos, pero muy pocos amigos íntimos, cercanos. Hay pocos hombres a los que haya amado como te he amado a ti. Mi amistad por ti nunca se debió a que fueras el vicepresidente o una figura internacional. Fue algo mucho más profundo que eso, y espero que podamos seguir adelante con nuestra amistad, y aún con mayor calidez que antes».

16

Los años de Kennedy

Graham pasó la mayor parte de los años de la presidencia de Kennedy haciendo lo que mejor sabía hacer: llevando a cabo cruzadas y ampliando su base de apoyo. Una década de campañas maratónicas había causado ciertos estragos en su resistencia física, al punto de que ocasionalmente les decía a los periodistas que dudaba que pudiera vivir mucho más. Para darle un descanso, tanto al cuerpo como al espíritu, comenzó a reducir la extensión de sus campañas, pasando gradualmente a un formato de ocho días, de domingo a domingo. También pasaba una buena parte del tiempo en la playa y en el campo de golf, disfrutando del calor del sol que había llegado a amar tanto durante sus días de instituto bíblico.

En 1962, Graham agregó otro continente a su lista al realizar incursiones de dos meses de duración a Sudamérica. En Colombia, Venezuela y Paraguay se le denegó el permiso para hablar en lugares de reunión públicos y se encontró con multitudes extremadamente hostiles, dirigidas, entre otros, por sacerdotes católicos romanos. Las muchedumbres fueron modestas en Uruguay, pero grandes y muy receptivas en Chile, Argentina y Brasil. En general, el viaje no resultó un gran éxito. Las estadísticas sobre las cruzadas, llevadas a cabo por la Asociación Billy Graham, que normalmente incluían todas las ciudades en las que Graham había tenido una reunión pública importante, resumieron las nueve semanas de predicación en Sudamérica bajo dos anotaciones breves, ambas consignadas como «Gira por Sudamérica». Del mismo modo, las historias autorizadas del ministerio de Graham dedican solo dos o tres frases a las campañas sin nombrar ninguno de los países visitados. Con todo, la gira le proveyó al cristianismo protestante una valiosa exposición a través de los periódicos y de la televisión, y un veterano misionero en América Latina lo llamó un evento que marcó un hito para el evangelicalismo sudamericano, afirmando que le había dado un impulso importante a un movimiento más amplio, de esfuerzos evangelísticos agresivos, que habían llevado a un crecimiento bien documentado del protestantismo en muchos sectores de Sudamérica.

En el verano de 1962 Graham predicó durante tres semanas ante un auditorio colmado en el nuevo estadio McCormick Place. En la reunión de clausura en Soldier Field, predicó ante 116.000 almas, su audiencia más numerosa de Estados Unidos hasta ese momento. De duración más permanente y mayor significado que aquel nuevo récord de asistencia fue la implementación de un programa experimental en el que veintisiete seminaristas, de siete distintas instituciones, recibieron capacitación y realizaron prácticas en el campo de la evangelización. Con la garantía de un apoyo sostenido por parte de un adinerado laico californiano, Lowell Berry, la Escuela de Evangelismo Billy Graham se estaba poniendo en marcha. Un año después, cien hombres, incluyendo clérigos jóvenes y seminaristas, asistían a la escuela de evangelismo anexa a la cruzada de Graham en Los Ángeles; pasaban sus días en clases conducidas por los miembros del equipo e invitados especiales, y las noches observando al maestro evangelista en acción. En años subsiguientes, el programa se enfocó menos en los seminaristas que en los pastores y cada cruzada importante con el tiempo llegó a incluir capacitación evangelística para varios cientos de ministros.

En su hogar, Ruth continuaba cuidado de su prole, que iba madurando y de su colección de animales, siempre cambiante, que incluía perros, cabritos, conejos, ponis y otras formas de vida salvaje. Anne seguía siendo una niña amable y de buen corazón que causaba muy pocos problemas y la hija más pequeña, Bunny, mostraba tener el mismo espíritu simpático y adaptable. Franklin había sido cortado de un material diferente. Demostró tener un espíritu independiente desde el principio y comenzó a experimentar con los cigarrillos a los tres años, recogiendo las colillas que arrojaban los carpinteros que trabajaban en la casa de los sueños de su madre. Pocos años después, Ruth decidió ponerle fin al atractivo de fumar

ofreciéndole un atado de cigarrillos e invitándolo a fumar delante
de ella. Para su sorpresa y desagrado, él rápidamente fumó uno
hasta dejar una colilla y entonces inmediatamente encendió otro.
Esfuerzos similares para quebrantar su temple no tuvieron más
éxito que este.

GiGi, de diecisiete años, no había perdido nada de su coraje,
pero el internado escolar la mantenía alejada de Montreat durante
la mayor parte del año y un nuevo acontecimiento estaba a punto
de llevársela para siempre. Durante el verano de 1960, mientras
Graham estaba en gira por Europa, su familia se quedó en Mon-
treux, Suiza, invitada por Ara Tchividjian, una rica mujer suizo-
armenia que se convirtió en cristiana luego de leer *Paz con Dios*,
voló a Nueva York en 1957 para escuchar a Graham predicar, y se
transformó en su patrocinadora desde entonces. En el transcurso
del verano, GiGi, entonces de catorce años, conoció a Stephan, el
hijo mayor de los Tchividjian, que tenía veintiuno. Stephan se fijó
más en GiGi que ella en él, y él fue persistente. Tres años después,
no solo con la aprobación, sino con el fuerte estímulo de sus padres, GiGi, que todavía no había cumplido los dieciocho años, se
casó con Stephan Tchividjian.

Graham pasó la mitad de 1963 en una serie de cruzadas y concentraciones en Francia y Alemania del Oeste, con todo el conjunto de reacciones europeas que se habían vuelto estándar: denuncias
de los políticos de izquierda, una oposición condescendiente por
parte de los clérigos de las iglesias estatales y de los teólogos liberales, el escepticismo secular de los periodistas e intelectuales, y
bastante entusiasmo por parte de los evangélicos y del pueblo en
general, lo que garantizaba multitudes mayores de las esperadas y
expresiones de admiración algo reticentes de sus antiguos críticos.

El principal acontecimiento de la segunda mitad del año fue
un compromiso en Los Ángeles, al regresar. En la reunión de
clausura 134.254 personas se amontonaban dentro de un estadio descontrolado, en tanto se estimaban en 20.000 las que
daban vueltas afuera, desilusionadas. Eso constituyó el récord
para un estadio, se mantuvo por décadas, y fue conmemorado
con una placa de bronce y una escultura en bajorrelieve de la
cabeza del evangelista. Las creencias fundamentales de Graham

y su método teológico habían cambiado muy poco, pero, como lo señaló en un artículo aparecido en *Christian Century*: «Después de una década de contacto íntimo con cristianos a través de todo el mundo, ahora soy consciente de que la familia de Dios consta de personas con variadas diferencias étnicas, culturales, de clase y denominacionales. He descubierto que puede haber desacuerdos menores en cuanto a teología, métodos y motivos, pero que dentro de la iglesia verdadera existe una unidad misteriosa que sobrepasa a todos los factores que puedan causar división. En grupos a los que por piedad ignorante yo miraba "con mala cara" he encontrado hombres tan dedicados a Cristo y tan amantes de la verdad que me he sentido indigno de estar en su presencia. He aprendido que aunque los cristianos no siempre estén de acuerdo, pueden estar en desacuerdo de una manera amistosa, y que lo que más se necesita en la iglesia hoy es que nosotros le mostremos a un mundo incrédulo que nos amamos los unos a los otros». La aceptación cada vez mayor que mostraba Graham hacia otros cristianos profesantes se manifestaba no solo por su continua asociación con el Concilio Mundial de Iglesias (asistió a la asamblea general en Nueva Delhi en 1961 por invitación del concilio) sino por una mejor relación con los católicos.

Los observadores que aplaudían la actitud morigerada que mostraba hacia los protestantes liberales y los católicos encontraban que su posición en cuanto a las cuestiones raciales resultaba menos satisfactoria. Con toda seguridad, mantenía su compromiso de realizar cruzadas «sin segregación» (evitaba el término *integración* para que no se lo asociara a un radicalismo con respecto a los derechos civiles), y aun en el sur insistía en que los líderes negros se sentaran en la plataforma y tuvieran un rol visible dentro del programa. Aunque expresamente le dijo a Martin Luther King que no tenía intenciones de unirse a él en las calles, llamó a que se procesara a los blancos que atacaban a los negros que realizaban demostraciones pacíficas para obtener aquellos derechos que claramente les correspondían. Sin embargo, no llegó a articular ningún curso de acción práctico que las iglesias o comunidades pudieran tomar para disminuir la discriminación racial, y advertía que aunque las marchas de confrontación y las caminatas en demanda de libertad resultaran eficaces, podían crear una resistencia que tal vez nunca se quebrara.

En el verano de 1963, Graham se rehusó a formar parte de la Marcha sobre Washington, la demostración más memorable de la historia estadounidense, pero cuando un racista cabal puso una bomba que explotó en una sala de la Escuela Dominical de la Iglesia Bautista de la Calle Dieciséis, de Birmingham, matando a cuatro niñitas negras, Graham no solo compartió el disgusto que manifestó toda la nación, sino que se unió al afamado columnista de periódicos Drew Pearson para encabezar una recolección de fondos para reconstruir la iglesia que había sido dañada.

Aparte de verse envuelto en esa ineludible cuestión racial, Graham estuvo mucho menos involucrado en los asuntos políticos y sociales durante la administración Kennedy que en la década anterior. Condenó la decisión de la Corte Suprema de prohibir la lectura devocional de la Biblia y la oración en las escuelas públicas, pero elogió a Kennedy por haberse opuesto a dar ayuda federal a las escuelas religiosas. Continuó describiendo los avances comunistas como una amenaza apocalíptica, pero repudió la acusación de Robert Welch, fundador de la Sociedad John Birch, acerca de que los púlpitos norteamericanos estaban llenos de legiones de comunistas encubiertos, haciendo notar que él nunca había conocido un solo ministro de Estados Unidos del que sospechara que era comunista. Como un signo más de que se había retirado de la línea dura de anticomunismo que había apoyado en la década de 1950, recomendó a Estados Unidos que mandara grandes cantidades de comida excedente a la China Comunista durante una escasez alimenticia en 1961.

17

Billy y Lyndon

Billy Graham y Lyndon Johnson se conocieron a través de Sid Richardson poco después de que Johnson fue elegido para el senado. No fueron amigos cercanos pero mantenían un agrado especial el uno por el otro y mantuvieron un contacto cordial, mayormente por iniciativa de Johnson. Inmediatamente después del asesinato de Kennedy, en noviembre de 1963, Graham se contactó con el nuevo presidente para hacerle saber que estaría orando por él y que tenía la disposición a ayudar en cualquier cosa que pudiera durante los difíciles días que se aproximaban. Fuera por razones políticas o espirituales, Johnson aceptó el ofrecimiento con entusiasmo. A la semana de haberse trasladado a la Casa Blanca, Johnson mandó a llamar a Graham a Washington. Una visita programada para durar quince minutos se estiró a cinco horas cuando esos dos granjeros, que se habían dejado llevar por sus talentos, ambiciones y energías hasta alcanzar el pináculo dentro de sus respectivas profesiones, descubrieron que tenían mucho más que ofrecerse el uno al otro de lo que ambos imaginaban.

Graham admitía que Johnson probablemente reconociera el valor de asociarse con alguien que constituía uno de los símbolos religiosos principales en un momento de duelo nacional y de crisis, porque sentía que su interés en las cuestiones espirituales era genuino. Pocos días después le dijo a la prensa que Lyndon Johnson era «el hombre más calificado de los que hemos tenido en la Casa Blanca», alguien que indudablemente «proveería un liderazgo moral al país».

El contacto entre los dos hombres aparentemente fue limitado durante 1964. Graham invitó al presidente a asistir a una cruzada, y aunque Johnson no aceptó, le correspondió con otra invitación para que los Graham pasaran una noche en la Casa Blanca y ellos sí aceptaron. Esa visita, que constituyó la primera ocasión en la que Billy Graham pernoctara en esa área privada, selló la amistad.

En 1964, durante la campaña electoral por la presidencia, Graham decepcionó a los seguidores del republicano Barry Goldwater al abstenerse de avalar a alguno de los candidatos, pero cuando la elección resultó tal como las encuestas habían predicho, congratuló al presidente por su «tremenda victoria». Cuando la elección quedó atrás, Graham y Johnson mostraron libremente el entusiasmo que tenían el uno por el otro. Billy condujo la oración protestante durante la ceremonia inaugural y predicó en un servicio de dedicación que Johnson había dispuesto en la iglesia *National City Christian Church*. Los archivos de la Casa Blanca revelaron que durante los siguientes cuatro años se produjo un continuo intercambio de cartas, tarjetas y pequeños regalos entre los dos hombres y también se hallaron reiterados informes sobre oraciones intercesoras.

Por supuesto, Johnson y Graham tenían mucho que brindarse el uno al otro. Para Billy el solo sentirse bienvenido una vez más a la Casa Blanca significaba que él y su gente (las personas buenas, decentes, temerosas de Dios, creyentes en la Biblia, patrióticas, de clase media, que eran norteamericanos promedio) estaban nuevamente en su lugar, o al menos eran consideradas favorablemente, dado que muchas de ellas habían sentido que no había sido así durante los años de Kennedy. Y más específicamente, que la legitimación por la que los evangélicos habían trabajado, y logrado durante los años posteriores a la Segunda Guerra Mundial, no se había perdido. Ahora sus planes de volver a encender un espíritu de avivamiento podían proseguir a ritmo acelerado. Más allá del reclamo de una base de operaciones importante para sí mismo y para su equipo, Graham disfrutaba de la oportunidad de nuevamente poder compartir las experiencias y secretos del poder presidencial.

Graham siempre parecía sorprendido de que la gente importante y famosa lo buscara con la misma asiduidad con que él los buscaba a ellos, y por razones no demasiado distintas. Tampoco parecía darse cuenta completamente de que él daba y recibía a través de estas asociaciones, aunque en verdad no era tan ingenuo en cuanto a su comprensión de todo ello. Sin lugar a dudas, y aparte del afecto genuino que pareció haber sentido por Graham y de la satisfacción intrínseca que le producía esa amistad, Lyndon Johnson conocía las ventajas que le daban el ser un buen amigo de Billy. Si Billy Graham era amigo del presidente, entonces millones de norteamericanos concluirían que el presidente debía ser un buen hombre, un hombre correcto, noble y quizá hasta cristiano. Y si él poseía esas cualidades, entonces sus causas (su Guerra contra la pobreza, su acta referida a los derechos civiles, sus esfuerzos por preservar la libertad y la democracia en el sudeste de Asia) deberían ser buenas, correctas, nobles, y quizá hasta cristianas, y, por lo tanto, las causas que las personas cristianas deberían apoyar.

Tal vez porque su propia carrera política y sus opiniones le debían muy poco a su escasa capacitación académica en la pequeña facultad de pedagogía a la que asistió en San Marcos, Texas, Johnson parecía sentir que Graham, otro hombre cuyo éxito y atracción para millones de personas se debía más a la intuición y a sus cualidades personales que a una educación formal, podría resultar un recurso tan valioso como el grupo de expertos que había heredado de John Kennedy. Según Graham y varios de sus asociados, Johnson con frecuencia buscaba su consejo sobre una diversidad de asuntos, desde una orientación general con respecto a la Guerra contra la pobreza hasta pedirle que encontrara una manera de reducir en diez millones de dólares un presupuesto sugerido. Luego de que Sargent Shriver voló a Montreat en un helicóptero para lograr su ayuda, Graham participó de una película en apoyo al programa en contra de la pobreza, pero declaraba haber limitado su participación a los aspectos espirituales. La Casa Blanca no constituyó el único escenario en el que Graham concitó una importante atención en ese tiempo. Durante dos períodos de seis meses, que abarcaron los veranos de 1964 y de 1965, el Pabellón Billy Graham de la Feria Mundial de Flushing Meadow Park, en Nueva York, les proveyó a cinco millones de visitantes una perspectiva general de alta tecnología, y muy lograda, acerca de su ministerio mundial, y también la oportunidad de escuchar un sermón pulido y a toda pantalla, en busca de ganar almas.

La mayoría de las denominaciones protestantes y de las organizaciones paraeclesiales expusieron lo suyo ante los concurrentes en el extenso Pabellón Protestante. Graham fácilmente podría haber obtenido un espacio en ese salón de exhibiciones, pero en lugar de ello presentó su propio edificio en un sitio principal, no lejos del portón principal. Dentro del pabellón, los visitantes podían encontrar muestras que iban trazando el ministerio de Graham desde la primera cruzada en la Catedral de Lona hasta las giras triunfales por los seis continentes y docenas de países. El foco central de la estructura consistía en un teatro de 350 asientos en el que los visitantes pudieron ver a Billy Graham doce veces por día, durante doce meses, en un tamaño más grande que el natural, sobre una amplia pantalla, y con la utilización de un sistema de traducción que les permitía escucharlo «cada uno en su propio idioma».

Graham inició 1965 con una modesta cruzada en Hawaí, seguida por dos semanas de predicación en Alabama, que incluyó una concentración en el Instituto Tuskegee, solo para negros, un encuentro de ocho días en Copenhague y dos campañas de diez días en Denver y Houston. La cruzada de Houston resultó notable porque señaló la primera ocasión en la que Graham pudo persuadir a un presidente en ejercicio de que asistiera a una de sus reuniones. El presidente y la primera dama volaron desde su rancho en Texas Hill Country para estar presentes en la reunión de culminación del domingo por la tarde, en la que 61.000 asistentes abarrotaron el espectacular estadio abovedado. Los periodistas notaron que la señora Johnson prestaba atención, pero que el presidente, con toda su hipotética piedad, se pasó la mayor parte de la tarde conversando con el visionario constructor del Astrodome, Judge Roy Hofheinz, cuyo palco privado compartía. Sin embargo, Johnson manifestó apreciar el que Graham hubiera arremetido en contra de los que protestaban contra Vietnam, comparándolos con los jóvenes de mentalidad más religiosa que habían asistido esa tarde al estadio para mostrarle lealtad a su Señor y a su presidente.

La postura de Graham sobre Vietnam, al igual que la de muchos de sus compatriotas, nunca fue tan definida como su posición ante la Segunda Guerra Mundial o el conflicto de Corea. Por otro lado, como amigo leal y patriota acérrimo, acostumbrado a concederles a aquellos que estaban en autoridad el beneficio de la duda, tendía a ponerse del lado del presidente. A principios de 1965, durante la cruzada de Hawaí, le pidió a la multitud que orara para que el presidente Johnson pudiera tener sabiduría y lograr conducir a Estados Unidos fuera del «lío del sudeste de Asia». El presidente, les recordó, había heredado y no comenzado la guerra de Vietnam, pero era su penosa responsabilidad hacer algo al respecto y lo mas rápido posible.

Graham tuvo pocos problemas con los programas Great Society de Johnson, dado que esas metas generalmente coincidían con sus propios impulsos generosos hacia las personas que estaban en necesidad. Él seguía creyendo en el valor de la diligencia y de la autodisciplina, pero también sentía que aquellos más favorecidos por su habilidad y circunstancias tenían la obligación de compartir con los otros cuyo estado era peor. Abandonando el individualismo pietista que caracterizaba a gran parte del evangelicalismo, él reconocía: «Hay un aspecto social del evangelio que mucha gente ignora. Jesús estaba interesado en los hambrientos, en los enfermos y en los ignorantes. Una buena parte de su tiempo y predicación estuvo dedicada a ese aspecto del ministerio. La iglesia debería mostrarse profundamente preocupada por los pobres, los ignorantes, los enfermos y aquellos oprimidos por las tiranías o el prejuicio». Graham comprendía que el problema se extendía más allá de las playas de Estados Unidos y sobre todo, que Estados Unidos no podía fingir que la pobreza de los países del Tercer Mundo no se relacionaba con su propia opulencia. «Tres quintas partes del mundo viven en la miseria, el sufrimiento y el hambre», proclamaba. «Por demasiado tiempo unos pocos privilegiados han explotado e ignorados a los millones de desfavorecidos de nuestro mundo. Nuestro egoísmo finalmente nos está alcanzando. A menos que comencemos a actuar, a compartir y a hacer algo con respecto a este gran ejército de personas que se mueren de hambre, Dios nos juzgará».

La postura más clara sobre las cuestiones sociales siguió siendo la esfera de las relaciones raciales. Pocos meses después de la bomba puesta en la Iglesia Bautista de la Calle Dieciséis, de Birmingham, ante profundos recelos por parte de los funcionarios de la ciudad y de disensiones producidas dentro de las asociaciones ministeriales tanto de negros como de blancos, Graham llevó a cabo la Concentración Evangelística Unida en el estadio municipal de esa ciudad, que contaba con una capacidad de 60.000 asientos, en la tarde del domingo de Pascua. Las amenazas de violencia tanto de los racistas blancos como de los negros limitaron la multitud a no más de 35.000 personas, pero esa cifra estaba compuesta casi por igual cantidad de blancos que de negros, los que parecieron apartarse de su camino para mostrarse amistosos unos con otros. En su sermón sobre «La gran reconciliación», Graham condenó el odio y el prejuicio que estaban destruyendo a las comunidades, pero no les ofreció recomendaciones concretas para solucionar el problema de la segregación. Sin embargo, una semana después, hablando en la reunión anual de la Asociación Nacional de Evangélicos, dijo: «Deberíamos haber liderado el camino hacia la justicia racial, pero hemos fallado. Confesémoslo, admitámoslo, y hagamos algo al respecto». En reconocimiento por estas declaraciones, moderadas como fueron, el Instituto George Washington Carver Memorial le dio a Graham el Premio al Mérito, mencionándolo por «su destacada contribución al mejoramiento de las relaciones interraciales y a la comprensión humana».

No todos los clérigos negros estuvieron de acuerdo con la evaluación del Carver Institute. La mayoría aceptaba el deseo expreso de Graham en cuanto a la armonía y la comprensión entre las razas por su valor nominal, pero muchos sentían que su tibio apoyo a Martin Luther King, su repudio a las tácticas de protesta, y su escepticismo con respecto a las soluciones legislativas referidas a los problemas raciales, incluyendo el Acta por los Derechos Civiles de 1964, gestionada por Johnson, lo señalaban como mucho menos que un paladín de su causa. En cuanto al índice de aprobación en los círculos de gente negra, no lo ayudaban a él ni al evangelicalismo blanco el hecho de que *Christianity Today* no hubiera dado su aval al acta por los derechos civiles.

Los negros pueden haber considerado ineficaz a Billy Graham, pero no Lyndon Johnson. Cuando estalló la violencia en Selma, Alabama, y en otros lugares del Sur en la primavera de 1965, Johnson envió 4.000 soldados a proteger a los que marchaban por la paz, y luego animó a Graham a visitar ese estado en problemas y a usar su influencia para restaurar cierta medida de calma. Graham canceló reuniones planeadas en Gran Bretaña para cumplir con el pedido del presidente, y por unos breves instantes pareció que había llegado a apreciar el apoyo de Martin Luther King a la desobediencia civil. «Es verdad que no he estado en la cárcel aún», aceptó. Pero luego agregó: «Subrayo la palabra *todavía*. Tal vez no he hecho todo lo que debería o podría haber hecho». Después le dijo al *New York Times*: «Nunca he considerado que debamos ganar nuestros derechos a través de medios ilegales; sin embargo, confieso que esas demostraciones han servido para despertar la conciencia del mundo». Cuando se refirió a la situación de Alabama, sin embargo, sus observaciones fueron de un tipo no confrontativo y volvió las culpas difusas, lo que mucho les molestó a los activistas blancos y negros defensores de los derechos civiles. Incapaz de aceptar ningún comportamiento impropio, e igualmente incapaz de denunciar a sus amigos sureños como personas peculiarmente malvadas, con todo Graham tomó una posición firme, colocándose del lado de los derechos civiles y de la integración racial. Detrás de la escena, se encontró con cientos de pastores, laicos, líderes cívicos y hasta con el gobernador de Alabama, George Wallace, para hacer llamadas reiteradas a la tolerancia y a la comprensión, e informando de manera confidencial acerca de un «gran progreso». Si los negros consideraban eso demasiado insulso, los segregacionistas lo consideraron demasiado radical, pero Graham recibió una evaluación entusiasta del hombre que lo había enviado a esa región problemática. En una carta cálida y efusiva, el presidente Johnson le aseguraba: «Usted está haciendo algo bueno y valiente por su país, a través de esos valerosos esfuerzos por contribuir a la comprensión y a la hermandad de los estadounidenses del Sur».

18

Segundos regresos

Aunque no todos aprobaban sus métodos ni lo tenían en gran estima, hasta los críticos más acérrimos de Billy Graham admitían que era un hombre con un compromiso sincero y de una integridad incuestionable y nadie negaba que hubiera jugado un papel muy importante en cuanto a vivificar y reestructurar al evangelicalismo, ayudando a que se volviera cada vez más dinámico y seguro de sí mismo. Pero para Graham esos logros no resultaban suficientes. Al ir percibiendo la amplitud de su influencia, estaba cada vez más decidido a no usarla tan solo para afianzar su propio ministerio, sino para cambiar fundamentalmente el rumbo del cristianismo contemporáneo. Esa determinación se dio a conocer de una forma trascendente, hacia fines de 1966, con la convocatoria al Congreso Mundial sobre Evangelismo, en Berlín.

Los 1.200 líderes evangélicos invitados al congreso incluían evangelistas, teólogos, eruditos en el tema de la evangelización, y líderes denominacionales y paraeclesíasticos de 104 naciones. Para algunos la experiencia de sentarse a una mesa compartida con esa melange internacional, multicultural y ecuménica fue suficiente para transformar una simple comida en un anticipo del banquete mesiánico. Un observador informó que no hubo «el más mínimo asomo de divergencia racial cuando aquellos de distintos colores se entremezclaban en una comunión cristiana plena y libre. ¡Uno hasta podía imaginar que el Rapto ya había tenido lugar y que todos estábamos del otro lado!».

Durante diez días, a partir del 28 de octubre, en el ultramoderno centro de convenciones Kongresshalle, sobre la ribera del río Spree, cercano al muro de Berlín, sonaron los toques de clarín llamando a regresar a la antigua predicación evangelística, pero llevada a cabo con las últimas y más eficaces técnicas y tecnologías. En su mensaje de apertura ante el congreso, Billy Graham anunció que el propósito principal del encuentro sería disipar la confusión con respecto al significado, el motivo, el mensaje y los métodos de la evangelización, así como lo referido a las arteras estrategias del «enemigo», que comprenden tanto adversarios naturales como sobrenaturales. Se mostró particularmente crítico con los propulsores ecuménicos del universalismo. La creencia ampliamente difundida pero tonta de que en realidad Dios no va a permitir que la gente se vaya al infierno, según dijo él, «había hecho más por quitarle el filo al evangelio que cualquier otra cosa». Entonces, para que nadie pensara que él creía que las personas nacidas dentro de otras tradiciones religiosas pudieran de algún modo encontrar a Dios siguiendo esos senderos de tan poca luz, declaró rotundamente: «¡Creo que las Escrituras enseñan que fuera de Jesucristo los hombres están perdidos! Para mí, la doctrina del juicio futuro, en el que todos los hombres deberán responder ante Dios, está enseñada con claridad en las Escrituras». Graham mencionó que la crítica bíblica moderna había sembrado muchas dudas con respecto a la veracidad de las Escrituras y sus afirmaciones acerca de Jesús y la salvación, y se mostró inconmovible en su confianza de que cuando un evangelista proclamaba el mensaje del evangelio sin hacer apología, estaba blandiendo una espada que ningún crítico bíblico podría desafilar. Aseguró ante sus embelesados oyentes: «He descubierto que este mensaje tiene un poder sobrenatural que no se puede explicar racionalmente. Puede parecerles ridículo y tonto a los intelectuales de nuestros días, pero es el poder de Dios para salvación».

Justo antes de la apertura del congreso, el Concilio Mundial de Iglesias había patrocinado una conferencia en Ginebra en la que había reconocido una «necesidad de cambio revolucionario en las estructuras políticas y sociales», y había consentido en el uso de la violencia, siempre y cuando se mantenía dentro de la expresión mínima necesaria para el logro de las metas deseadas. Alineándose específicamente en contra de Billy Graham, a quien calificaban como el títere que Lyndon Johnson estaba utilizando para concentrar el apoyo a la política estadounidense en Vietnam, algunos de los participantes habían comparado a aquellos que asumían ese «estereotipo evangelístico» con «los cristianos nazis que por insistir en que la iglesia se concentrara en sus asuntos "tradicionales" habían traicionado la causa de la justicia». Graham se daba cuenta de que los periodistas religiosos que realizaban la cobertura del congreso iban a enfatizar esos ataques y la yuxtaposición de los dos encuentros, pero no se retrajo de articular su convicción, reiteradamente expuesta, de que «si la iglesia regresara a su tarea principal de proclamar el evangelio y llevar a la gente a convertirse a Cristo, tendría un impacto mucho mayor sobre las necesidades sociales, morales y psicológicas de las personas de lo que se podría lograr a través de la realización de cualquier otra cosa». También enfatizó la necesidad de una acción conjunta, de una unidad no fundamentada en el deseo de evitar herir los sentimientos, sino una unidad que surgiera a partir de trabajar juntos desarrollando una tarea común.

Otros oradores reforzaron y elaboraron aún más los puntos principales señalados por Graham en más de 180 reuniones durante los restantes diez días de conferencias. El único mosquito de la discordia que no se pudo espantar fue su prescripción referida a la acción social. Algunos oradores deseaban que el congreso pusiera más atención en la responsabilidad social, y algunos de los oradores enfocaron la cuestión racial. Pero J. Howard Pew, que era el principal soporte económico del encuentro, creía firmemente que involucrarse en una acción social implicaría «el fin del protestantismo como institución espiritual y eclesiástica» y deseaba que ese congreso se mantuviera firme en contra de los esfuerzos que realizaban ciertos cuerpos eclesiales para influir sobre las instituciones políticas y económicas en cualquier forma directa. Graham tomó la posición del medio, con el deseo de enfatizar la evangelización sin denigrar la acción social que, según él creía, debería seguir inevitablemente a la conversión individual.

El *New York Times* publicaba diariamente notas sobre el Congreso de Berlín y muchos de los principales periódicos le daban cobertura en su portada. El Servicio de Noticias Religiosos informó que esa cobertura era comparable a la dada al Concilio Vaticano II.

Cientos de personas que normalmente tenían poco y nada que ver con otras descubrían que las barreras se estaban desintegrando y que las sospechas se desvanecían cuando percibían que podían compartir el entusiasmo por la evangelización más que hacer contrapeso a las diferencias existentes sobre doctrina y estructuras políticas.

El Congreso de Berlín demostró ser un suceso fundamental para el cristianismo evangélico; ayudó a crear una especie de tercera fuerza ecuménica mundial, junto con el Concilio Vaticano II y el Concilio Mundial de Iglesias, y estableció al evangelicalismo como un movimiento internacional con la capacidad de lograr más de lo que sus integrantes habían considerado posible.

19

Sueños y guerras

Si la postura de Graham sobre las cuestiones raciales no era todo lo que sus críticos esperaban, por lo menos resultaba razonablemente coherente: llevar a cabo cruzadas en una integración racial, tratar a las personas de todas las razas de una manera justa y amorosa y evitar las protestas turbulentas. Su posición con respecto al otro gran tema que dividía al país (la guerra de Vietnam) resultaba menos clara, aun para él. A medida que la participación dentro de Vietnam se volvió más profunda y tortuosa, él se encontró tironeado por líneas contrapuestas. Por un lado, su anticomunismo todavía acérrimo, su lealtad al presidente y a la política oficial de la nación y su admiración de larga data por las fuerzas armadas le hacía difícil cuestionar las acciones de su gobierno. Por el otro, su compasión por el tremendo sufrimiento que había caído sobre Vietnam y sobre los jóvenes soldados que se habían enviado a defenderlo, lo oscuro y moralmente turbio de la presencia y el rol de su país en ese conflicto tan lejano, y su frustración por la falta de disposición o la incapacidad estadounidense para llevar la guerra a una conclusión satisfactoria socavaban la seguridad que le hubiera gustado sentir con respecto a la política de Estados Unidos.

Convencido de que el presidente Johnson se sentía angustiado a causa de la guerra y deseaba hacer lo mejor al respecto, Graham dejó trascender que esperaba poder visitar a las tropas para la Navidad de 1966, ofrecimiento que fue rápidamente aceptado. A pesar de su disposición a ir, Billy reconocía que su visita podría interpretarse como una aprobación a la política del gobierno y mantuvo sus planes en silencio hasta muy poco antes de partir. Al llegar a Vietnam, tuvo cuidado de repudiar toda propensión política. Insistía en que su único propósito al estar allí era «ministrar a nuestras tropas a través de mis oraciones y ayuda espiritual cada vez que pueda hacerlo». Sin embargo, expresó: «Millones de personas observan esta guerra frustrados por la impaciencia» y manifestó su disposición y la de sus asociados a apoyar los programas de pacificación que ayudaran a los vietnamitas cuyas vidas se habían visto afectadas por el conflicto. El viaje no aquietó los recelos de Graham. En un encuentro con periodistas hacia el final de su gira, confesó: «Me voy con más pesimismo acerca de un pronto final de la guerra que cuando llegué. ¿Cómo podemos lograr la paz? No lo sé. Esperaba que hubiera alguna fórmula, pero no la veo. No sé cómo se podría acabar con esto».

Graham regresó a Vietnam para la Navidad de 1968. Las fuerzas armadas le concedieron un tratamiento VIP, y él predicó alrededor de veintinueve veces, ocasionalmente formando equipo con Bob Hope, que viajaba cada día desde Bangkok para procurarle diversión a las tropas. El día de Navidad realizó vuelos cortos en helicóptero a varios puestos en la línea de fuego a lo largo del límite con Camboya. Siempre que le era posible también visitaba hospitales militares, tomándose el tiempo de hablar con todos los pacientes de cada unidad y orando con aquellos que estaban en terapia intensiva. Declaró haber encontrado la moral «increíblemente alta» y le informó esto al presidente: «El cambio de la situación en Vietnam desde que estuve allí dos años atrás es como de la noche al día. He regresado entusiasmado y optimista con respecto a la posibilidad de que Vietnam se convierta en una nación fuerte y libre en el Sudeste Asiático».

El optimismo de Graham con respecto al final de la guerra guardaba correspondencia con su eterna predicción acerca de que el avivamiento era inminente y ya se lo veía aparecer en la línea del horizonte, pero también provenía de la esperanza y la ansiedad de que su atormentado amigo de la Casa Blanca pudiera encontrar algún alivio a sus cargas. Estimaba que quizá él hubiera pasado veinte noches en la Casa Blanca, en Camp David y en el rancho de Lyndon B. Johnson en Texas Hill Country, incluidas varias visitas después de que Johnson abandonó Washington y sus memorias indicaban que Johnson había sido más franco con él que Nixon. Cuando Johnson anunció el 31 de marzo de 1968 que en aras de la unidad nacional no iba a buscar la reelección, Billy Graham fue uno de los pocos norteamericanos que no se sorprendió. Casi un año antes, el presidente le había confiado a Graham que no estaba en sus expectativas presentarse para un segundo mandato. Graham sostenía que esa decisión provenía más de los temores que sentía Johnson por su salud que del cansancio por la contienda. «Pensaba mucho acerca de la muerte y me habló de ello en varias ocasiones. Yo le dije directamente que si tenía dudas con respecto a su relación con Dios, era mejor que solucionara la cuestión».

En una de sus visitas al rancho, Johnson le mencionó a Graham que quería que él predicara en su funeral. Le dijo: «Obviamente, habrá miembros de la prensa allí. No sé cuántos, pero probablemente vengan de todo el mundo. Billy, quiero que mires a esas cámaras y les digas de qué se trata el cristianismo. Diles de qué manera pueden asegurarse de ir al cielo. Quiero que les prediques el evangelio». Allí se detuvo. «Pero en algún momento, diles algunas de las cosas que yo he hecho por este país». Al traer a la memoria ese recuerdo, Graham sonrió por el obvio afecto que sentía hacia esa figura, con fallas pero titánica, que también había sido su amigo. Su voz se fue apagando gradualmente mientras miraba a la distancia, quizá atrapando vestigios de alguna imagen de una puesta de sol en Hill Country, e hizo este resumen de Lyndon Johnson, moviendo la cabeza por lo insuficiente de la descripción: «Era toda una combinación de cosas».

20

Nixon revive

Con todo el cariño que le tenía a Lyndon Johnson, ocho años de ocupación de la Casa Blanca por parte de los demócratas no había logrado quitarle a Billy Graham la convicción de que Estados Unidos todavía necesitaba a su viejo amigo Richard Nixon. Una neumonía no le había permitido a Graham ir a Vietnam durante las vacaciones navideñas de 1967, pero cuando Nixon lo invitó a pasar algunos días en Florida para que lo ayudara a llegar a una decisión con respecto a realizar otro intento por lograr la presidencia, Graham se levantó de su lecho de enfermo y voló a Key Biscayne, declarando valerosamente: «Hay ocasiones en que algunas cosas son más importantes que la salud». Los dos hombres pasaron varios días juntos, hablando, mirando partidos de fútbol, haciendo largas caminatas por la playa, estudiando la Biblia y orando y, por supuesto, especulando sobre si Nixon tendría alguna chance de lograr la nominación republicana. Y si la conseguía, si podría vencer a Lyndon Johnson, que él pensaba que iría por la reelección.

Debido a su lealtad a Johnson y quizá porque no quería que Nixon se arriesgara a otra desilusión aplastante, Graham se abstuvo de dar un consejo. Finalmente, cuando su visita estaba llegando a su fin, Nixon le dijo: «Todavía no me ha dicho lo que debería hacer». Billy le respondió lo que precisaba oír: «Bueno, si no lo intenta, por el resto de su vida se preguntará si no debería haberlo intentado, ¿no es verdad?». Eso fue suficiente para ambos. Nixon informaría en diversas ocasiones con posterioridad que Graham había sido más responsable que cualquier otro por la decisión que él había tomado de postularse y Billy se abocó de inmediato a reanudar el tejido de esa trama de comunión que casi se convierte en la mortaja de su ministerio. La siguiente primavera fue una mera rutina para Graham, pero resultó desgarradora para Estados Unidos por esta tetralogía: la ofensiva en Vietnam, la decisión de Johnson de no volver a postularse, un aumento de los disturbios en los campus, y los asesinatos de Martin Luther King y Robert Kennedy. A fines de la primavera parecía cada vez más posible que Nixon obtuviera la nominación republicana. Antes de que el presidente Johnson se retirara de la campaña, Graham insistió en que él «se estaba esforzando por evitar involucrarse políticamente ese año». Al quedar Johnson fuera del cuadro, sin embargo, mencionó que «tal vez muchas personas que no saben a quién darle su voto acepten lo que yo tengo que decirles». ¿Significaba eso que el podría avalar específicamente a un candidato? «Puede ser que lo haga», admitió. «Creo que puedo influir sobre una gran cantidad de personas». En mayo, durante la cruzada en Portland, presentó a Julie y Tricia Nixon ante la asamblea, señalando: «No hay otro norteamericano al que admire más que a Richard Nixon». Y desde ese momento hasta la elección, en noviembre, deslizó tantos comentarios favorables sobre Nixon que solo un burro podría haber malinterpretado sus intenciones.

En la convención republicana de agosto en Miami, Graham (por pedido de Nixon) condujo la oración final luego de que el candidato emitió su discurso de aceptación. Hubert Humphrey, el candidato demócrata también era un antiguo amigo de Graham, pero las preferencias de Billy quedaban en claro. Durante la cruzada de septiembre en Pittsburgh, leyó un telegrama de saludos de Humphrey, pero invitó a Nixon a ubicarse en un asiento prominente dentro del sector VIP, en el que las cámaras de televisión pudieran encontrarlo fácilmente y lo alabó desde la plataforma, mencionando la amistad con él como «una de las que más he apreciado».

Nixon invitó a Graham a ver los resultados de la elección con él en Nueva York, pero Billy puso reparos. Sin embargo, estuvo de acuerdo en quedarse en un hotel de las cercanías. A la siguiente mañana, cuando ya había la certeza de que Nixon aventajaba a Humphrey por aproximadamente medio millón de votos, un ayudante de Nixon lo llamó para decirle: «Dick quiere que venga y tenga una oración con la familia». Luego de unos pocos minutos dedicados a las congratulaciones y a hablar sobre la elección con el matrimonio y sus dos hijas, Nixon dijo: «Billy, quiero que nos dirija en oración. Queremos volver a dedicar nuestras vidas». Graham recuerda: «Todos nos tomamos de las manos y yo conduje la oración. Luego él salió a enfrentar a la prensa. Él tenía un lado espiritual. Y siempre asomaba».

El mandato de Richard Nixon incuestionablemente inició una nueva era de «religión civil», esa mezcla de cultura política y religiosa que tenía el potencial de llamar a una nación a reconocer y honrar sus ideales trascendentes y de crear en el pensamiento la ilusión de que se había logrado. Todos los presidentes en la historia de Estados Unidos han invocado el nombre y la bendición de Dios durante su discurso inaugural, pero ninguno jamás hizo un uso tan consciente y calculado de la religión como instrumento político tal como lo realizó Richard Nixon. Al igual que otros presidentes anteriores, Nixon aparecía en los desayunos de oración y hacía los saludos acostumbrados en dirección al cielo, pero la piedra angular de sus esfuerzos por presentarse como un hombre profundamente preocupado por la religión y los valores religiosos fueron los servicios religiosos a los que él dio inicio el primer domingo después de su asunción, con Billy Graham como predicador. Otros presidentes habían realizado servicios religiosos en la Casa Blanca, pero ninguno antes de Nixon jamás había patrocinado un programa regular de reuniones dominicales.

Graham pensaba que esos servicios constituían una buena idea y un testimonio de la espiritualidad del presidente, pero documentos tomados de los archivos de Nixon proveen evidencias de que otro espíritu andaba vagando por los salones de la mansión nacional. Memos referidos a los servicios de los domingos revelan que el equipo estaba menos interesado en marcar las pautas para la república que en forjar una herramienta para los republicanos. Uno de los primeros «memos de acción», dirigido a Charles Colson, le instruía para que se pusiera en movimiento con referencia al «pedido del presidente de confeccionar una lista de gente rica con un fuerte interés religioso a ser invitada a los servicios religiosos de la Casa Blanca». Como cabría esperar de un dispositivo instrumental tan explícito, se tomaron todos los recaudos necesarios para asegurar que ningún predicador incumpliera con el protocolo pretendiendo ser un profeta, y que todos los informes sobre los servicios fueran muy favorables. Los empleados de la Casa Blanca procuraban tener certeza de que el pastor invitado ese día fuera un conservador, alguien que apoyaba a Nixon y que estuviera en contacto con una cantidad importante de electores potenciales. Contrario a la impresión popular, Billy Graham predicó solo en cuatro de los servicios de la Casa Blanca durante los seis años en que se llevaron a cabo, pero sí se presentó en otras ocasiones para dirigir la oración o impartir una bendición simplemente con su presencia.

Como era predecible, la amistad de Graham con Nixon le atrajo un fuego cruzado disparado desde distintos puntos. Los clérigos liberales y aquellos que se oponían a la guerra en Vietnam regularmente condenaban al evangelista por su fracaso en conducirse como un profeta, postura que según ellos requería que él intentara persuadir a Nixon para que se abstuviera de los bombardeos y llevara a la guerra a un pronto final, aun a costas de admitir una derrota de la política norteamericana, aunque no fuera en el propio combate.

Graham reconoció en una entrevista: «No estoy del todo seguro de que la guerra sea moralmente tolerable. En realidad, no estoy seguro para nada». A pesar de tener esas dudas, no podía llegar al punto de mostrarse en franco desacuerdo con las políticas gubernamentales, y trataba por todos los medios de aparentar acuerdo con las perspectivas de Richard Nixon.

En mayo de 1970 Graham llevó a cabo una cruzada en el estadio de la Universidad de Tennessee en Knoxville e invitó al presidente no solo a asistir sino a hablar ante la multitud; Lyndon Johnson había asistido a una cruzada mientras era presidente, pero no había hablado. Nixon no dejó escapar la oportunidad de hacer una aparición popular y segura en el Sur.

Haciendo otro esfuerzo importante por calmar la agitación que acosaba al presidente, Graham se unió con Bob Hope; el editor del *Reader's Digest*, Hobart Lewis; el magnate hotelero J. Willard Marriot y el personal de Disney para producir un gran espectáculo religioso-patriótico el 4 de julio, conocido como Día de Honor a Estados Unidos. A pesar de que se insistió en que no se trataba de un asunto estrictamente gubernamental, la Casa Blanca jugó un rol central en su planeamiento y ejecución. El fundamento oficial para la realización del evento era que en tiempos tan problemáticos, la nación necesitaba tener la oportunidad de expresar y renovar el compromiso con sus más profundos y preciosos ideales y valores, y celebrar el gozo glorioso de ser norteamericano; o sea, se trataba de la combinación entre una reunión de evangelización y una fiesta nacional de cumpleaños.

La participación de Billy Graham fue mucho más allá de permitir que su nombre apareciera en el encabezamiento de la papelería y de presentarse para predicar. La Asociación Billy Graham secundó a los asistentes clave en la preparación del proyecto a tiempo completo y Cliff Barrows supervisó el planeamiento de la música. Graham mencionó el Día de Honor a Estados Unidos en su programa *Hora de decisión*, envió una carta especial instando a sus seguidores de la Costa Este a que asistieran a la celebración y le encomendó a miembros del equipo para que despertaran interés entre las iglesias que estaban a una distancia razonable de Washington.

Las festividades en sí se deslizaron sin problemas. En su discurso central, Graham señaló las razones por las que Estados Unidos debía ser honrado; ninguna más importante que su predominante fe en el Dios Todopoderoso. Fue un 4 de julio glorioso y un excelente Graham; un ejemplo brillante de su habilidad para articular las creencias y los sentimientos del gran segmento central y correcto de la cultura norteamericana. Nadie pareció apreciarlo más que Nixon, que llamó a Graham y también le escribió para elogiarlo por su discurso, asegurándole que había tocado el corazón de millones de personas y destacando que «las ceremonias llevadas a cabo el Día de Honor a Estados Unidos reforzaron mi propia convicción acerca de que es tiempo de contraatacar, no con enojo, y no en un mal espíritu, sino reafirmando aquellos valores duraderos que se han hecho ver durante las crisis y los problemas, generación tras generación, y que le han transmitido su grandeza a nuestra nación». Graham no imaginó ni por un momento que los valores de Nixon difirieran de los suyos propios, ni dudó de que Richard Nixon fuera el hombre de Dios para la hora crítica que se vivía en la historia norteamericana.

21

El poder y la gloria

A pesar de su entusiasmo por la tarea, los movimientos de Graham en la arena política le ocupaban solo una pequeña parte del tiempo. Su compromiso primero y sus energías seguían estando en la predicación del evangelio, del modo más eficaz y amplio en que podía y en alentar a los movimientos y a las instituciones que incrementaran el crecimiento y la respetabilidad de un evangelicalismo moderado. Un interés clave que había tenido por largo tiempo era poder contar con una institución que sirviera a la Costa Este como Fuller y Wheaton estaban sirviendo al Oeste y al Medio Oeste. Cuando llegó la oportunidad de crear una contraparte del Seminario Fuller en la zona este, no se pudo resistir. Esa posibilidad surgió como resultado de un inusual conjunto de circunstancias relacionadas con un cierto elenco de actores.

Cuando la Universidad Temple de Filadelfia comenzó a aceptar fondos del gobierno, a mediados de la década del '60, quedó obligada por ley a deshacerse de su seminario, la Escuela de Teología Conwell, que había recibido su nombre del fundador de Temple, el filántropo evangélico del siglo diecinueve Russell Conwell. El seminario era pequeño, contaba con un personal docente de apenas cinco profesores, un par de edificios y menos de cincuenta estudiantes. La línea más fácil a seguir hubiera sido simplemente cerrarlo. En lugar de eso, a instancias de un amigo de Graham, que también era miembro de la junta directiva de Temple, prácticamente lo que Temple hizo fue entregarle Conwell a Graham para que hiciera lo que quisiera.

Lo que él deseaba era contar con una junta directiva y un personal docente en cuyo juicio y teología poder confiar y eso fue lo que logró. Armó la junta directiva de dieciocho miembros con viejos amigos y asociados y comenzó a intentar persuadir a Harold Ockenga de que se hiciera cargo del liderazgo cotidiano de la institución. Ockenga mostraba una inclinación favorable, pero también estaba considerando una oferta para ser rector de la universidad Gordon College and Divinity School, una institución evangélica de Wenham, Massachusetts, al norte de Boston. Mientras los dos hombres conversaban al respecto, les surgió la idea de trasladar Conwell a Nueva Inglaterra y fusionarla con Gordon. Dado que Graham tenía la junta directiva de Conwell en su bolsillo, la sugerencia de una fusión no encontró mayor resistencia. Costó más persuadir a la junta directiva de Gordon, pero Ockenga manejó esas negociaciones. Otra vez J. Howard Pew estuvo dispuesto a apoyar el proyecto de Graham, pero insistió en que el nuevo seminario se separara del Gordon College. Enfrentado a la necesidad de encontrar una nueva sede para un instituto que aún no existía, Graham se aproximó a otro de sus amigos de Nueva Inglaterra: el cardenal Richard Cushing. Billy le manifestó al cardenal que un seminario de las carmelitas en South Hamilton, cercano a Wenham, contaba con solo una docena de estudiantes. «Queremos instalar una institución importante en esa zona», le dijo a Cushing. «Necesitamos tener ese seminario». El prelado tomó el teléfono y poco después J. Howard Pew puso dos millones de dólares para comprar la tierra y varios millones más para hacer reformas en las instalaciones existentes y para construir y abastecer una biblioteca. Contando con un entorno nuevo y atractivo, una junta directiva y personal docente designados por Graham y un cuerpo de estudiantes de 310 alumnos (sumando los de las dos instituciones que se habían fusionado) el Gordon-Conwell Theological Seminary arrancó con paso enérgico y ligero en 1970. Las inscripciones aumentaron con rapidez, y dos décadas después, más de 550 estudiantes se preparaban para el ministerio en uno de los seminarios más grandes y vigorosos del país. Y Billy Graham seguía siendo el presidente de la junta.

La capacidad de Graham de atraer continuamente grandes cantidades de jóvenes a sus cruzadas lo animaba y a la vez lo

Poco antes de asumir el poder, en enero de 1961, el
presidente electo John F. Kennedy posa junto a Graham,
un ferviente partidario de Nixon, en Palm Beach.

Lyndon Johnson una vez admitió que él y Billy Graham muy a menudo se estimulaban mutuamente el ego: «Yo le decía que él era el más grande de los líderes religiosos del mundo y él me decía que yo era el más grande de los líderes políticos». Año 1971.

Graham y Richard Nixon, en la plataforma de la cruzada de Knoxville, en 1970, con la cabeza inclinada para orar.

Los Nixon y los Graham en
la Casa Blanca, luego de un
servicio de Navidad, en 1973.

Billy Graham, en ocasiones llamado el Sumo Sacerdote de la Religión Civil Norteamericana, le habla a una audiencia a bordo del destructor U.S.S. *Cushing*, de la Armada de Estados Unidos, en 1990.

Graham con el presidente Gerald Ford,
uno de los muchos compañeros famosos del
evangelista en el juego del golf. Año 1974.

Una muchedumbre de
250.000 personas llena
el Estadio Maracana,
de Brasil, para
escuchar a Graham.

Graham predica ante
una multitud estimada
en más de un millón
de personas en la plaza
Yoido, Seúl, Corea
del Sur, en 1973.

Graham conversa con la Reina Elizabeth, en 1984.

Graham con el presidente Jimmy Carter y el vicepresidente electo George H. W. Bush en el exterior de la Iglesia Bautista de Georgetown, en la que Graham había predicado, en 1980.

intrigaba y lo llevó a hacer un intento sincero, aunque limitado, por comprender la cultura joven de los sesenta. «Ellos hacen las preguntas correctas», definió. «Tienen derecho a querer cambiar el sistema».

La preocupación de Billy por comprender a la gente joven sin duda surgía en parte de observar a su propia prole transitar hacia la adultez. Anne, la segunda hija, tal como su hermana GiGi, se casó a los dieciocho años con Danny Lotz, exestrella de baloncesto de la Universidad de Carolina del Norte, que posteriormente se convirtió en dentista y en un obrero activo dentro de la Fraternidad de Atletas Cristianos. Bunny siguió el ejemplo de sus hermanas mayores, también casándose a los dieciocho años con su novio Ted, hijo de Fred y Millie Dienert, que con posterioridad entró en el negocio de publicidad de su padre y con el tiempo se convirtió en el productor de los programas televisivos de Graham a nivel nacional.

Ruth y Billy se sentían levemente desilusionados de que ninguna de sus hijas lograra más que algunas nociones rudimentarias de educación superior, pero estaban muy contentos con los hombres que habían elegido por maridos, todos mayores que ellas, competentes y cristianos activos. Franklin les dio más razones para preocuparse. Más que a cualquiera de sus hermanas, a Franklin le pesaba el apellido y el rol de hijo del predicador más famoso del mundo y decidió no llevar el manto de su padre con dignidad. A los diez años supuestamente «le pidió a Cristo que entrara en su corazón», pero si esa invitación fue aceptada, Cristo solo encontró un cuartito trasero muy desordenado en el que morar. Siendo un adolescente, Franklin alardeaba de cada una de las conductas que los evangélicos rechazaban. Fumaba y bebía, llevaba el cabello largo, conducía automóviles veloces y una motocicleta Harley-Davidson y andaba hasta bien entrada la medianoche con chicas que no parecían las adecuadas para vivir en la casa de un párroco. Disparaba su escopeta a través de la ventana de su dormitorio y colocaba su estéreo frente al sistema de intercomunicación de la casa solo por irritar a su familia. Luego de un breve paso por la escuela de varones Stony Brook School, en la que sus padres esperaban que pudiera encarrilarse, volvió a casa para terminar sus estudios secundarios en la escuela pública de la localidad. Pero nunca fue un buen estudiante. Los amigos de la familia no tenían esperanzas con respecto a Franklin, temiendo que pudiera caber en el molde del hijo descarriado del predicador. Ruth y Billy, al menos en apariencias, no se preocuparon tanto como sus amigos. Franklin recuerda: «Nunca pretendí ser el estereotipo del individuo que anda con la Biblia bajo el brazo, pero mis padres me dejaron seguir así... Sabían que el Señor trataría conmigo sobre esas cosas».

En 1970, Billy Graham estaba ubicado segundo en la lista de los norteamericanos más admirados, justo detrás de Richard Nixon y apenas adelante de Spiro Agnew; y resultó el elegido para capitanear el Desfile de las Rosas en 1971. Pero el tributo que más le agradó fue el que le brindó la gente de Charlotte, Carolina del Norte, cuando lo declaró un profeta con abundante honra en su propio país y proclamó el 15 de octubre de 1971 como el Día de Billy Graham. Graham pensó que sería bueno que él y Richard Nixon se dieran aliento el uno al otro en esa ocasión.

El 15 de octubre se inició fresco y claro en su ciudad natal, los niños tuvieron un día feriado en la escuela, las cortes municipales y muchos de los negocios más grandes de la ciudad cerraron y Western Union entregó pilas de telegramas de congratulaciones. A mano, para rendir tributo en persona, estaban el senador Strom Thurmond, de Carolina del Sur, una delegación de abogados de Carolina del Norte y John Connally, el Secretario del Tesoro. Obviamente, la estrella más brillante de la corona terrenal de Graham en ese día fue la persona del presidente de Estados Unidos, que se acercó a Charlotte a rendir homenaje a ese hijo nativo. Al descender del reluciente avión «Spirit of '76», Nixon lucía una adecuada apariencia presidencial, con un traje gris oscuro de corte conservador y corbata plateada. Esperándolo para encontrarse con él en la pista, Graham se veía embarazosamente evangelístico, en un conjunto azul a cuadros con pantalones de piernas acampanadas que, según el mismo, admitió «resultaba un poco más llamativo» de lo que él creyó: «Lo compré en Finchley, en Nueva York, especialmente para esa ocasión, pero no sabía que los cuadro azules se iban a ver tan luminosos al sol». Cualquier incomodidad que sintiera, rápidamente se transformó en júbilo cuando los dos amigos partieron hacia la ciudad en la limosina presidencial.

22

«Billy, mantente fuera de la política»

Hacia fines de noviembre de 1970, Nixon le dijo a su jefe de gabinete, H. R. Haldeman: «En el frente político, resulta importante que comencemos a vincularnos pronto con Billy Graham y su gente. Él fue de tremenda ayuda en la franja del Sur en 1968 y seguirá siéndolo en 1972». A principios de 1971, luego de una conversación con el presidente, Haldeman escribió una nota recordatoria de lo que debía hacer: «Graham desea ayudar el año próximo... Ubiquémoslo en las áreas en las que pueda desempeñarse mejor. Él piensa que en verdad hay un movimiento hacia la religión, especialmente en la gente joven... Lo llamaré y determinaré una fecha. No en otros niveles: no podemos tener una filtración». Dos días después, garabateó un recordatorio de seguimiento: «Debo movilizarlo a él y a su gente». Si los informes de archivo son confiables, lo que siguió fue una colaboración cercana entre Billy Graham y la Casa Blanca que no solo ayudó a reelegir a Richard Nixon, sino que contribuyó de manera importante a que hiciera su aparición, ocho años después y bajo un liderazgo diferente, el Nuevo Derecho Religioso.

En febrero de 1972, Graham y Nixon se encontraron durante más de una hora para considerar cómo y dónde él podía ser de mayor utilidad a la campaña. En su resumen sobre esta reunión, Haldeman registró: «Se convino que Pennsylvania, Ohio, Illinois y Nueva York fueran lo más importante, dado que California y Texas ya estaban cubiertas». Graham le aseguró al presidente que él trataría de ser útil «de todas las maneras posibles» y se le prometieron reuniones informativas sólidas sobre asuntos de política doméstica y exterior para que pudiera saber dónde estaba parada la administración en los temas cruciales. A Haldeman se le asignó la responsabilidad mayor en cuanto a mantener un contacto regular con Graham. Nixon le indicó que debía llamar a Graham «una vez cada quince días para analizar la situación política», explicándole: «Yo preferiría no entrar en esos asuntos directamente con él, pero quiero que mantengamos un contacto continuo con él como para que no sienta que no estamos interesados en el apoyo de su grupo en aquellos estados clave en los que pueden resultar útiles». La atractiva atención personal que Graham recibió por parte del presidente indudablemente ayudó a que creciera su estima por Nixon y él no titubeó en darlo a conocer. En una entrevista con el *Saturday Evening Post*, señaló que la presidencia va «más allá de lo que un hombre puede manejar», e hizo esta consideración: «Nixon está tan cerca de ella como cualquier otro. Contrariamente a lo que la gente piensa de él, es un verdadero intelectual, y un estudioso, en particular de la historia».

El equipo de Nixon y sus amigos no solo valoraron el apoyo de Billy Graham al presidente, sino que sintieron que el presidente haría bien en emular alguna de las habilidades más impresionantes de Graham, en particular aquellas que se relacionaban con hablar en público. Charles Crutchfield, un ejecutivo de la televisión de Charlotte, recomendó a Nixon que hiciera más uso del teleprónter (el texto escrito delante de él en una pantalla, pero que no resulta visible al público) en sus discursos en público y mencionó que Billy Graham lo utilizaba en todas sus presentaciones filmadas. Y Graham mismo, en tanto que elogiaba a Nixon por su habilidad para hablar improvisadamente, pensaba que podría resultar más eficaz si se restringiera a un solo punto principal en cada discurso e introdujera algunas citas de la Biblia aquí y allá, para aumentar la atracción del presidente sobre los individuos de origen religioso conservador, que él creía que estaban prontos a hacer oír sus voces en la arena política. También enfatizó que sería «un grave error no incluir una nota espiritual en su discurso de aceptación de la candidatura [en la Convención Republicana Nacional]. Muchos de nuestros seguidores incondicionales tienen una firme creencia en Dios y están esperando alguna nota espiritual».

Luego de encaminada la campaña en forma concienzuda, una vez acabadas las convenciones, la comunicación de Graham con la Casa Blanca pareció referirse mayormente al tema de cómo evitar que George McGovern asumiera el papel del «candidato de la religión», dado que era un ministro ordenado y contaba con el apoyo de los líderes del Concilio de Iglesias, tanto mundial como nacional. Graham estaba preocupado en especial por el grupo Líderes Religiosos a Favor de McGovern y jugó con la idea de crear una organización que lo contrarrestara, pero luego resolvió recomendarle al presidente asistir a la iglesia regularmente y hacer los arreglos para hablar ante un grupo ministerial en el que esos ministros religiosos no fueran críticos de su política en Vietnam. También con frecuencia hizo declaraciones positivas con respecto a Nixon, y cinco días antes de las elecciones, anunció que había votado por correo y que lo había hecho a favor de su viejo amigo. Conocía a Nixon desde 1950, según dijo, y sabía que era un hombre con un «profundo compromiso religioso» y una «gran honestidad personal». Declaró haber votado por él: «Porque sé de qué material está hecho; ha nacido para ser presidente». La noche de la elección, luego de que Nixon ganara en todos los estados de la unión, excepto Massachusetts, Graham estuvo entre los primeros a los que el presidente llamó para compartir ese momento de regocijo.

Parecería que nada de lo que Graham hizo durante las elecciones de 1972 fue contrario a sus derechos como ciudadano privado y aun como el más público de los ministros. Charles Colson recuerda: «La única cosa política que él hizo fue ayudarnos a juntar a los líderes evangélicos para contarles lo que estaba sucediendo con los temas militares y de política exterior. Él nos dio los nombres de las personas. No lo vio como algo político, pero nosotros sí. Nosotros maquinábamos ganar su apoyo. Íbamos en busca del voto evangélico conservador, de ese movimiento político que en verdad surgió en los ochenta». Con todo, Graham no cooperaría en otras formas. Colson señaló: «Intentamos conseguir su lista de direcciones de correo, pero él se negó. En ese momento, me sentí desilusionado porque pensaba que él debería ayudar a su amigo, pero ahora lo respeto por ello».

23

Un ministerio
de reconciliación

Billy Graham disfrutaba de su proximidad con el poder. Le gustaba meter la mano, o aunque fuera un dedo, en lo que tenía que ver con determinar las políticas nacionales e internacionales, o para ayudar a un amigo a ganar las elecciones y permanecer en la Casa Blanca, o para ayudar a derrotar a aquellos cuyas perspectivas políticas y religiosas él consideraba erradas. Pero, seductora como le resultaba la canción de la sirena del poder secular, eso nunca ahogó el tema fundamental de su vida y ministerio: reconciliar a los hombres y mujeres con Dios y unos con otros. Por lo tanto, aun durante el período en que estuvo involucrado con la política partidaria, dedicaba la mayor parte de su tiempo y energías no intentando enarbolar la bandera de la victoria sobre los enemigos conquistados, sino procurando derribar las barreras que separaban a las personas que podrían, si se dieran la oportunidad, ser amigas.

Consecuente con su antigua política, Graham rechazó todas las invitaciones a predicar en Sudáfrica hasta que estuvo seguro de que toda reunión en la que participara sería completa y libremente integrada. Luego, en 1973, aceptó participar de un Congreso de Misión y Evangelización en Durban, Sudáfrica, que sería el mayor encuentro interracial que la nación hubiera presenciado, e incluía a blancos, negros, mestizos e indígenas, todos viviendo y comiendo en el mismo hotel. A instancias de los organizadores, estuvo de acuerdo en llevar a cabo una concentración pública en el estadio de rugby King's Park con la condición de que estuviera abierta a todas las razas y colores, sin una distribución separada de asientos.

El sábado 17 de marzo de 1973 fue un día histórico en Durban, cuando 45.000 personas de todo grupo racial y étnico de Sudáfrica se apretujaron dentro del estadio King's Park para el encuentro público interracial más grande de la historia de esa nación. Abrumado ante la vista de los ujieres blancos dándoles la bienvenida amablemente a los negros y a los negros sentándose junto a los blancos sin ninguna manifestación de animosidad o incomodidad, un cristiano zulú dijo, entre lágrimas de gozo: «Aun si Billy Graham no se parara a predicar, esto ya ha sido bastante testimonio». Graham, por supuesto, se paró a predicar. Sin mencionar el *apartheid*, repitió el mismo tema que había proclamado durante su gira africana de 1960. Jesús no era ni un hombre blanco ni un hombre negro, les dijo. «Él provenía de esa parte del mundo en que África, Asia y Europa se tocan y probablemente su piel fuera morena. Muy parecida a la de algunos indígenas que están hoy aquí. El cristianismo no es una religión del hombre blanco, y no le permitan a nadie decirles que es de los blancos o de los negros. ¡Cristo le pertenece a todas las personas! ¡Le pertenece a todo el mundo! Su evangelio es para todos, quienesquiera que sean ustedes». No podemos decir que fuera una arenga en contra del *apartheid*, pero luego de que 4.000 personas respondieron a la invitación, muchos arrepintiéndose de pecados no especificados pero que seguramente incluirían el prejuicio y la discriminación, los titulares del periódico dominical de Durban proclamaban: CONDENADO EL *APARTHEID*.

Graham también estuvo de acuerdo en llevar a cabo una reunión pública en Johannesburgo, en esa ocasión bajo los auspicios de Juventud para Cristo. El primer día en esa ciudad, dio una conferencia de prensa en la que describió la separación racial como «no cristiana e impracticable». También avanzó un paso más allá de su reiterada postura en cuanto a que los corazones cambiados y no las leyes constituían la única solución al problema racial. Admitiendo que aunque en muchos sentidos Estados Unidos no era un modelo para que otros países siguieran su ejemplo en el manejo de los problemas raciales, señaló que el Congreso norteamericano había promulgado «la mejor legislación concerniente a los derechos civiles de la historia de la raza humana», y afirmó: «Al menos legalmente, estamos marchando en la dirección correcta». La concentración de Graham en el Wanderers Chricket Ground fue la primera reunión pública interracial a la que la mayoría de esos blancos y negros asistieron. El servicio no solo convocó a una multitud completamente integrada de 60.000 personas, sino que fue transmitida en vivo a la nación a través de la cadena nacional de radiodifusión, y fue la primera vez en que a un extranjero se le concedió ese privilegio. El evangelista obtuvo también una publicidad favorable por una generosa ofrenda de más de 70.000 dólares para las víctimas del hambre en África Occidental, esfuerzo que ejemplificaba su creciente determinación a darle una respuesta tangible tanto a las necesidades físicas como a las espirituales.

Lamentablemente para Graham, muchos norteamericanos negros continuaban considerando los esfuerzos a su favor como menos que adecuados. Ese verano en Atlanta y Minneapolis, las cruzadas convocaron una asistencia notablemente pequeña por parte de la población negra en ambas ciudades, en las que algunos líderes negros clave instaron a sus feligreses a mantenerse alejados de la convocatoria. Ganar la confianza y la cooperación de los cristianos negros continuaría siendo una colina a subir (y en ocasiones una pared a escalar) cruzada tras cruzada por el resto de la carrera de Graham.

Dos meses después de las reuniones en Sudáfrica, Graham regresó al Lejano Oriente para llevar a cabo una triunfante campaña en Corea. Quizá ninguna otra nación del mundo haya experimentado un crecimiento tan explosivo del cristianismo como Corea del Sur. Más bien pequeña e insignificante a fines de la Segunda Guerra Mundial, la iglesia cristiana reivindicaba ser un 10% de la población en 1970 y estaba experimentando una taza de crecimiento cuatro veces mayor que la de la población en su totalidad. Las condiciones políticas favorables ayudaban. En contraste con la predisposición anticristiana que se notaba en otros países orientales, el gobierno surcoreano le concedía un tratamiento favorable al cristianismo, considerándolo como un baluarte útil en contra del comunismo, y como fuerza de oposición ante él. Y lo que resultaba aún más importante era que los cristianos coreanos mostraban un nivel de compromiso que sorprendía hasta a los evangélicos estadounidenses más dedicados. En cientos de iglesias de toda la nación, miles de creyentes devotos se reunían a las cuatro y media o cinco de la mañana para asistir a reuniones fervientes de oración y predicaciones entusiastas.

Nada ilustra mejor la visión que tenía Corea que la propuesta de llevar a cabo la cruzada en la plaza del pueblo, una antigua pista de aterrizaje de alrededor de un kilómetro y medio, en la isla Yoido, en medio del Río Ham. El director de la cruzada de Graham, Henry Holley, y algunos de los miembros coreanos del comité temieron que las instalaciones resultaran sencillamente demasiado grandes, de modo que se tragara hasta una inmensa multitud (de 100.000 personas, por ejemplo) en su vasta expansión, y apareciera como insignificante en los diarios e imágenes televisivas. El intérprete de Graham en la reunión era un pastor bautista de treinta y nueve años, llamado Kim Jang Whan, conocido mejor dentro de los círculos evangélicos como Billy Kim. Durante la Guerra de Corea, Kim se había convertido y había sido adoptado por un soldado estadounidense que se lo llevó al regresar a Estados Unidos y financió su educación en la Universidad Bob Jones. Equipado con el fuego fundamentalista y las técnicas evangelísticas del sur, y además con una esposa norteamericana, Kim rápidamente alcanzó prominencia dentro de la iglesia coreana como pastor, poderoso evangelista, y director de varias organizaciones cristianas internacionales, incluyendo la Compañía de Radiodifusión del Lejano Oriente y la antigua fraternidad de Graham, Juventud para Cristo.

Kim albergaba algunos temores acerca de que la identificación con Graham pudiera hacer que los más conservadores de entre los que lo apoyaban en Estados Unidos retiraran su contribución a los programas en los que él estaba involucrado. Por otro lado, creía que no había otra cosa que pudiera extender tan bien el evangelio como la famosa invitación de Graham. Para poder arrebatar del mar de pecado a una máxima cantidad de almas, Billy Graham necesitaría que Billy Kim le ayudara a sostener la red, así que Kim dejó toda duda a un costado, y se sumergió en los preparativos, escuchando cintas, viendo películas, estudiando los ritmos de Graham, y hasta imitando su voz y sus gestos.

Horas antes de la primera reunión, ya se hizo obvio que el comité de la cruzada no se había extralimitado al conseguir el Yoido Plaza. Para poder proporcionar algunos estimativos con respecto a la asistencia, así como para facilitar el control de la multitud y el manejo de posibles emergencias, el comité de arreglos del espacio físico armó una cuadrícula con franjas de papel engomado sobre el asfalto. Cuando Ruth y Billy llegaron a la isla ya entrada la tarde, el trazado gráfico para control del tamaño de la multitud indicaba que la muchedumbre que habían soñado, de 300.000 personas, ya estaba en el lugar. Para el momento en que comenzó el servicio, se tenía la impresión de que medio millón de personas estaban sentadas en silencio, esperando adorar a Dios y escuchar a Billy Graham. Billy no podía ocultar el asombro en su voz cuando le dijo a esa feliz multitud que no solo conformaban la mayor audiencia ante la que él hubiera predicado, sino «la audiencia más grande que se hubiera reunido para escuchar a un predicador en todo el mundo».

Casi siempre Graham aparecía en su mejor forma cuando predicaba con un intérprete, y él parecía más eficaz que de costumbre en Seúl, mientras Billy Kim llevaba a cabo prácticamente todo lo que analizó. Esas reuniones se consideraron como el despliegue más impresionante de traducción que se hubiera visto. De hecho, Kim era tan bueno, que algunos televidentes supusieron que él era el predicador, y que Graham estaba interpretando su mensaje para el personal de las fuerzas armadas norteamericanas.

Se continuaron reuniendo enormes multitudes y tanto la prensa como la televisión le prestaron a la cruzada espacios de atención positiva sin precedentes. Luego, en la reunión de clausura del domingo por la tarde, cuando Billy Graham se paró a predicar, se encontró con un cordón de gente apretujada que se extendía por unos 180 metros de frente delante de él y por unos 800 metros de largo a cada uno de los lados: 1.120.000 personas; casi con certeza el encuentro religioso público más grande de la historia. Sorprendentemente, lo que podría haber sido una multitud enfervorizada se había convertido en una congregación silenciosa, capaz de escuchar cada palabra, aun desde el punto más lejano a la plataforma, con la ayuda de un excelente sistema de sonido.

Durante sus doce semanas en Londres, en 1954, y luego durante las dieciséis semanas en Nueva York, en 1957, Billy Graham había hablado ante audiencias que, sumadas todas, totalizaban más de dos millones de personas. Ahora, en cinco días en Corea, había dirigido la palabra, en persona, a multitudes que pasaban los tres millones. Cuando un helicóptero lo recogió, lo elevó por encima de Yoido Plaza y pudo echarle una mirada a ese kilómetro y medio de pañuelos y hojas de programas saludando desde allí abajo, con entusiasmo y gratitud, Graham parpadeó asombrado y pronunció la única bendición que se le ocurrió: «Esto es obra de Dios. No existe otra explicación».

24

Vietnam y Watergate

Graham anhelaba fervientemente creer que Estados Unidos y Richard Nixon también estaban comprometidos con la obra de Dios. Por mucho tiempo había considerado a Norteamérica especialmente bendecida a causa de su lealtad a los principios judeo-cristianos y desde mediados de la década del '50 había instado a Nixon a que hiciera más explícito su compromiso con esos principios, o sea, que mencionara en público lo que Graham estaba seguro que él creía profundamente en su corazón. La bondad de Estados Unidos, si es que buscaban de nuevo la visión de sus fundadores; la grandeza de Richard Nixon, si él le permitía aflorar plenamente; y su propia habilidad para discernir entre lo correcto y lo equivocado: esos eran los artículos fundamentales de la fe de Billy Graham.

Las creencias bien fundamentadas pueden soportar desafíos enormes, pero nunca en su vida Graham se vio obligado a tratar con una disyuntiva como la que le plantearon los dos temas clave de la presidencia de Richard Nixon: Vietnam y Watergate. Y quizá nunca en su vida experimentó tanta dificultad para enfrentar los límites, inconsistencias y distorsiones de sus propias percepciones, que cuando tuvo que hacer el esfuerzo por reconciliarse con aquellos episodios mayúsculos de la historia norteamericana.

La presidencia de Nixon había sido una experiencia embriagadora para Graham. Su cercanía con la Casa Blanca le había acarreado críticas continuas pero pudo soportarlas. Nixon había obtenido una reelección arrolladora, y tanto él como sus políticas en general despertaban la admiración de aquellos que respaldaban a Graham. Además, los detractores eran mayormente gente a la que nunca le había importado mucho ni Graham ni su ministerio.

Graham abordó el tema de Vietnam simplemente rehusándose a comentar sobre el asunto durante 1972. Sin embargo, tuvo que salir de ese búnker en el que se había metido cuando Estados Unidos reanudó el bombardeo pesado sobre Vietnam del Norte a mediados de diciembre de ese año, despertando nuevas olas de protesta airada a través de todo el país. Empujado por la prensa y por otros clérigos, Graham rompió el silencio autoimpuesto a principios de enero de 1973. En un comunicado de prensa ampliamente distribuido, estableció lo que señaló como la postura que había asumido a través de toda la guerra: «Con referencia al conflicto en el Sudeste Asiático, he evitado emitir expresiones en cuanto a quién está en lo correcto y quién equivocado. He quedado bajo las críticas tanto de las palomas como de los halcones a causa de mi posición. Durante todo ese tiempo, sin embargo, repetidamente he señalado la esperanza que tenía de que se lograra una paz justa y rápida en el Sudeste Asiático... Nunca he abogado por la guerra. ¡La deploro! También deploro la violencia que en cualquier lugar del mundo evidencia la inhumanidad del hombre hacia otros hombres. Por lo tanto estoy orado por que se realice todo esfuerzo responsable que busque la verdadera paz en nuestros tiempos».

Graham se burlaba de la imagen popular que se le atribuía como una especie de «capellán de la Casa Blanca» e insistía en que se había exagerado su influencia sobre Nixon: «El presidente no me llama y me dice: "Billy, ¿hacemos esto o aquello?" Eso no sucede. Yo no soy uno de sus confidentes; yo no soy uno de sus consejeros. Simplemente soy un amigo personal. De ninguna manera me consulta sobre estrategia militar. Cuando yo tengo algo que decirle al presidente Nixon, lo hago de forma privada y no lo anuncio desde las azoteas en medio de una gran publicidad. ¡Estoy convencido de que Dios me ha llamado a ser un evangelista del Nuevo Testamento y no un profeta del Antiguo Testamento! ¡Aunque algunos interpreten que un evangelista es principalmente un reformador social o un activista político, ¡yo no lo creo así! Un evangelista es alguien que proclama el mensaje del amor y la gracia de Dios en Cristo Jesús y la necesidad del arrepentimiento y la fe».

Los críticos de Graham no se sintieron impresionados. John C. Bennett, del Union Seminary, observó que «cuando la gente declara estar por encima de la política es axiomático que en realidad apoye el *statu quo*». Ampliando este punto, otros lo acusaron de que era precisamente su silencio lo que explicaba la popularidad con el presidente. Dado que él no estaba dispuesto a criticarlo en ningún tema de importancia, tanto su administración como el público tenían la percepción de que estaba a favor de cualquier política que ellos propugnaran. Cuando el acuerdo de París puso fin a la guerra a menos de una semana de iniciada la segunda administración de Nixon, Graham le dijo al presidente: «¡Algunos de los comentaristas liberales parecen desilusionados de que usted lograra hacerlo!». Entonces, quizá, con la guerra atrás, Nixon pudiera liberar su latente espiritualidad y ayudar a que sanaran las heridas de Estados Unidos conduciéndolo de nuevo hacia Dios. En primer lugar, por supuesto, tendría que ocuparse de su propia salvación. El evangelista le escribió: «Es mi oración que durante estos próximos cuatro años ponga usted una confianza total en el mismo Cristo en el que su amada madre creía con tanta firmeza». Desafortunadamente para Nixon, para Graham y para la nación, aquello que iba tomando forma en el horizonte no era un viento de renovación, sino el espectro de Watergate.

Cuando algunos espías del Comité de Reelección Presidencial irrumpieron en las oficinas del Comité Democrático Nacional en el complejo de apartamentos de Watergtate, en junio de 1972, pocos podrían haber previsto que las primeras corrientes de indignación se convertirían luego en una inundación de escándalos que arrastraría a Richard Nixon, sacándolo de su cargo y llevando a varios de sus asociados clave a prisión. Fue claro que Graham no trató este asunto como un acto que tuviera grandes consecuencias. En una nota a Nixon, después de que un gran jurado comenzó a investigar el caso, Graham escribió:

«Me maravilló su compostura cuando se echaron a volar los rumores sobre Watergate». Aparentemente creía que Nixon con seguridad emergería de aquello indemne.

A medida que aumentaban las evidencias de que Watergate había sido una expedición cuidadosamente planeada, ordenada y posteriormente encubierta por hombres muy cercanos a Richard Nixon, y que posiblemente lo incluyera a él mismo, Graham tomó ciertas medidas para librarse de cualquier mancha que pudiera salpicarlo. Estaba seguro de que el presidente no estaba seriamente involucrado, dado que «su moral y sus principios éticos no le hubieran permitido hacer nada ilegal como eso», y censuró «el juzgar por lo que decían los medios y por los rumores». Al mismo tiempo, hizo un llamado en favor de la destitución y el castigo de «todo el que esté conectado con Watergate», y rotuló ese escándalo como «el síntoma de una crisis moral más profunda» producida por una «permisividad amoral que haría sonrojar a Sodoma». Y llamó a los norteamericanos a «embarcarse en un examen de conciencia profundo con respecto a las bases de nuestra sociedad y nuestras metas como nación», a «tomar la ley de Moisés y el Sermón del Monte con seriedad» y a mostrar preocupación por tener «un gobierno honesto y eficiente en todos los niveles».

A mediados del verano quedaba en claro que Watergate bien podría convertirse en un Waterloo después de que un técnico de la Casa Blanca sorprendió al comité investigador del Senado y al público revelando que prácticamente todas las conversaciones de la Oficina Oval habían sido registradas por un sistema secreto de grabaciones desde 1971. Nixon se resistió a una orden de la corte en cuanto a entregar las cintas hasta que una creciente amenaza de juicio político lo obligó a declarar que lo haría.

El domingo 16 de diciembre Graham ofició el servicio de Navidad de la Casa Blanca. En una carta en la que le agradecía a Nixon la invitación y la conversación que habían tenido, Graham reafirmó lo siguiente: «Mi afecto personal por usted como hombre, mi aprecio por nuestra larga amistad, y mi completa confianza en su integridad personal».

El nuevo año comenzó con una nota baja con respecto al presidente cuando en una entrevista publicada en *Christianity Today* Graham entendió que tenía las evidencias suficientes como para justificar una decisión moral. Calificó tanto la intrusión como el encubrimiento de «no solo poco éticos sino criminales». Y señaló: «No puedo encontrar excusas para Watergate. Lo condeno y lo deploro. Ha lastimado a Estados Unidos». Aunque reconocía que Nixon había mostrado muy poco juicio «en especial en la selección de ciertas personas», reiteró su sostenida confianza en la integridad del presidente. Él había cometido errores, con seguridad, pero si los admitía, y por lo tanto volvía a ganar credibilidad ante el público, podría llegar a ser un presidente con más fortaleza que nunca antes.

Graham le advirtió por adelantado a Nixon acerca de la entrevista de *Christianity Today*, y le escribió una nota agradeciéndole por comprender la razón por la que él consideraba necesario decir lo que había dicho. La respuesta original de Nixon no se ha conservado, pero algunos de sus seguidores consideraron las declaraciones de Graham como poco menos que una traición declarada. Durante los meses que siguieron, el presidente fue declarado un coconspirador de Watergate, y sus ayudantes principales sentenciados a ser encarcelados en una prisión federal, y luego de ofrecer resistencia a una citación del Comité de la Cámara de la Magistratura amparándose en la inmunidad del cargo presidencial, Nixon finalmente entregó extensas transcripciones editadas de las grabaciones de la Casa Blanca. A medida que aparecían los extractos en los medios nacionales, los periodistas presionaban a Graham para que reaccionara. En una manifestación sorprendente de la tendencia común entre los fundamentalistas y evangélicos a centrar la atención más en las cuestiones de conducta externa (que se pueden observar enseguida y calificar fácilmente) que en las patologías más profundas y fundamentales, Graham se tomó de la profanidad omnipresente de las conversaciones entre Nixon y sus asesores, una característica de las transcripciones que llevó a hacer de la frase «improperios borrados» un dicho común en las casas durante un tiempo. Aunque admitía que Nixon no había sido el primer ocupante de la Casa Blanca en usar palabras profanas, reconoció: «Yo no sabía que él usara ese tipo de lenguaje al hablar con otros. Raramente lo he escuchado decir nada de eso, excepto "al diablo", o "rayos", y generalmente luego añadía: "Discúlpeme, Billy». Que el presidente de Estados Unidos, un hombre al que él consideraba como uno de sus más apreciados amigos, un hombre al que se lo acusaba de conspirar para cometer y encubrir espionaje y que casi seguramente enfrentaría un juicio político, se hubiera manifestado delante de todo el mundo como alguien que blasfemaba en secreto; esto parecía algo casi incomprensible. «Yo no apruebo ese tipo de lenguaje», señaló. «Dios no lo va a considerar inocente».

Luego de que se le informó acerca de la primera de estas reacciones, Nixon se acercó a Graham temprano una mañana en el cuarto de su hotel en Scottsdale, Arizona, el día antes de que comenzara su cruzada en Phoenix. Hablaron solamente tres minutos y Graham informó que «él simplemente quería saludarme». Quizá el presidente esperaba oír alguna expresión de perdón, la que Graham seguramente le hubiera extendido si se la hubiera pedido. Pero es más probable que, dado que él conocía lo que decían esas transcripciones y Billy no, él querría mantener una última conversación, aunque fuera breve, en la que al menos un remanente de los supuestos buenos vínculos que habían sostenido la mutua amistad durante casi veinticinco años todavía quedara intacto.

Graham acabó la cruzada en Phoenix a mediados de mayo y regresó a su casa en Montreat. Al principio evitó la deprimente tarea que sabía que debía enfrentar en algún momento. Pero finalmente, luego de preocuparse y andar alicaído durante varios días, se encerró en su estudio y comenzó a trabajar en la edición que había hecho el *New York Times* de los extractos de las transcripciones. Lo que descubrió lo dejó devastado. Lloró. Vomitó. Y casi se desengañó de Richard Nixon. «Esas grabaciones revelaban a un hombre que yo nunca conocí», confesó. «Nunca había conocido ese costado de él. Siempre era muy atento con sus amigos; nunca olvidaba un cumpleaños. Parecía amar a su país, amar a sus hijos, amar a Pat. La razón por la que mucha gente permaneció leal a él durante tantos años fue que se mostraba considerado. Pensé que era un hombre de tremenda integridad. Realmente lo creí. En verdad lo consideré como aquel que tenía la mayor posibilidad de encaminar al país hacia sus mejores y más grandes días. Tenía el carácter para lograrlo. Nunca jamás lo escuché decir una mentira. Pero luego, la manera en que se lo escucha en esas grabaciones es algo enteramente foráneo para mí. De pronto era otra persona». El dolor que esa percepción le produjo se volvió aún más agudo cuando Graham se confrontó con la posibilidad de que Lyndon Johnson, John Kennedy y Dwight Eisenhower pudieran solo haberle mostrado una de sus diferentes caras. E inevitablemente tuvo que enfrentar su propia complicidad, aunque involuntaria, en cuanto a ayudar a que se les hiciera a otros lo que le habían hecho a él.

Luego de que Nixon renunció y fue indultado por el nuevo presidente, Gerald Ford, Billy Graham dio su bendición, señalando que perseguir al líder caído «hubiera destrozado al país más que el mismo Watergate». Graham y Nixon finalmente se reconciliaron la siguiente primavera en una cena a la luz de las velas en San Clemente, que duró dos horas y media. El expresidente, según informó Graham, había sufrido mucho, pero no expresó recriminación alguna ni albergó rencor contra los responsables de su caída. Y lo más importante: le pareció obvio a Billy que Nixon se había vuelto profundamente religioso desde su dimisión.

Aunque él y Nixon se mantuvieron en contacto, Graham reconoció que su amistad probablemente fuera asimétrica. «Durante años lo consideré entre mis amigos más cercanos. Él es una de las personas importantes que yo he conocido personalmente. Siempre ha sido cortés y atento. Siempre se mostró receptivo cuando le hablé sobre cosas espirituales y sobre su propia relación con el Señor y sobre la de su familia. No reaccionaba demasiado, pero yo podía sentir que él respondía adentro. Creo que él me considera un amigo cercano, pero no uno de los más cercanos. Creo que todos manifestamos distintos niveles de amistad».

Los amigos y los colaboradores más próximos confirmaron que las revelaciones de Watergate tuvieron un impacto profundo y desmoralizador sobre el evangelista. Colson señaló: «Billy me dijo que nunca más cometería el error de acercarse tanto a alguien que estuviera en el poder. Y creo que ha sido más cuidadoso con Reagan y Bush de lo que fue con Nixon». Otro de sus asociados más inmediatos formuló esta valoración un poco más directamente: «Estoy convencido de que después de todos esos años, Billy aún no tiene idea de lo mucho que Nixon lo puso en apuros».

Parte 4

Mantener la fe

(1974-1990)

25

Lausana

Según los relatos que aparecen en el evangelio acerca de la reunión final de Jesús con sus once apóstoles fieles, pocos momentos antes de ascender al cielo, él les transmitió lo que ha llegado a conocerse como la Gran Comisión: «Vayan por todo el mundo y anuncien las Buenas Nuevas a toda criatura. El que crea y sea bautizado será salvo, pero el que no crea será condenado». En agosto de 1974 la revista *Time* hacía notar que «millones de cristianos todavía toman esa comisión de Cristo literalmente, todavía creen que una de las tareas más importantes es predicar el evangelio a aquellos que no han sido bautizados». Tomada en forma aislada, esa observación no dejaba de ser una idea en común, pero *Time* veía que algo poco común se estaba poniendo en marcha dentro del mundo cristiano. «La semana pasada», anunciaba, «en el centro turístico ubicado a orillas del lago, en Lausana, Suiza, esa creencia encontró un foro formidable, posiblemente la reunión de mayor envergadura que los cristianos hayan llevado a cabo. Convocados mayormente por esfuerzos llevados a cabo por el reverendo Billy Graham, unos 2.400 líderes protestantes evangélicos de 150 países finalizaron un Congreso Internacional sobre Evangelización Mundial que duró diez días, y dio cuenta del vigor de la cristiandad conservadora, resueltamente bíblica y fervientemente enfocada en la misión». Esa noticia y el congreso que la había gestado, según la sugerencia de *Time*, «constituía un notable desafío a la filosofía prevaleciente en el Concilio Mundial de Iglesia, cuyas oficinas centrales están a unos 48 kilómetros de allí, junto al Lago Leman, en Ginebra». El Concilio Mundial de Iglesias, hacía notar la revista, casi había abandonado sus intentos de «perturbar la fe sincera» de los adherentes a religiones no cristianas y había redefinido su misión más «como una campaña para lograr un tipo de salvación secular, una liberación humana en el sentido político y social». El Congreso de Lausana había surgido, al menos en parte, como respuesta directa a la desviación del motivo evangelizador que originalmente había llevado a fundar el Concilio Mundial de Iglesias en 1948. Ahora, aventuraba *Time*: «Los evangélicos en Lausana han sentado las bases para una "fraternidad" posterior al congreso, que con el tiempo podría convertirse en un cuerpo internacional que rivalice con el otro».

Los evangélicos no pensaban abandonar la evangelización. Durante treinta años habían sido testigos de la tremenda respuesta generada por la proclamación imperturbable del antiguo evangelio, y no había sucedido menos con las cruzadas de Billy Graham en los seis continentes. Los cristianos conservadores, que incluía a los evangélicos, fundamentalistas, pentecostales y carismáticos, habían fundado una cantidad de nuevas agencias evangelísticas y misioneras, y sus diversas versiones de cristianismo tenían mucho auge, en particular en el Tercer Mundo.

Entre los evangélicos, sin embargo, aún faltaba la firme sensación de formar parte de un movimiento mundial coherente. El Congreso de Berlín de 1966 ayudó en ese sentido, pero había resultado predominantemente occidental en su composición, y los participantes habían sido elegidos con la mira puesta en el rol que podrían jugar en la elaboración de una teología evangélica viable. En los años subsiguientes, la Asociación Billy Graham financió y ayudó a organizar conferencias regionales en Asia, América latina, África, Estados Unidos y Europa, cuidando de que en las reuniones con el Tercer Mundo se alentara a los hombres de esas áreas a asumir liderazgo y dirección para facilitar el desarrollo de un sentido de independencia en su comunión y visión. El éxito de las conferencias regionales posteriores a Berlín condujo naturalmente a considerar la realización de otro congreso mundial, esta vez para ir más allá de la teología y articular estrategias específicas que permitieran alcanzar el sueño de «la evangelización del mundo en esta generación». Billy Graham tenía interés, pero se mostraba comprensiblemente cauto, dado que resultaba claro que solo él contaba con un prestigio que permitiera convocar semejante encuentro y reunir el dinero para pagarlo. Luego de consultar con aproximadamente 150 líderes evangélicos del mundo, y recibir un fuerte impulso, Graham convocó varios encuentros pequeños de «paladines internacionales de la evangelización». Luego de extensas consultas, y contando con la aprobación de su junta, Graham aceptó que la Asociación Billy Graham asumiera la responsabilidad financiera del congreso a llevarse a cabo en el magnífico centro de conferencias Palais de Beaulieu, en Lausana, Suiza, durante el verano de 1974.

Había sido elegido el sitio de la nueva conferencia. Para desilusión de algunos, Graham rehusó darle al congreso un estilo antagónico al encuentro del Concilio Mundial de Iglesias, explicando que él era proevangélico pero no antiecuménico. Dicho eso, dejó en claro que los liberales no necesitaban solicitarlo para poder participar.

Según la visión de Graham sobre el encuentro, todo país del mundo que le permitiera a su gente asistir estaría representado. Por lo menos la mitad de los participantes sería del Tercer Mundo; un tercio completo estaría formado por laicos; el resto provendría de gente involucrada en esfuerzos misioneros interculturales, ministerios evangelísticos de tiempo completo (tales como cruzadas y programas radiales), agencias misioneras denominacionales o paraeclesiásticas, centros de educación teológica y misionera, y otras actividades relacionadas con la evangelización, que, según se consideraba, incluía no solo la proclamación, sino todo el proceso de incorporar a los convertidos a las iglesias y capacitarlos para enseñar y servir a otros. Para asegurarse de que lo que se aprendiera no se perdería en aquellos que eran demasiado viejos como para ponerlo en práctica, Graham instó a que el 60% de los participantes tuvieran menos de cuarenta y cinco años, y que solo el 10% de las invitaciones se extendieran a ancianos respetados mayores de sesenta y cinco. Desviándose significativamente de la práctica evangélica corriente de excluir a las mujeres de los roles públicos, Graham sugirió que el 10% de los participantes fueran mujeres. Inevitablemente, los líderes regionales lo esquivaron un poco para asegurarse de que algunos de sus amigotes fueran invitados, pero la lista final de 2.400 personas incluyó una impresionante mezcla de culturas, edades, habilidades, experiencias y puntos de vista.

Para cuando el congreso se inició, a mediados de julio, parecía claro que algo notable estaba apareciendo en el horizonte. En su discurso de presentación, al que algunos de sus asociados han calificado como la presentación más cuidadosamente elaborada de su carrera, Graham observó que la decadencia de la evangelización en las iglesias liberales se podía atribuir a tres causas principales: la pérdida de confianza en la Biblia y por lo tanto en la autoridad del mensaje del evangelio; la preocupación por los problemas políticos y sociales, en particular en los niveles de liderazgo de las denominaciones y de las agencias intereclesiales; y una mayor preocupación por la unidad artificial entre las organizaciones que por la unidad que se desarrolla en forma natural en torno a una tarea común: específicamente, la evangelización.

Para contrarrestar esos peligros siempre presentes, hizo un llamado a reafirmar la autoridad de las Escrituras y a la formulación de una declaración bíblica sobre la evangelización que no solo sirviera como un punto de unión para los evangélicos, sino que le planteara un desafío al Concilio Mundial de Iglesias. Luego expresó su esperanza de que la conferencia ayudara a clarificar cuál es la relación apropiada entre evangelización y responsabilidad social, de manera que los evangélicos ni negaran su obligación de suplir las necesidades humanas tangibles ni se sintieran tan agobiados por la preocupación social que, así como el Concilio Mundial de Iglesias, abandonaran la evangelización.

En conexión con esto, hizo una advertencia en contra de identificar el evangelio cristiano con un programa político o alguna cultura en particular, e hizo notar esto: «Cuando voy a predicar el evangelio, voy como un embajador del reino de Dios y no de Estados Unidos». Y finalmente, siguiendo su inextinguible instinto ecuménico, Graham expresó la firme esperanza de que el encuentro ayudara a los evangélicos de las distintas líneas y de todas las naciones a sentir que formaban parte de un movimiento mundial, y que eso los animara a buscar maneras de identificar y juntar sus recursos para llevar a cabo la formidable tarea de la evangelización mundial.

La mayoría de los observadores evangélicos le reconocieron al Congreso de Lausana el haber dado una visibilidad de alto perfil al concepto de «pueblos no alcanzados» que ha dominado los esfuerzos misioneros realizados desde 1974. El comité directivo de Lausana comisionó a Visión Mundial, la respetada organización evangélica de beneficencia con extensos contactos internacionales, para que colaborara con la Escuela Fuller de Misión Mundial para producir un Manual de los Pueblos no Alcanzados, que contuviera un análisis detallado del estado del cristianismo en casi todos los países del mundo, prestando especial atención a los grupos de personas generalmente aceptados como los que están en mayor necesidad y mejor dispuestos hacia la evangelización. En los años subsiguientes, Visión Mundial continuó produciendo un manual anual, considerado como la herramienta básica de referencia para las misiones mundiales. Su publicación de 1982, la Enciclopedia Cristiana Mundial, de 1.400 páginas, es considerada por muchos quizá como el estudio demográfico más impresionante sobre la cristiandad jamás recopilado. Además, el concepto de pueblos no alcanzados se ha convertido en uno de los principios fundamentales de la misión de los cristianos evangélicos.

Muchos participantes hicieron notar la necesidad de tener una mayor sensibilidad cultural cuando se presenta el evangelio a otras culturas, citando ofensas como el uso de música considerada irreverente o secular, vestimenta inapropiada, menosprecio por ciertas costumbres alimenticias, y (particularmente en lo referido a los jóvenes) actividades en las que se entremezclan varones y mujeres de formas que podrían resultar perfectamente normales en campamentos de una iglesia norteamericana, pero que se ven como escandalosas en culturas menos permisivas. Los oradores de las plenarias en Lausana, además, estimularon a una debida identificación del congreso con la renovada preocupación por la acción social dentro de los círculos evangélicos.

Uno de los grandes éxitos del encuentro fue la formulación de otro de los mayores logros del congreso: el Pacto de Lausana. Ese documento se desarrolló a partir de meses de esfuerzo, supervisados por John Stott, presidente de la Alianza Evangélica Británica. Luego de meses de aportes por parte de los participantes del congreso y de una retroalimentación de aquellos que leyeron los borradores preliminares, Stott y una comisión empezaron a trabajar. Con Billy Graham como figura no oficial pero fundamentalmente interesada, que leía y comentaba cada borrador, el comité elaboró un documento que fue catalogado como «una de las declaraciones ejemplares del siglo sobre las creencias, preocupaciones y compromiso cristiano».

En quince párrafos y tres mil palabras, el pacto cubrió los principales fundamentos para las creencias evangélicas y reafirmó con firmeza tanto la necesidad de un compromiso renovado con la evangelización mundial como la cooperación desinteresada entre las iglesias y las agencias paraeclesiales involucradas en esa tarea. Algunos de los párrafos más controversiales se refirieron al equilibrio adecuado entre la evangelización y la responsabilidad social. Estos le concedían una inconfundible supremacía a la evangelización, explícitamente definida como «la proclama del Cristo histórico y bíblico como el Salvador y Señor, con el fin de persuadir a la gente a acudir a él personalmente y así reconciliarse con Dios», en tanto que se dejó en claro que «los resultados de la evangelización incluyen... un servicio responsable en el mundo».

Más específicamente, el pacto declaraba que los cristianos tienen la obligación de compartir «la preocupación [que tiene Dios] por la justicia y la reconciliación de toda la sociedad humana y por la liberación de los hombres de toda clase de opresión». También expresaba arrepentimiento «por haber considerado a veces la evangelización y la preocupación social como mutuamente excluyentes» y declaraba que «aunque la reconciliación con el hombre no es la reconciliación con Dios, ni la acción social es evangelización, ni la liberación política implica salvación, sin embargo, afirmamos que tanto la evangelización como la participación sociopolítica forman parte de nuestro deber cristiano... La fe sin obras es muerta». La evangelización seguía manteniendo su posición como el motivo principal, pero el Pacto de Lausana le proveyó al cristianismo evangélico el fundamento para la acción social que le había faltado desde hacía más de un siglo.

Graham llevó al congreso a un cierre entusiasta, con una demostración magistral de su forma de evangelizar al llenar a la tarde el estadio más grande de Lausana con una concentración. Un fuerte dolor por una infección en la mandíbula, que lo había perseguido a través de toda la conferencia, lo obligó a acortar su sermón, pero gentilmente se quedó por alrededor de una hora más luego de concluido el servicio, estrechando las manos, firmando autógrafos, posando para fotografías junto a los participantes que lo admiraban, y en general asumiendo un papel de estadista cristiano internacional. Era un hombre que había hecho solo lo que estaba en condiciones de hacer: juntar a los líderes evangélicos de todo el mundo, fundirlos en un fermento burbujeante, impresionarlos por lo que ya se había logrado, y enviarlos llenos de visiones sobre lo que podrían llegar a hacer.

Algo del impacto de Lausana se vio en la propia familia de Billy Graham. Luego de terminar la escuela secundaria, su hijo Franklin, que tenía veintidós años al momento de la conferencia, había asumido una floja vinculación con el ministerio de su padre, acompañando al evangelista y maestro Roy Gustafson en varias de las giras que él conducía en Tierra Santa, como parte de su trabajo para la Asociación Billy Graham. Actuando como una especie de padre sustituto, que sabía cuando ejercer presión para procurar una reforma y cuando contenerse, el sabio y agudo Gustafson les aseguró a Billy y Ruth que Franklin iba a salir adelante con el tiempo. Por su experiencia de haber ayudado en las giras, que le servía más como una excusa que como una razón, Frank asistió al Congreso de Lausana en calidad de operario del departamento de viajes. Finalmente la paciencia de los Graham dio resultados, y toda una vida de haber estado expuesto a parte del mejor cristianismo evangélico produjo su efecto en él. Mezclarse con cristianos del Tercer Mundo y descubrir las dificultades materiales que muchos de ellos enfrentaban movilizó a Franklin de un modo tremendo. Pocas semanas después, en el cuarto de un hotel de Jerusalén, donde se alojaban él y Gustafson, estrujó y arrojó a la basura un paquete de cigarrillos, se arrodilló junto a su cama, y le dijo a Dios: «Quiero que seas el Señor de mi vida.

Estoy dispuesto a abandonar cualquier área que no te agrade. Y estoy harto de estar harto». Poco después, con su vida encaminada por un sendero más derecho y angosto, Franklin se casó y retomó sus estudios en la universidad Appalachian State University, anunciando que planeaba dedicarse a una vida de servicio cristiano.

26

Terrenos más altos

Apenas un mes después de que la renuncia de Nixon dejara a Graham lleno de sentimientos de profundo dolor, confusión y quizá traición, él regresó a Los Ángeles para repetir un encuentro de tres noches.

Dos semanas después se dirigió a Río de Janeiro para realizar otra recorrida por el continente que en general había resistido sus incursiones doce años antes. De todos los países sudamericanos que había visitado en 1962, Brasil había resultado uno de los más amistosos. Durante los años intermedios entre las visitas el país había experimentado un impresionante crecimiento de las filas protestantes, en particular de los pentecostales, y el escenario parecía listo para que la visita resultara satisfactoria. Luego de un inicio tambaleante, signado por problemas de audio que contribuyeron a que se desplomara la asistencia a la reunión de apertura, la cruzada fue ganando ímpetu y terminó cerrando con cerca de 250.000 personas apretujadas dentro del inmenso estadio de fútbol Maracaná. El presidente de Brasil, evangélico él mismo, autorizó a la principal cadena de televisión de Río a que transmitiera el encuentro, poniéndolo así a disposición más de 100 millones de personas. Según Henry Holle, director de la cruzada, los funcionarios de la estación televisora creían que tal vez 50 millones de personas llegarían a ver al menos parte de esa transmisión, que no tenía precedentes.

La campaña de Brasil se grabó a fuego en la memoria de Graham, no solo por los triunfos alcanzados en un momento en el que necesitaba triunfar, sino también porque coincidió con uno de los eventos más desestabilizadores y terroríficos de su vida. Mientras visitaba a su hija GiGi y a su familia en Milwaukee, lugar en el que el marido de GiGi hacía su residencia en psiquiatría clínica, Ruth decidió improvisar un cable deslizador para sus nietos. Ese sencillo dispositivo consistía es un grueso cable de alambre suspendido en ángulo agudo entre dos árboles, con un trozo de caño enganchado que permitiera el deslizamiento. El plan era que los niños se subieran a un árbol, se tomaran del caño y se deslizaran a través del jardín hasta llegar al suelo. Para asegurarse de que fuera seguro, Ruth (de cincuenta y cuatro años, pero que no respetaba ese hecho más allá de lo que consideraba oportuno) actuó como piloto de pruebas. No tuvo problemas en subirse al árbol más alto, pero cuando se tomó del caño y se lanzó, el alambre se cortó mientras ella iba adquiriendo velocidad y se estrelló contra el piso desde una altura de cuatro metros y medio; y quedó inmóvil. Por una fracción de segundo, GiGi consideró la posibilidad de que su madre estuviera fingiendo una lesión para hacerlos reír en medio de una situación embarazosa, pero cuando el perro de la familia lamió el rostro de Ruth y ella no reaccionó, le resultó claro que no se trataba de una broma. En el hospital GiGi se enteró de que su madre se había destrozado el talón izquierdo, se había roto una costilla, y se le había aplastado una vértebra. Y lo más aterrador era que había sufrido una conmoción cerebral que la dejó inconsciente por una semana, haciendo que su familia y sus médicos se preguntaran si viviría; y si lo lograba, si no habría sufrido un daño cerebral irreparable.

Poco después de llegar a Brasil, Billy recibió un mensaje diciendo que Ruth había sufrido un grave accidente. Era la una de la mañana, pero él comenzó a prepararse inmediatamente para regresar a casa, indicándole a Grady Wilson que predicara en su lugar. Grady le dijo a su amigo: «Compañero, nunca sabemos por qué Dios permite que sucedan estas cosas, pero Ruth está inconsciente. Ella preferiría que te quedaras aquí e hicieras lo que Dios te ha llamado a hacer». En ese momento, el llamado de Graham a ser evangelista cedió ante el pacto que había hecho como marido; miró a Grady y, sintiéndose por completo impotente, le dijo: «No puedo». Luego de diversos esfuerzos fallidos a través de un sistema telefónico excéntrico, lograron hacer contacto con GiGi, que inesperadamente suscribió a la teología de Grady. Su madre estaba en buenas manos, le aseguró a su padre, e iba bien (diagnóstico para el que no tenía evidencias). Él debería hacer todo lo posible por terminar la cruzada tal como se había programado y no preocuparse ni por un momento.

Billy hizo tal como su familia y amigos lo instaron, pero con dolor y temor en su corazón. Siempre había mostrado una habilidad notable para abstraerse de toda distracción tan pronto como subía al púlpito, pero su tendencia a adelantarse a lo peor al bajar del escenario lo atormentaba terriblemente, porque suponía (correctamente) que su familia lo estaba protegiendo de la verdad total. Cuando regresó a Estados Unidos, descubrió la seriedad de la lesión de Ruth. Y luego fue la misma Ruth la que se enteró. Al recuperar la conciencia, descubrió con horror que su memoria había quedado seriamente afectada; entre las cosas que había perdido estaban los cientos de versículos bíblicos memorizados a través de toda una vida. A medida que sus facultades iban regresando, con una lentitud irritante, ella oraba: «Señor, quítame cualquier cosa, pero por favor regrésame mis versículos bíblicos». Gradualmente, los preciosos recuerdos fueron reapareciendo en su cerebro, aunque desordenados: a veces cada uno por separado, a veces en pequeños grupos, en ocasiones trayendo con ellos compañeros que ella no recordaba haber visto nunca antes, y mucho menos haberlos guardado en la memoria. Los signos visibles del accidente con el tiempo desaparecieron, pero este dejó su marca, incluyendo un leve perjuicio de la memoria a corto plazo y problemas físicos que requirieron el reemplazo de su cadera, parte de la articulación de una de sus muñecas y, posiblemente relacionado con el accidente, la reconstrucción del esófago. También comenzó a sufrir de un desorden nervioso cuyos efectos comparaba con ser atacada por un enjambre de hormigas, y una tos crónica molesta que le perturbaba el sueño y a veces amenazaba con expulsar la vida fuera de su pequeño cuerpo. Decididamente ella no se deleitaba en hablar sobre sus infortunios. Una mañana de 1987, mientras su marido, obviamente preocupado, comentaba acerca de sus problemas, haciendo notar que había estado despierta la mayor parte de la noche, ella entró al cuarto para avivar los leños de la chimenea gigante.

«¿Alguna vez has escuchado la definición de lo que es un pesado?», le preguntó mientras lo miraba por encima del hombro.
«Un pesado es alguien que cuando le preguntan cómo se siente
dice la verdad. ¡Cambiemos el tema!». Y con eso, salió de allí con
paso vivo y comenzó a preparar algo para el almuerzo.

Enfrascarse en las cruzadas le proveyó a Graham una razón
adecuada para retirarse del centro de la atención pública nacional luego de la debacle de Watergate, pero la campaña para las
elecciones de 1976 lo obligó a poner en claro su postura política.
Aunque obviamente chamuscado por su asociación con Nixon, no
consideró necesario romper todos los vínculos con la Casa Blanca.
Había jugado golf con Gerald Ford mientras este era todavía un
congresista, y poco después de que se convirtiera en presidente, lo
llamó para hacerle llegar sus congratulaciones y buenos augurios.
A eso le siguió una larga visita durante la que él y el nuevo presidente oraron y leyeron la Biblia, y unas pocas semanas después
permitió que el *Ladies' Home Journal* publicara una oración en
la que afirmaba: «Reconocemos tu soberanía en la selección de
nuestros líderes». A pesar de que, a principios de 1976, le había
dicho a un periodista que planeaba «alejarse a un millón y medio
de kilómetros de la política ese año».

Cuando comenzó a prepararse para la reelección, era claro que
Ford esperaba contar con Graham para otras cosas además de la
oración. Se sabía que compartía el sentir evangélico común a su
distrito electoral, Grand Rapids, Michigan, pero su interés en
Billy Graham no era exclusivamente espiritual. Como comenzaba
a parecer que el candidato demócrata fuera un cristiano evangélico
del Sur, Ford consideró de especial importancia cultivar cualquier
vínculo posible con la comunidad evangélica.

Graham pensaba bien de Ford, pero entendía que era mejor mantener una postura de neutralidad política. Aunque en
general la posición política de Graham se acercaba más a la de
Ford que a la de Jimmy Carter, enfrentó un dilema mayor que el
acostumbrado. En 1966 Carter había presidido una cruzada en
la que se proyectaban películas de Billy Graham en Americus,
Georgia, y era uno de los pocos líderes de la iglesia dispuestos a
supervisar un programa público integrado como el que Graham

propugnaba. Cada noche, luego de la finalización de la película, Carter mismo explicaba el evangelio brevemente y hacía la invitación. Siete años después, siendo gobernador de Georgia, Carter había presidido la cruzada de Graham en Atlanta y había invitado al evangelista pasar la noche en la mansión del gobernador. Sin embargo, aquel hombre que anhelaba con fervor encontrar piedad en sus presidentes rehuía cuidadosamente manifestar una preferencia por su amigo bautista del Sur. Algunos de los del bando de Carter, aparentemente incluyendo al propio candidato, sentían que Graham les había dado permiso a los evangélicos para que no votaran por el gobernador.

Carter ganó las elecciones y Graham inmediatamente le dijo a la prensa que aunque no era uno de los asesores de Carter, habían sido amigos por años. El presidente electo era, según afirmó, «un líder en el que podemos confiar y a quien seguir». Graham faltó a la ceremonia inaugural, la primera que se perdía desde 1949, pero asistió a un desayuno de oración presidencial pocos días después, y él y Ruth pasaron otra noche en la Casa Blanca. Los dos hombres tuvieron un contacto ocasional luego de eso, y Graham más tarde calificó a Carter como «el presidente, de los que hemos tenido, que más arduamente trabajó».

Durante los últimos años de la década de 1970, Graham fue desbancado de su espacio tradicional como el líder cristiano de mayor interés periodístico de la nación por Jerry Falwell, al que pronto se le unieron Pat Robertson, James Robison y una bandada de otros telecomunicadores religiosos y líderes paraeclesiales que comenzaban a formar lo que se dio en llamar la Nueva Derecha Cristiana. Graham no se sintió tentado a agregarse al nuevo movimiento. En lugar de ello, comenzó a intentar el papel del estadista mayor. En la primera edición de *Christianity Today* de 1980, recurrió a su experiencia personal para advertir a sus hermanos recientemente politizados que «tuvieran cuidado de no ejercer influencia política» porque podían perder su impacto espiritual. Pocos días después, en una conferencia de prensa previa a un compromiso para predicar en la Universidad de Oxford, él hizo notar lo siguiente: «En los primeros días de mis cruzadas, yo tendía a identificar el reino de Dios con el tipo de vida estadounidense. Ahora, ya no creo más en eso».

Aunque todavía estaba en favor del capitalismo de la libre empresa, creía que los cristianos podían vivir bajo diversos sistemas económicos. Pocos días después, en un diálogo mantenido con el Arzobispo de Canterbury, en Cambridge, hizo sonar una nota semejante, al señalar que ya no asociaba la comprensión cristiana de la sociedad con el nacionalismo norteamericano. Esas no fueron simplemente frases utilizadas para agradar una audiencia británica. En varias conferencias de prensa y entrevistas en Estados Unidos, él volvió a advertir en contra de «mezclar metas políticas con espirituales», señalando, en marcado contraste con su disposición anterior a ofrecer prescripciones sobre la política nacional, que: «Nosotros, como clérigos, sabemos muy poco como para ponernos a hablar con autoridad sobre el Canal de Panamá o sobre una superioridad en cuanto a armamentos. Yo intento no utilizar la poca influencia que pueda tener para cuestiones tan seculares, que no tienen que ver con la moral o la religión».

Como lo había hecho en 1976, Graham mantuvo un bajo perfil durante las elecciones de 1980, pero sus simpatías estaban a favor de Ronald Reagan, a quien conocía desde 1953. «Lo conocí a través de su suegra», recordaba. «Yo estaba jugando golf con Henry Luce en el Biltmore Country Club, de Phoenix, y la señora Davis se presentó en el campo. Me dijo: «Quiero que conozca a mi yerno. Ustedes dos tienen muchas cosas en común». Y en realidad las tenían. Ambos alcanzaron la cúspide en sus profesiones por su don para articular, en términos fácilmente comprensibles por las masas, una visión grande pero en esencia simple. Ninguno de los dos demostraba un talento especial para el análisis crítico o los detalles prácticos. Comprendían intuitivamente la manera de inspirar y de conducir, y de formar equipos para implementar su visión. Confiaban por completo en un pequeño número de principios, que mantenían con firmeza, y mientras sus amigos y asociados comprometieran su lealtad a esos principios, consideraban que no tenían razón para mostrarse recelosos de cualquier otra cosa que creyeran o hicieran esos amigos o asociados. Y cuando esa presunción demostraba ser incorrecta y sus expectativas no se cumplían, tenían una notable habilidad para desechar esa evidencia problemática considerándola un problema pasajero, una aberración momentánea, pero por cierto no una debilidad básica de su propia visión o juicio. La amistad floreció y Billy y Ruth con frecuencia visitaron a los Reagan cuando pasaban por California.

A pesar de sus antecedentes, Graham rehusó saltar a bordo del tren de la campaña de su amigo. Después de la elección de Reagan, Graham disfrutó de hacer muchas visitas a la Casa Blanca. Según sus cálculos, pasó más noches en el sector privado presidencial en la época del gobierno de Reagan que durante las presidencias de Johnson o de Nixon, aunque fue poco lo que se avanzó con la mayoría de las visitas. Después de la primera de esas permanencias nocturnas, que incluyó cinco horas de conversación, él calificó a Reagan como «risueño, bromista, muy divertido, pero también un hombre brillante» que «piensa positivamente y es optimista con respecto al país». El país, según señaló Graham, estaba en manos capaces: «Ronald Reagan lo dirige pero, al igual que Ike, permite que otros manejen los detalles, lo que le deja el tiempo para pensar en cosas más importantes». La amistad fue lo suficientemente cercana como para que cuando el presidente resultó baleado, el 30 de marzo de 1981, la Casa Blanca enviara una llamada de emergencia a Graham, y el evangelista se presentara de inmediato en la capital para reconfortar a la señora Reagan y orar con ella. También se puso en contacto con el padre de John Hinckley, el agresor del presidente, y oró con él por teléfono.

No quiero decir que Billy Graham hubiera perdido interés en influir sobre el orden secular, en particular cuando este afectaba la esfera sagrada. Por el contrario. En ese momento estaba (y lo ha seguido estando por años) empeñado en una campaña, lenta, silenciosa y ocasionalmente difícil (pero no obstante notable), dirigida nada menos que a tratar de inducir al liderazgo de la Unión Soviética y al de sus satélites del bloque oriental a que garantizaran una completa libertad religiosa a los ciudadanos de sus respectivas naciones.

27

Una grieta
en la Cortina

Pocos de los logros del ministerio de Billy Graham, si acaso alguno, resultaron más sorprendentes o controversiales que su éxito en penetrar la Cortina de Hierro. No causa sorpresa que deseara predicar en tierras dominadas por el comunismo. Deseaba predicar en todo lugar, y tenía al menos una módica confianza en que, auxiliado por el Espíritu Santo, su predicación alcanzara resultados asombrosos hasta en los ambientes menos prometedores. Sin embargo, constituyó un notable giro en los acontecimientos cuando uno tras otro, los países del Pacto de Varsovia no solo le permitieron visitarlos, sino que progresivamente le fueron extendiendo privilegios que ningún otro eclesiástico (inclusive los líderes nativos más prominentes y dóciles, políticamente hablando) había recibido antes. Después de todo, Graham había sido señalado en Estados Unidos como el «enemigo público número uno del comunismo», y promocionado como una fuerza eficaz para advertir a las naciones neutrales y a las que se inclinaban hacia la izquierda en contra de los peligros de colaborar con los rusos. La prensa comunista lo había descripto como una amenaza, llamándolo charlatán y belicista, declarando que era un agente activo y no encubierto de la política exterior norteamericana. Pero a mitad de la década del '50, Graham comenzó a expresar interés por predicar detrás de la Cortina de Hierro mientras no se le pusieran restricciones sobre lo que podía decir. Quería añadir Europa del Este y la Unión Soviética a la lista de sitios en los que había predicado en su vida, pero no podía simplemente abrirse paso a los empujones y plantar una carpa o alquilar un salón. Y no parecía probable que las pequeñas minorías evangélicas

de cualquiera de los países del bloque soviético tuvieran la suficiente influencia como para persuadir a sus gobiernos de que le
permitieran a un evangelista norteamericano propagar un mensaje tan explícito en desafío al ateísmo oficial del sistema comunista. Abreviando, parecía que un ministerio detrás de la Cortina
de Hierro, si es que alguna vez llegaba, tendría que esperar hasta
que se produjera una agitación política de magnitud, tal como la
que eventualmente tuvo lugar en 1989. Pero entonces apareció
Alexander Haraszti.

Nacido y criado como bautista en Hungría y casado con la
hija de un ministro bautista, Haraszti se sostuvo económicamente por su cuenta como pastor y profesor de teología desde
1944 hasta 1956, mientras él y su esposa lograban graduarse
como médicos. A mediados de la década del '50, comenzó a tener noticias del ministerio de Billy Graham a través de ciertas
páginas copiadas con máquina de escribir y pasadas de mano en
mano en los círculos bautistas húngaros. En 1955 consiguió una
copia en inglés de *Paz con Dios* y, con la ayuda de una edición
en alemán, tradujo ese *best seller* de Graham al húngaro. Dado
que veía pocas chances de obtener el permiso del gobierno para
publicar el libro a través de los canales regulares, les distribuyó
copias mimeografiadas a sus estudiantes del seminario teológico bautista en Budapest, pretendiendo que los capítulos eran
modelos de sermones y apropiados para la instrucción homilética. Muy poco después esta edición pirata de *Paz con Dios*,
que él había subtitulado *Lecciones de homilética para estudiantes
de teología*, se abrió camino hacia los seminarios luterano, reformado y católico romano de Hungría. En 1956, poco después
del levantamiento húngaro, los Haraszti emigraron a Estados
Unidos con la intención de convertirse en misioneros médicos
en África a través de la Convención Bautista del Sur. Sin embargo, para cuando hubieron completado su capacitación y recibido
su estatus de ciudadanos, los dos tenían más de cuarenta años
y eran demasiado mayores para ser aceptados como nuevos
misioneros. Haraszti se resignó a trabajar con los bautistas
húngaros en Estados Unidos y a abrir canales que facilitaran
la predicación del evangelio en su tierra natal. Después que él y
su esposa se establecieron y se iniciaron en la práctica de la me-
dicina en Atlanta, conocieron a varios miembros del equipo de

Billy Graham que habían comenzado a usar la ciudad como base central de operaciones tanto para cruzadas nacionales como en el extranjero. Utilizando esos contactos, pudo concertar un encuentro con Graham en 1972 y dos prominentes líderes evangélicos húngaros que visitaban Estados Unidos en ese momento y que mantenían buenas relaciones con las autoridades húngaras. Los visitantes expresaron un fuerte interés en que Graham visitara Hungría para predicar, pero reconocieron que una invitación tal debería ser autorizada por el gobierno húngaro y que eso no sería fácil de lograr. Con la bendición de Graham, Haraszti regresó a su tierra natal y no solo se encontró con sus amigos evangélicos del Consejo Libre de Iglesias, sino con los obispos que presidían las iglesias luterana y reformada, y lo que es más importante aún, con Imre Miklos, secretario del Ministerio para los Asuntos Eclesiales, y con funcionarios del gobierno que podían dar su aprobación final a alguna visita del evangelista.

Miklos dejó en claro que el estado húngaro tenía profundos recelos con respecto a la visita de Graham, alegando que se trataba de un «anticomunista furioso»; que sus técnicas resultaban foráneas para Hungría; que no entendía la vida social, religiosa y política de Europa del Este; y que era un partidario de la guerra. Haraszti objetó solo los últimos tres cargos. Durante una siguiente visita al secretario, le mostró fotografías y otros documentos de las visitas de Graham a las tropas de Corea y Vietnam. Señaló que aunque el evangelista había sido crítico con el comunismo, instó a los soldados norteamericanos a no explotar a los nativos ni mostrarse arrogantes en las tierras en las que estaban luchando, y había orado no solo por Estados Unidos y las naciones a las que ellos defendían, sino también por Corea del Norte y Vietnam del Norte. «Su excelencia, si eso es promover la guerra, por favor enséñeme cómo se promueva la paz», le dijo. Miklos no prometió nada, pero le sonrió ampliamente a Haraszti y le dijo: «Veo al Dr. Graham bajo una luz diferente ahora. Le estoy muy agradecido por alcanzarme esta información». Y agregó: «Si las iglesias principales están de acuerdo, y si lo está el gobierno húngaro, y también los gobiernos de los otros países socialistas (no llevamos a cabo acciones independientes), entonces podremos hablar sobre una visita del Dr. Graham».

Durante los siguientes cinco años, Haraszti se dedicó al intento de lograr una invitación oficial a Graham para visitar Hungría. Durante ese tiempo no volvió a encontrarse con Graham, y la Asociación Billy Graham no financió ninguno de sus numerosos viajes a Hungría, ni las cuentas de teléfono, que llegaban a los miles de dólares, aunque sí le proveyeron toda publicación y otros materiales y documentación que necesitara. Haraszti atribuyó esa postura no a una tacañería por parte de la asociación, sino al simple hecho de que nadie de la organización Graham pensaba que él pudiera lograr una invitación. «Ellos sabían lo que yo estaba haciendo. Si tenía éxito, fantástico. Si no, sería solo otro intento que no había resultado. Haraszti era un agente independiente. Si tenía la obsesión de llevar a Billy Graham a Hungría, había que dejar que lo intentara, ¿pero quién podía creer que eso resultara posible alguna vez?».

Haraszti le proveyó a Miklos un torrente de materiales que él podría utilizar en conversaciones con aquellos que eran su contraparte en Moscú y otras capitales del bloque del Este y demostrar, a través de una crónica de la conducta de Graham en países aquejados por tensiones políticas, que una visita de él no le ocasionaría un bochorno público al gobierno ni posteriores tensiones.

Haraszti no limitó sus esfuerzos de *lobby* a Miklos. En Hungría continuó cortejando a los obispos luteranos y reformados, informándoles acerca del enfoque ecuménico de Graham, y asegurándoles que una visita del evangelista podría, en el peor de los casos, no hacerle ningún daño a sus iglesias. También estableció contacto con los judíos húngaros y se las arregló para forjar una amistad con el obispo católico romano Jooeef Czerháti, quién le aseguró que él le daría la bienvenida a Graham y apoyaría su venida ante los funcionarios oficiales. Además, Haraszti llegó a familiarizarse con el embajador húngaro en Washington y con el personal de la embajada, lugar en el que él insistía en presentar el caso de Graham en cada oportunidad que le era posible. Y cada vez que sus viajes por el Consejo de las Misiones Bautistas del Sur en el Extranjero lo llevaban a países que contaban con una embajada húngara, consideraba algo importante visitar al embajador y mencionarle lo bueno que sería para Billy Graham visitar Hungría.

En el transcurso de esas visitas, Haraszti recogió dos datos valiosos. Cerca de la finalización de la Segunda Guerra Mundial, la Corona de St. Stephen (santo patrono de Hungría), reconocida como el tesoro simbólico más precioso de la nación, le fue entregada al Ejército de Estados Unidos para evitar que los rusos la confiscaran. Luego de la toma del poder por parte de los comunistas, Estados Unidos se negó a devolverla, en base a que el gobierno era un títere soviético y no un representante legítimo de los húngaros. Y el segundo dato tenía que ver con que el régimen de Kádár buscaba fervientemente un status de nación más favorecida en cuanto al comercio internacional para Hungría. En julio de 1977, Haraszti presentó estas dos cuestiones ante Walter Smyth, director de cruzadas de la Asociación Evangelística Billy Graham, sugiriendo que decir algunas pocas palabras en los lugares correctos sería visto favorablemente por el gobierno húngaro. Smyth se mostró titubeante en cuanto a involucrarse en tales asuntos, pero Haraszti insistió: «Billy quiere ir. Ustedes desean que él vaya. Yo quiero que vaya. No podemos volver atrás. Debemos mencionar algo. Debemos considerar este asunto».

Con la aprobación de Smyth, Haraszti visitó al embajador húngaro en Washington para informarse exactamente acerca de lo que Hungría quería. Luego, hacia fines de julio, el médico fue a Hungría y obtuvo una invitación del Consejo de Iglesias Libres que tanto Graham como el gobierno podían aprobar, consiguió que la firmaran, la envió rápidamente a Estados Unidos, y la entregó personalmente en Montreat.

Como era un hombre con un agudo sentido de la deferencia y el protocolo, Haraszti quedó impresionado al ver que Graham había conducido personalmente hasta el aeropuerto de Ashville para encontrarse con él, pero se sorprendió al descubrir que el famoso evangelista estaba lleno de inquietudes con respecto a toda esa aventura húngara. Recordaba que Graham se había mostrado «inseguro, tambaleante y preocupado». Anhelaba desesperadamente ir, pero temía con la misma desesperación las reacciones adversas que podían caerle encima si fuera visto como alguien dispuesto a dejarse embaucar por una manipulación comunista. Conforme con permitir que otros hablaran con Haraszti durante los cinco años anteriores, ahora Graham presionaba al hombre que se había convertido en su vocero no oficial ante Europa del Este:

— ¿Por qué querrían invitarme, Alex? ¿Qué hay detrás de esto? Haraszti se puso a su nivel.

—Se lo voy a decir directamente, Dr. Graham. No lo han invitado porque deseen oír el evangelio.

— ¿Entonces para qué voy? —preguntó Graham.

—Para predicar el evangelio —señaló Haraszti.

—Pero usted dijo que ellos no quieren escuchar el evangelio.

—No quieren, pero lo harán. Hay un propósito. Usted vaya a predicar el evangelio. Ellos lo están invitando porque les gustaría que les devolvieran la corona y porque desean alcanzar «un status de nación más favorecida».

—¿Entonces esto es un trueque? ¿Un toma y daca?

Ante aquello el médico y diplomático húngaro le dio al evangelista del Sur una lección sobre oblicuidad.

—Los húngaros no han demandado nada —le dijo—. La invitación está en sus manos. Ya la he entregado. Ellos ya han actuado en fe a través de brindarle generosamente algo que ningún gobierno comunista jamás haya dado. Esto es algo que sucede por primera vez, y aun si no se diera una continuidad, usted cuenta con esta oportunidad.

Entonces le mostró una zanahoria a la que Graham no se podía resistir.

—Según mi opinión —le dijo—, esto es el comienzo de lo que viene: primero, la aprobación del gobierno húngaro; en segundo lugar, la aprobación de otros gobiernos comunistas; en tercer lugar, la aprobación de las iglesias, las iglesias organizadas y establecidas en Hungría, y no simplemente un pequeño grupito de iglesias bautistas. Ellos van a desparramar lo que vean, oigan y experimenten. Así que, después de Hungría, vendrán otras reuniones.

—No aceptaré si hay condiciones —señaló Graham a modo de leve protesta.

—El gobierno húngaro no lo invitaría si usted estableciera condiciones —contraatacó Haraszti—. Esto fue hecho en buena fe por ambos lados, porque el gobierno húngaro sabía que yo estaba lo suficientemente cerca de usted como para que aceptara mi consejo, y usted sabe que yo estoy lo bastante cerca del gobierno húngaro como para que acepte mi consejo. El gobierno de Hungría no me pidió que hiciera esto, pero yo les dije que pondría estas cosas a su consideración. Y ellos estuvieron contentos de oírlo. Por lo tanto, yo asumo la responsabilidad de pedirle que por favor use los buenos servicios de su función para lograr que Hungría reciba de vuelta la corona y el status de nación más favorecida.

Habiendo ido demasiado lejos como para volverse atrás, y en cierto modo disfrutando de mantener una reunión con el poder, Graham retransmitió esa información a su viejo amigo John Sparkman, presidente del Comité de Relaciones Exteriores del Senado, quien le escribió una carta a su contraparte del gobierno húngaro. Graham también habló con el presidente Jimmy Carter. Cuando Haraszti informó al gobierno húngaro que Graham había sido puesto al tanto de todos los asuntos que les interesaban, y que este había hecho algunos «contactos en altas esferas» y volvería «con algunas cosas en el bolsillo», el gobierno se mostró complacido. La gira, llevada a cabo en septiembre de 1977, aunque modesta cuando se la compara con las típicas cruzadas de Graham, constituyó un éxito absoluto. En su primera aparición en público, cientos de personas apiñadas en la iglesia bautista más grande de la ciudad lo escucharon reconocer que el mensaje anticomunista que había predicado estaba fuera de época. Él había venido a Hungría con «un corazón y una mente abiertos», declaró. «Quiero saber acerca de la nación de ustedes, quiero saber sobre sus iglesias, quiero saber con respecto a su devoción cristiana y sentido de responsabilidad dentro de su propia estructura social. Pero, por sobre todo, quiero que tanto ustedes como yo aprendamos juntos de la Palabra de Dios».

De acuerdo con su deseo, Graham habló en la iglesia reformada más grande de Hungría, en Debrecen, y derritió la resistencia tanto del obispo reformado como del luterano. En Pecs, el obispo Czerháti no solo le dio la bienvenida a la cancillería, sino que expresó la esperanza de que regresara algún día a predicar desde las escalinatas de la catedral. Como lo había pedido, se encontró con los líderes judíos clave de Hungría, que también le dieron una cálida recepción.

El punto culminante de la visita de diez días fue el momento en que Graham habló en una gran reunión al aire libre en un campamento de jóvenes bautistas en Tahi, en las montañas que corren junto al Danubio. Los más conservadores estimaron las dimensiones de la multitud en algún punto entre las 5.000 y las 15.000 personas. Haraszti hizo notar que los informantes más confiables estimaban que la cantidad de gente se había acercado a los 30.000. Sea que uno acepte la cifra más alta o la más baja, aparentemente fue la reunión religiosa más grande de la historia de Hungría. Al igual que con todas las otras reuniones, no hubo información anticipada sobre ella ni en los medios religiosos ni en los seculares, sino que una publicidad de boca a boca, a veces a través de llamadas telefónicas de larga distancia, fue lo que atrajo hacia el campamento a ese torrente de cristianos evangélicos de toda Hungría y de, por lo menos, otros seis países del bloque del Este también. Oficialmente, según explicó Haraszti, Graham se hizo presente solo «para observar cómo llevaba a cabo su reunión de cierre el campamento de jóvenes bautistas; no se trataba de una concentración evangelizadora; era una reunión de clausura». Nadie, por supuesto, se dejó engañar por ese ardid semántico. Los miles de personas que habían viajado cientos de kilómetros y se habían sentado sobre mantas durante toda la noche solo para echarle un vistazo a los servicios de clausura no se sorprendieron cuando se le pidió a Billy Graham que hiciera algunos comentarios. Al mismo tiempo, el gobierno no se vio obligado ni a darle ni a negarle el permiso para hablar a la multitud.

Previo a su visita, Haraszti hizo hincapié ante Graham acerca de la gran importancia de decir la verdad sobre lo que había encontrado en Hungría. A sus seguidores norteamericanos les resultaba simple, sensacional y gratificante hacer una gira rápida como un torbellino por allí, y luego regresar denunciando la falta de libertad religiosa que existía detrás de la Cortina de Hierro. Si él esperaba que lo volvieran a invitar, sin embargo, resultaría más sabio reconocer el grado de libertad religiosa que en realidad se daba en Hungría. Graham entendió el punto. En sus declaraciones públicas y en las entrevistas con los periodistas occidentales, se rehusó categóricamente a criticar al gobierno húngaro y a hacer comentarios sobre las relaciones entre el Este y el Oeste, excepto para instar a la realización de mayores esfuerzos para lograr la paz mundial. En cambio, consciente de que el gobierno le estaba permitiendo al Concilio de Iglesias Libres vender las cintas y transcripciones de sus sermones, hizo notar que «las cosas se ven mucho más abiertas de lo que yo suponía; la iglesia está viva en Hungría». A los periodistas que conocían sus anteriores diatribas anticomunistas les explicó: «No me he unido al Partido Comunista al llegar a Hungría, ni me lo han solicitado. Pero creo que el mundo está cambiando, y los dos lados estamos comenzando a comprendernos mejor». Agregó que los líderes clave del partido comunista estaban haciendo un llamado a practicar una mayor cooperación entre la iglesia y el estado.

Ese enfoque pagó buenos dividendos rápidamente. En una conversación próxima al final de la gira, Imre Miklos le advirtió a Graham que sería acusado de haberse dejado lavar el cerebro por los comunistas, pero lo consoló diciendo: «Yo también seré acusado de haberme unido a la iglesia cristiana». Sin embargo, señaló con claridad que estaba preparado para asumir la responsabilidad y que el tacto gentil de Graham sería recompensado. Esa visita, le aseguró al evangelista, constituiría solo el comienzo de su ministerio hacia los países socialistas de Europa del Este. También dejó en claro que sería bienvenida otra visita suya a Hungría. «Porque a los amigos no les basta con encontrarse solo una vez», le dijo. Indudablemente la amistad fue sellada cuando, no mucho después de que Graham regresara a su país y pasara por la Casa Blanca para dar su informe, se devolvió la Corona de St. Stephen a su tierra de origen y Estados Unidos le concedió a Hungría un status comercial de nación más favorecida. Graham no afirma que su rol haya sido el único o el más significativo en cuanto a regresar la corona, pero reconoce que él trató el asunto con «las autoridades correspondientes». Ese no fue un gesto sin costo político; los húngaros expatriados en Estados Unidos, que tendían a ser incondicionalmente anticomunistas, se ofendieron y se amargaron porque se le había devuelto la corona a un gobierno comunista, e hicieron objeto a Haraszti de una fuerte ola de críticas por colaborar con el enemigo.

Imre Miklos estaba en lo cierto al predecir que la visita de Graham a Hungría sería solo el comienzo de un ministerio en Europa del Este. En 1978 finalmente se hizo realidad una visita largamente deseada a Polonia, la que transcurrió sin complicaciones.

La prensa oficial del estado le prestó poca atención, pero a las publicaciones religiosas se les permitió brindar una amplia promoción por adelantado y una vasta cobertura. En Varsovia, Graham habló a una multitud desbordante de casi 1.000 personas y condujo un taller sobre evangelización para más de 450 clérigos y otros obreros religiosos, incluyendo varios profesores de seminarios católicos y monjas dedicadas a la docencia. Desde el principio algunas señales evidentes de un ecumenismo afectuoso acompañaron las apariciones de Graham.

En la ciudad de Katowice, dominada por los comunistas, en la que alrededor de 6.500 personas (con un alto porcentaje de jóvenes) se apretujaban dentro de la catedral católica romana, un grupo de aproximadamente 300 sacerdotes y monjas se sentaron juntos en la platea alta, observando con escepticismo. Pero cuando el evangelista terminó su sermón sobre Gálatas 6.14 («En cuanto a mí, jamás se me ocurra jactarme de otra cosa sino de la cruz de nuestro Señor Jesucristo») y pidió que aquellos que deseaban volver a entregarle sus vidas a Cristo levantaran la mano, los trescientos sacerdotes y monjas lo hicieron. Los pastores protestantes pronto comenzaron a informar que los católicos continuaban mostrándoles un trato cálido después de la partida de Graham, y la posición de Graham hacia los católicos quedó tipificada por el pedido del obispo Herbert Bednorz de que le autografiara una pila de copias de la traducción polaca de *Cómo nacer de nuevo*, dando solo una simple explicación: «Deseo regalárselas a mis amigos».

28

El predicador y el oso

La siguiente visita importante a una tierra comunista fue la que Billy Graham venía buscando por al menos veinticinco años. En 1982 finalmente logró entrar a Rusia como algo más que un turista. Las negociaciones preliminares de esa visita comenzaron durante el viaje a Hungría en 1977, cuando el líder bautista soviético Alexei Bychkov se presentó a la reunión de clausura en Tahi y le aseguró a Graham que se ocuparía de conseguir una invitación. La indagatoria de alto nivel comenzó en octubre de 1978, cuando Don Kendall, CEO de PepsiCo, y amigo personal del premier soviético Leonid Brezhnev, hizo los arreglos para una reunión en Washington entre Graham y el embajador soviético Anatoly Dobrynin. Durante el viaje entre el hotel y la embajada, Graham hizo las presentaciones entre Haraszti y Kendall. «Alex es un hombre muy notable», dijo. «Creo que nadie entiende como él la política mundial en un sentido global. Tal vez Henry Kissinger sea la excepción, pero en lo que hace a Europa del Este, aún Henry no conoce tanto como él». Tal vez familiarizado con la afición de Graham por exagerar, Kendall le preguntó: «¿Y qué dice Henry al respecto?». Graham no retrocedió: «No sé lo que dice Henry, pero él no es mi asesor. Nunca me ha llevado a un país comunista, y Alex sí. Y creo que Alex conoce cosas que Henry desconoce. Pienso que tiene una mejor captación de los países comunistas, y particularmente de las relaciones entre la iglesia y el estado, de la que Henry jamás tendrá».

Ese cumplido le agradó a Haraszti. «Sentí que el Dr. Graham lo decía en serio». Pocos minutos después recibió una demostración

de confianza aún mayor. Luego de intercambiar saludos ama-
bles en la embajada, Dobrynin le preguntó a Graham a boca de
jarro: «¿Por qué quiere venir?». Sin ninguna advertencia previa,
Graham respondió: «Sr. Embajador, me gustaría que le pidiera
al Dr. Haraszti que hiciera una declaración en mi favor. Él es mi
asesor en cuestiones de Europa del Este, y él podría decirlo mejor
que yo. Con su permiso, él le expresará mi sentir con respecto a la
realización de una visita a un país del Este de Europa, y también
mis políticas».

A Haraszti no se le trabó la lengua por asumir esa responsabilidad. Luego de señalar que el llamado de Graham lo obligaba
a predicar el evangelio de Cristo a todo el mundo, lo mismo a
comunistas que a no comunistas, Haraszti sorprendió al embajador declarando que Graham deseaba ir a Rusia para expresar
su gratitud a Vladimir Ilych Ulyanov Lenin por lo que él había
logrado con la gran revolución socialista de 1917. Al quebrarle la
espalda a la Iglesia Ortodoxa, cuyos vínculos íntimos con el estado le permitían suprimir a todos sus competidores, la revolución
había hecho posible el desarrollo de movimientos evangélicos a
través de toda la Unión Soviética, con el resultado de que el cristianismo evangélico nunca había sido tan fuerte antes, como lo
probaba la existencia de quizá tres millones de bautistas y otros
evangélicos soviéticos. Haraszti admitió que ese no había sido
el objetivo de Lenin, pero sugirió que si ese líder revolucionario
estuviese con vida hoy, habría cambiado de opinión. Habría visto
que el problema radicaba en la naturaleza política de la iglesia, y
no en los cristianos mismos, y que a pesar de que el gobierno los
había discriminado de muchas maneras, con todo los cristianos
eran los mejores ciudadanos y trabajadores, gente que daba un
testimonio no solo en palabras sino con sus obras.

Dobrynin no dio respuesta a esa interpretación notable de
la historia, y Haraszti continuó diciendo: «Señor, ustedes tienen entre cuarenta y cincuenta millones de miembros consagrados dentro de la Iglesia Ortodoxa hoy. Además de esos millones de evangélicos y de ortodoxos cristianos, también cuentan
con otros millones de católicos, protestantes y judíos, y quizá
cincuenta millones de musulmanes: más de cien millones de
creyentes en Dios, y solo diecisiete millones de miembros del

partido comunista. Deben hacer la paz con ellos, o un día se van
a rebelar. Usted conoce la historia. Se rebelarán cuando se sientan lo suficientemente fuertes. Si no hacen la paz con ellos, señor, van a tener que enfrentar un problema muy serio». Mientras
los países comunistas restringieran la libertad religiosa, los países de Occidente, y Estados Unidos en particular, continuarían
mirándolos con sospechas y resentimiento. Si el estado ateo se
involucrara en un conflicto intenso con los creyentes religiosos,
los poderes de Occidente bien podrían intervenir a favor de los
creyentes. Y si eso sucediera, ni siquiera lo impensable resultaría
impensable.

«No le rogamos al gobierno soviético que invite al Dr. Graham»,
le dijo a Dobrynin. «Creemos que es del interés del gobierno soviético invitarlo. ¿Por qué? Porque Billy Graham no es simplemente un evangelista; también es un generador de noticias. Usted
ha estado en este país lo bastante como para saber de qué manera
funciona la opinión pública en Estados Unidos. El Dr. Graham
es un formador de opinión pública. La gente escucha lo que él
dice y acepta su liderazgo». Si él encontrara un atisbo de libertad
religiosa en la Unión Soviética, y un sincero deseo de paz por parte
del pueblo soviético, y si informara sinceramente acerca de lo que
había visto al público norteamericano, al presidente y al congreso
y a otros líderes, serviría como una fuerza tremendamente positiva
para la paz entre las dos grandes naciones.

Dobrynin finalmente habló.

—Dr. Haraszti —dijo—, no puedo estar en desacuerdo con
una sola palabra de las que usted ha dicho. Informaré de esto a mi
gobierno. Yo estoy a favor de que el Dr. Graham vaya a la Unión
Soviética. Pero solo soy un embajador; yo no soy el cuerpo que
elabora las políticas.

—Señor Embajador, usted también es un miembro del Comité
Central —le recordó Haraszti.

—Sí, lo soy —reconoció Dobrynin.

Dobrynin mantuvo su palabra, y en pocas semanas se hizo
claro que eventualmente llegaría una invitación. Haraszti les
hizo saber que Graham deseaba predicar en tantos lugares como

fuera posible, pero que se ajustaría al programa que el gobierno aprobara. Con ese entendimiento tácito, se hicieron los planes preliminares para la visita a llevarse a cabo en el otoño de 1979, luego pospuesta debido a la preocupación soviética por las relaciones chino-norteamericanas. Las Olimpiadas de Moscú y la fricción generada por el boicot estadounidense a los juegos hizo que 1980 también se viera como una fecha inoportuna.

La codiciada invitación, que finalmente llegó en 1982, involucró algunas de las negociaciones más delicadas, controversiales y cargadas de peligros de todo el ministerio de Graham. Durante el verano de 1981, el Patriarca Pimen, cabeza de la Iglesia Ortodoxa Rusa, anunció que los líderes religiosos clave de todo el mundo habían sido convocados a Moscú en mayo 1982 para asistir a la Conferencia Mundial de Obreros Religiosos para Salvar el Sagrado Don de la Vida de la Catástrofe Nuclear. Aunque ostensiblemente patrocinada por la Iglesia Ortodoxa, la conferencia obviamente estaba avalada por el partido comunista y vista en general en Occidente como una empresa de propaganda transparente maquinada por el gobierno.

Haraszti le aseguró al representante del patriarca que Graham no deseaba avergonzar a nadie, que él abogaba firmemente por la paz, y que estaba profundamente interesado en ser testigo de primera mano de la manera en que los valientes cristianos rusos habían podido mantener la fe viva a pesar de las políticas represivas del gobierno. Al mismo tiempo, casi con seguridad él no estaba interesado en ir a Moscú solo para asistir a una conferencia que muchos occidentales inevitablemente considerarían como un evento antinorteamericano concebido por los comunistas, sino que tenía la expectativa de predicar tanto en la iglesia bautista como en la ortodoxa, y encontrarse con los líderes judíos.

También dejó en claro que Graham esperaba poder tener uno de los discursos principales de la conferencia y encontrarse con uno o dos de los oficiales soviéticos de alto rango. A cambio, el evangelista no haría ninguna declaración criticando la política exterior soviética ni la condición social o religiosa de la Unión Soviética. No iría como un crítico social, sino como un evangelista, «un hombre de Dios, y un invitado cortés que no abusaría de la amistad de sus anfitriones» ni los avergonzaría de ninguna manera.

Graham aceptó feliz la invitación, pero la promesa de no avergonzar a nadie comenzó a querer colapsar casi de inmediato, y experimentó fuertes presiones desde adentro de la Asociación Billy Graham, de diversos líderes evangélicos y del Departamento de Estado, que anteriormente había dado su aprobación, pidiéndole que declinara la invitación y se rehusara a agregarle respetabilidad a esa así llamada Conferencia por la Paz. Cuando él manifestó su preocupación al respecto, Haraszti respondió:

—Durante años usted ha estado orando para que el Señor trajera un tiempo en el que esto resultara posible. El tiempo ha llegado. Esta será su primera visita a la Unión Soviética, pero no la última. Si acepta esta invitación, todas las de los otros países satélites van a llegar también. Las cosas están entretejidas. Si no hay Moscú, no habrá países satélites. Por favor, Dr. Graham, no me defraude. No me defraude.

—Alex —dijo Graham—, ¿sabe usted que yo recibo miles de cartas que expresan odio?

—Supongo que las reciba —respondió Haraszti—, pero, si me permite comparar mi pequeño caso con el suyo, que es más grande, usted no sabe cuántas cartas que me llegan que expresan odio hacia mí, y cuánta publicidad adversa recibo por parte de los periódicos húngaro americanos debido a que he abierto el camino para que Billy Graham fuera a los países comunistas. Considero un privilegio no solo confiar y creer en Jesucristo, sino también sufrir por él. Creo que en un sentido espiritual lo mismo se aplica a usted.

Mientras debatían, llegó una llamada del vicepresidente George Bush. Garabateando en uno de sus cuadernos negros, en los que habitualmente anotaba los detalles precisos de todo lo que consideraba significativo, Haraszti registró la mitad de la conversación que podía oír. «Lo lamento, George», decía Graham, «ya he aceptado. Es demasiado tarde. Tuve la aprobación del más alto nivel. La tomé seriamente y acepté. No puedo hacer nada ahora». Continúo hablando y expresó tener confianza en que su visita a la Unión Soviética no solo promovería la causa de Cristo, sino que ayudaría a mejorar las relaciones entre los dos grandes países. Como norteamericano leal, sentía que era su deber ir. Graham posteriormente informó que Bush había dicho que él era neutral en cuanto a la visita y que solo le estaba transmitiendo las expresiones de preocupación que había recibido de otros.

Un problema en la programación le proveyó a Graham la oportunidad de anotarse algunos puntos importantes antes de partir hacia Moscú. Había sido nombrado como destinatario del prestigioso premio Templeton Award, que se les daba a las personas que hubieran hecho una contribución significativa a la religión y estaba previsto que lo recibiera de manos del príncipe Felipe, en Londres, el 9 de mayo, o sea en la misma fecha en la que se había programado que predicara en la iglesia ortodoxa y en la bautista de Moscú. Pudo conseguir que el día de entrega del premio se cambiara, circunstancia que Haraszti utilizó a su favor en su conversación con los rusos. Les dijo que Billy Graham era un hombre de palabra que se ceñiría a su compromiso de ir a Moscú aun cuando significara renunciar a los 200.000 dólares que acompañaban al premio, revelación que sorprendió a los rusos, en particular porque Haraszti les había informado que Graham iba a donar el dinero para caridad y diversos esfuerzos evangelísticos. Pero también les hizo notar que el evangelista había sido recibido en el Palacio de Buckingham y había visitado a la reina de Inglaterra en varias ocasiones, mientras que aún no había tenido oportunidad de encontrarse con el presidente Brezhnev ni siquiera una vez. ¿Graham espera ver a Brezhnev?, preguntaron los rusos. La respuesta de Haraszti fue que eso dependía de las autoridades soviéticas; como invitado, Graham no soñaría con hacer ningún tipo de demandas. Sin embargo, Brezhnev había recibido a Muhammad Ali, y era obvio que Billy Graham representaba a más gente que Ali, sea que uno considerara a los ciudadanos norteamericanos o a los cristianos del mundo como su grupo de seguidores.

A pesar de tener expectativas tan altas, el tan esperado día de triunfo en el que Billy Graham finalmente predicaría a Cristo en la capital del comunismo resultó, dicho simplemente, un fracaso. El plan original había sido que Graham predicara en la Catedral Patriarcal de la Epifanía en la mañana del domingo, a las once, antes de la conferencia, y en la Iglesia Bautista a las seis de la tarde. En contra de las instrucciones firmemente impartidas por las autoridades gubernamentales de no publicitar esas reuniones, para que las multitudes no fueran tan grandes que causaran problemas o abochornaran al estado, la Asociación Evangelística Billy Graham anunció el programa a desarrollar en Rusia en La Voz de América y en Radio Europa Libre. Esa acción, a la que Haraszti se había opuesto firmemente, demostró ser un grave error. A su llegada al aeropuerto de Moscú el viernes por la tarde, se le informó a Graham que habían cambiado los planes. Ahora debía predicar a las 8 de la mañana en el servicio de la iglesia bautista, y luego apresurarse a llegar a la iglesia ortodoxa, en la que el servicio ya estaría desarrollándose, para dar un breve mensaje. Haraszti protestó vigorosamente, pero todo fue en vano. El nuevo programa era el que se mantendría. Exhausto y todavía sufriendo por el cambio de horario, a Graham lo sacaron de la cama temprano el domingo por la mañana y lo llevaron a la iglesia bautista. La modificación no informada y lo temprano de la hora (momento en que el transporte público era limitado) entorpecieron la posibilidad de desarrollar la gran asistencia que se esperaba. Como un control más, la entrada a la reunión era supervisada por medio de pases aprobados por el gobierno que los líderes bautistas habían entregado, con por lo menos algunas instrucciones de los funcionarios estatales. De las casi 1.000 personas presentes en el encuentro, solo alrededor de un tercio pertenecían a la iglesia; otros tercio estaba conformado por periodistas y delegados de la Conferencia por la Paz, y el remanente era «gente de afuera», entre los cuales, según se pensaba, había un contingente indeterminado pero probablemente sustancial de personal de la KGB. Varios cientos de evangélicos soviéticos llegaron tarde, pero en lugar de permitir que se sentaran en salones abiertos para el excedente de personas, fueron mantenidos detrás de unas barricadas a una cuadra de distancia, donde cantaron himnos para manifestar su presencia, un gesto audaz que podría haber llevado a su arresto bajo circunstancias normales.

Tan pronto como acabó su sermón en la iglesia bautista, Graham fue conducido rápidamente a un automóvil para trasladarse hasta la catedral del patriarcado. Allí, el padre Borovoy lo presentó ante una multitud de aproximadamente 5.000 personas y le permitió hablarles durante unos pocos minutos a los fieles que se habían mantenido parados a través de una liturgia de tres horas. Graham intentó transmitir una versión condensada del mismo sermón que acababa de dar, pero, cualquiera hubiese sido el efecto, este fue disminuido por la falta de un micrófono y porque la voz de su intérprete era muy suave. Después de un ligero almuerzo con el patriarca en un salón privado del tercer piso, fue invitado a hacer una visita de cuatro horas por las instalaciones de la editorial de la iglesia. «¿A quién podría interesarle conocer el departamento de publicaciones de la Iglesia Ortodoxa?», decía Haraszti echando chispas y sin poder controlar su frustración. «Se trató de una reunión armada. En verdad, no tuvo sentido ni significación. Se dedicó la mayor parte del tiempo solo a asegurarse de que no hubiera oportunidad para hacer nada». Algunos culparon a los rusos por el fiasco. Haraszti lo veía de otra manera. «¡Nosotros lo estropeamos! Moscú pudo haberse convertido en un asunto mundial: todo esplendor; Billy Graham con el patriarca en la catedral; con todos allí, los patriarcas de Alejandría y Rumania, el metropolitano de Polonia, y el gran evangelista hablándole a la gente». Una falla en comprender la situación soviética y una tendencia desenfrenada hacia la publicidad habían deslucido esa oportunidad. «Controlaré mis expresiones», dijo Haraszti, pero «esto se ha debido a una falta de sabiduría por parte del pueblo evangélico norteamericano en la capital del mundo ateo. Hicimos mal uso del contrato verbal, abusamos de él y lo incumplimos».

Las primeras sesiones de la Conferencia por la Paz, llevadas a cabo en el International Trade Center en vez de en un emplazamiento religioso, inmediatamente confirmaron las sospechas de los críticos.

El patriarca Pimen inició el evento con una agresión a Occidente por «oscurecer la política honesta y amante de la paz abiertamente mostrada por nuestra patria». Ese tema continuó cuando oradores de las naciones de influencia soviética alabaron al presidente Brezhnev y las políticas soviéticas y le echaron la culpa de la carrera armamentista a los belicistas occidentales. Graham había advertido de antemano que se retiraría si las cosas se volcaban demasiado hacia un solo lado. Aparentemente no se

cruzó ese umbral, pero cuando un delegado de Siria que estaba
en el programa para dar un saludo de tres minutos se lanzó a
una diatriba tajante de media hora en contra de Estados Unidos, Graham, que estaba sentado en la plataforma y visible para
todos, se quitó los auriculares en señal de su falta de disposición
a escuchar más ataques a su país. En respuesta a esa andanada,
el secretario general de la Iglesia Reformada de Estados Unidos
y el obispo que presidía la Iglesia Luterana de Estados Unidos
advirtieron que si se continuaba con arengas tan improductivas,
el contingente norteamericano se retiraría. Sea por coincidencia
o por instrucciones explícitas de las autoridades soviéticas, poco
después de que Graham se quitara los auriculares, los líderes ortodoxos comenzaron a pasarse hojitas de papel los unos a los
otros y los ataques a los Estados Unidos cesaron abruptamente.

Cuando le tocó el turno de hablar a Graham, el martes por la
mañana, se desempeñó admirablemente. Otros oradores se habían pasado tanto de los minutos que les habían asignado, que se
les instaba a los otros a que recortaran aquellas frases no esenciales por amor al tiempo. Siempre inusualmente consciente del
tiempo, Graham se preocupó e intentó decidir qué omitir, hasta
que el obispo metropolitano a cargo se le acercó y le dijo: «Independientemente de todo lo demás, no acorte su mensaje. Diga
todo lo que tiene en su corazón». Sea que haya dicho todo o no,
la realidad es que dijo mucho. «Ninguna nación, ni grande ni
pequeña», enfatizó, «está exenta de culpa por el actual estado de
los asuntos internacionales. La producción no controlada de armas de destrucción masiva es una fiebre sin sentido que amenaza
con devastar gran parte de nuestro mundo y destruir el sagrado
don de la vida», pero aun si la guerra nuclear nunca llegara, «la
carrera por el armamentismo nuclear ya ha ocasionado indirec-
tamente un holocausto oculto de inimaginables proporciones en
nuestro mundo. Cada día, millones y millones de personas viven
al borde de la supervivencia debido a la hambruna, a la pobreza
y a la enfermedad. Al mismo tiempo se nos dice que las naciones
del mundo están gastando un estimado de 600 mil millones de
dólares por año en armamentos. Si aún una décima parte de esa
cifra se desviara para programas de desarrollo de largo alcance
que ayudaran a los pobres y a los que mueren de hambre en este
mundo, se podrían salvar millones de vidas cada año. El nivel de

vida de los países subdesarrollados se elevaría en forma significativa. Si no alcanzamos a ver nuestra responsabilidad moral y espiritual en lo que hace a este asunto de vida o muerte, creo en verdad que el Dios viviente nos juzgará por nuestra ceguera y falta de compasión».

El discurso de Graham recibió tres minutos de aplauso sostenido.

29

Tribulación y triunfo

El discurso de Graham en la Conferencia por la Paz no tuvo mucha prensa en Estados Unidos y el viaje a Moscú fácilmente pudo haber pasado al registro histórico sin mayor notoriedad de no haber sido por los encuentros del evangelista con la prensa. Ed Plowman, un periodista veterano que manejó la comunicación durante la gira, no podía recordar una semana en la que Billy hubiera pasado más tiempo con los medios que esa, y le parecía a él que desde la primera confrontación en el aeropuerto hasta la última conferencia de prensa, la meta principal de algunos periodistas fue acosar a su presa para que hiciera alguna declaración antisoviética que acaparara los titulares. Por su parte, Graham hizo lo mejor que pudo para caminar por la cuerda floja, tratando de no violentar su conciencia y de no irritar a sus anfitriones. Su actuación resultaba tambaleante por momentos, pero ese truco ya intrínsecamente dificultoso de caminar por la cuerda floja se volvía aún más difícil por causa de los periodistas que le movían la cuerda.

Precisamente en una conferencia de prensa, antes de que Graham partiera de Moscú, un periodista de un periódico de la ciudad natal de Graham, Charlotte, le pidió sus conclusiones sobre la libertad religiosa en la Unión Soviética. La respuesta de Graham incluyó rodeos y omisiones pero arrojó una luz moderadamente favorable. Haciendo notar que había estado en Rusia solo seis días, casi todos ellos en una pequeña área de Moscú y con un programa muy cargado, dijo que no tenía posibilidad de hacer una evaluación personal válida del estado de la libertad religiosa a través de toda la vasta Unión Soviética. «Hay diferencias entre la religión tal como se practica aquí y, digamos, en Estados Unidos, pero eso no significa que no haya libertad religiosa», reconoció. Y añadió: «Ni una sola persona me ha sugerido lo que debía incluir en el discurso que di en el congreso o en los sermones que prediqué aquí». Y nadie trató de impedirle presentar el evangelio a cada uno de aquellos con los que se encontró durante su visita. «Así que yo he experimentado total libertad en lo que he querido decir».

El periodista le preguntó, presionándolo, si es que la pretendida falta de libertad religiosa en la Unión Soviética era un mito. «No necesariamente», le respondió Graham. «Solo estoy diciendo que no sé todo sobre este tema...» Si se hubiera detenido allí, se habría despegado de la cuestión, pero continuó: «El sábado a la noche fui a tres iglesias ortodoxas. Su capacidad estaba colmada. Uno nunca consigue algo semejante en Charlotte, Carolina del Norte. Lo mismo sucedió el domingo por la mañana en las iglesias que visité, y me pareció que las iglesias que están abiertas, de las cuales hay miles, aparentemente tienen libertad de celebrar cultos». Además, la vida en Rusia no era tan sombría como lo daba a entender la impresión popular. «Las comidas que he probado son de lo mejor. En Estados Unidos, uno tiene que ser millonario para comer caviar, pero yo he comido caviar en casi todas las comidas aquí».

Esas declaraciones, que llegaron a Estados Unidos antes de que Graham desembarcara en Londres, provocaron un escándalo. Declaraciones problemáticas de por sí, con mucha frecuencia fueron distorsionadas para que resultaran increíblemente simplistas.

Graham se sorprendió por la reacción. Entrevistado desde Londres por David Brinkley a través del satélite para *This Week*, se quejó con razón de que la prensa hubiera distorsionado sus declaraciones en Moscú. Él señaló que había asistido a la Conferencia por la Paz «tan solo porque deseaba predicar el evangelio de Cristo en la Rusia atea». Por supuesto, era consciente de que su visita y sus declaraciones podían ser usadas con una finalidad de propaganda, pero «creo que mi propaganda del evangelio de

Cristo es mucho más fuerte que cualquier otra propaganda en el mundo». Confrontándolo en esa entrevista había un ministro metodista que acusó a Graham, más allá de cuáles fueran sus intenciones, de haber sido manipulado para prestarle credibilidad a una conferencia arreglada. También había un disidente soviético que señaló en forma categórica: «La gente en Rusia... piensa que usted ha traicionado sus esperanzas. Cree que usted no está lo bastante informado como para llevar un mensaje acerca de la situación referida a la religión en Rusia».

Inmediatamente después de su llegada a Nueva York, pocos días después, Graham llevó a cabo una conferencia de prensa y concedió entrevistas en las que intentó explicarse otra vez, con mínimos resultados. Las explicaciones y disculpas no convencieron ni silenciaron a sus críticos. Para volver comprensible una lista de abusos soviéticos durante un comentario ante CBS News, Bill Moyers, exministro bautista y viejo amigo de Billy, dijo: «La libertad religiosa se tolera mientras uno no la ejerza. A Billy Graham no se le pasó por alto eso, sino que lo ignoró, en parte por una cortesía sureña, en parte por razones tácticas y en parte como precio por la celebridad. Él es un tipo popular y agradable que no desea ofender a sus anfitriones, sea en Washington o en Moscú. Pero nunca es fácil cenar con el poder y levantarse de la mesa impecable. Por esa razón los profetas de antaño preferían el desierto. Cuando hacían una aparición, no era para hablar suavemente con los reyes y gobernadores, sino para llamarlos a juicio».

Una vez más, como ya lo había hecho ante el desafío a ser más audaz con respecto a los derechos civiles y a Vietnam, Graham se refugió en su rol de evangelista. Reconoció que podía entender que algunos lo vieran como un oportunista autoexaltado. «Para el de afuera, esto aparenta ser así, y probablemente también me lo parezca a mí un poco», pero señaló que «desear predicar en Rusia no tiene que ver con mi ego sino con mi llamado». Dijo haber sido sacudido por la reacción a su visita y por los comentarios y haber tambaleado, pero expresó que ahora «tenía un sentimiento de serenidad» con respecto a todo el episodio. «Tengo una gran sensación de paz por haber estado en la voluntad del Señor... Puede haber una o dos cosas que se podrían haber cambiado, pero creo que todo esto fue de Dios».

En muchos sentidos tal como Graham y sus colegas lo esperaban, su conducta en la conferencia de Moscú convenció a las autoridades soviéticas de que aparentemente él no constituía una amenaza al orden público ni a la estabilidad política. Antes de que acabara 1982, la República Democrática Alemana y Checoslovaquia, dos países con los que Haraszti había estado negociando durante varios años, le permitieron a Graham hacer visitas satisfactorias, aunque cuidadosamente controladas. Y dos años después, luego de sostenidos esfuerzos llevados a cabo por el Dr. Haraszti, la extensa gira de predicación que Graham había estado procurando por tanto tiempo se volvió realidad.

Durante doce días, en septiembre de 1984, Graham habló en más de cincuenta ocasiones en cuatro ciudades: Moscú y Leningrado, la ciudad estonia de Tallinn, apenas cruzando la bahía desde Finlandia, y Novosibirsk, en el profundo corazón de Siberia. El itinerario fue rigurosamente controlado, y todas las conferencias se llevaron a cabo en iglesias y dentro de escenarios religiosos más que ocasiones abiertas al público, pero Graham pudo hablarles a miles de cristianos cara a cara, algo que a ningún occidental se le había permitido hacer. En todas las ciudades Graham visitó a los líderes gubernamentales claves, compartiendo su fe cristiana en cada ocasión y enfatizando la necesidad de que toda la gente trabajara en conjunto para alcanzar una paz duradera.

El siguiente país comunista que le permitió a Graham predicar quizá era el más represivo de todos: Rumania. Alex Haraszti había estado trabajando desde 1978 para lograr una invitación. El gobierno de Ceausescu, con gran necesidad de realizar gestos que enmascararan su verdadero carácter, estuvo de acuerdo en permitirle una visita en 1983. A pesar de los estrictos controles gubernamentales sobre la religión, o más probablemente como reacción directa a ellos, Rumania se había convertido en uno de los espacios de mayor avivamiento durante las décadas de 1970 y 1980. Y cuando Graham finalmente consiguió el permiso para entrar en el país, en 1985, se encontró con las multitudes más numerosas que jamás hubiera visto en cualquier otra parte de Europa del Este, aun cuando los medios de Rumania no dieron información previa acerca de su visita.

Como en su primera visita a la Unión Soviética, Graham dejó perplejos y molestos a muchos cristianos rumanos al expresar su «gratitud al liderazgo del país, que les da una libertad plena y genuina a todas las denominaciones religiosas», descripción que ellos encontraban en total discrepancia con la verdadera situación.

Resulta interesante que los funcionarios del gobierno no hicieran mayores esfuerzos por enmascarar su cinismo. Cada sermón era precedido por largos himnos exaltando al régimen de Ceausescu, y a muchas iglesias no solo se les requirió que proveyeran regalos caros para los oficiales de la *Securitate* que viajaban con Graham, sino que se les cargaron sumas exorbitantes para cubrir los gastos de viaje y alojamiento del grupo del evangelista (gastos que la Asociación Billy Graham ya había cubierto), y de los funcionarios rumanos que lo acompañaban, lo que aparentemente incluía a los cientos de personas de la *Securitate*, cuyo rol principal era frustrar los esfuerzos de la gente de la iglesia por ver y escuchar al evangelista predicar. Sin embargo, un bautista rumano que informó acerca de todas estas decepciones, reconoció que la visita de Graham había sido «una bendición» y «el milagro público más grande que hubiera experimentado» bajo el gobierno comunista.

Graham, después de este viaje a Rumania, continuó con otra visita, en 1985, esta vez a Hungría, cuyo gobierno demostró su cordialidad al extenderle privilegios con los que no había contado en otros países comunistas. En Pecs se reunió una multitud de más de 20.000 personas frente a la catedral católico romana, no solo para escuchar a Graham hablar desde las escalinatas de la catedral, sino para ver su rostro en un pantalla Diamond Vision de doce metros por ocho, traída de Gran Bretaña. Ese era el primer encuentro religioso público al aire libre desde la Segunda Guerra Mundial. En Budapest se anotó otra marca, al ser el primero después de la guerra en hablar en un estadio deportivo de propiedad del estado con una capacidad de 12.500 personas. Cuando las autoridades vieron que la multitud constituía un modelo de conducta, permitieron que entraran 2.000 personas más, y que se sentaran en los escalones o permanecieran paradas en los pasillos.

Graham sintió que había alcanzado una cierta medida de éxito en los países detrás de la Cortina de Hierro. Comprendía que los gobiernos comunistas tenían sus propias agendas, y que la predicación del evangelio cristiano no formaba parte de ellas. Walter Smyth observó: «La gente nos preguntaba todo el tiempo, "¿No se dan cuenta de que los están usando?". Por supuesto que ellos nos están usando. Pero nosotros los estamos usando también, para llevar el evangelio a su gente. Y nosotros contamos de nuestro lado con un elemento con el que ellos no están familiarizados, y es el Espíritu Santo, que continúa realizando su trabajo después que nosotros nos vamos». Como un eco a esa idea de que «nuestra propaganda es mayor que la de ellos», Graham solo insistía en que no se le pidiera que criticara al gobierno norteamericano ni a su política exterior, y no se realizó ningún intento por influir en lo que él iría a decir, sea desde el púlpito o en cualquier otra reunión pública. Si se le garantizaban esas libertades, sentía que no tenía mucho que temer de los esfuerzos que realizaran sus anfitriones por transformar sus visitas en ventajosas para ellos.

30

Amsterdam

Billy Graham sabía por qué los hombres y mujeres necesitaban ser salvos y sabía mostrarles el camino. Al ver que su propia vida y ministerio se dirigían inexorablemente hacia el fin, lo que deseaba más que ninguna otra cosa era compartir ese conocimiento práctico y simple con otros que también hallaban su mayor gozo en ir de lugar en lugar predicando la palabra y ganando almas. Como resultado de ese impulso, se llevaron a cabo un par de conferencias en Amsterdam en 1983 y 1986, las que, como un participante lo ha señalado, «de haber tenido lugar en tiempos de la iglesia primitiva, hubieran sido incluidas en el libro de Los Hechos».

La idea de una conferencia práctica e instructiva para evangelistas itinerantes «ardía en el corazón de Graham» desde hacía años. Él había patrocinado otras conferencias dirigidas a los líderes, pero deseaba algo que «alcanzara a esos muchachos que andan por ahí, en los matorrales», los evangelistas sin educación en Calcuta o en el Congo, cuya necesidad principal era recibir instrucción básica en cuestiones tan corrientes como la forma de armar un sermón, obtener fondos, o utilizar eficazmente películas y videos. El primer desafío radicaba en identificar y contactar a «esos muchachos que andan entre los matorrales». Sencillamente porque eran «pequeños muchachos», la mayoría de los hombres que Graham buscaba ayudar no resultaban conocidos para la gente encargada de enviar las invitaciones. Al contactar líderes de la iglesia y de entidades paraeclesiales por los nombres y referencias que se tenían y enviar información

Graham predica ante los miembros de un campamento de jóvenes bautistas en la reunión de cierre, Hungría, 1977. Aunque no había sido publicitada por los medios, asistieron más de cinco mil húngaros y otros ciudadanos de Europa del Este. A la derecha de Graham está su traductor, el doctor Alexander Haraszti.

Graham recibe el prestigioso Premio Templeton de manos del Príncipe Felipe, en 1982.

El reverendo Robert Runcie, arzobispo de Canterbury, le sirve café a Graham en el Palacio de Lambeth. Año 1989.

Su Santidad el Papa Juan Pablo II le da la bienvenida al Vaticano a Billy Graham, a veces llamado el Papa Protestante, en 1981.

Graham comparte un momento de
confraternidad con el presidente
Reagan y su esposa, en 1981.

El equipo evangelístico original de Billy Graham en una foto del año 1975. *En la fila de adelante:* Tedd Smith, Graham y Grady Wilson. *En la fila de atrás:* Cliff Barrows y George Beverly Shea.

Franklin y Billy Graham sobre la Gran Muralla China durante una gira de diecisiete días en 1988.

Graham canta una canción con un grupo de escolares chinos con
los que se encuentra durante su visita a la Gran Muralla, en 1988.

Billy Graham le transmite a una audiencia parisina
su conocido mensaje: «La Bible dit...».

Cuarenta años después de iniciar su ministerio público, Graham le dice a una multitud reunida durante el día de cierre de su Cruzada del Gran Washington, en 1986, que «¡la Biblia [todavía] dice...!».

Billy obtiene su estrella en el Hollywood Boulevard, que lo convierte en la celebridad número mil en ser honrada de esa manera, en 1990.

El presidente Ronald Reagan presenta a Billy Graham
la Medalla Presidencial de la Libertad, 1983.

La familia Graham celebra el 50º aniversario de boda
de Ruth y Billy, 1993.

El evangelista Billy Graham.

acerca de que se estaba planeando ese evento, los organizadores de la conferencia finalmente armaron una lista de aproximadamente 10.000 evangelistas itinerantes en 133 países. Después de una revisación cuidadosa de aquellos a los que se consideraba posibles candidatos, y de asignar cupos para los diversos países, se invitó a cerca de 3.900 personas (70% de ellos pertenecientes a países del Tercer Mundo) a reunirse en Amsterdam para una Conferencia Internacional de Evangelistas Itinerantes, en 1983. Se seleccionó Amsterdam porque entre las pocas localidades del mundo capaces de proveer comida, alojamiento y lugares de reunión para una concurrencia de ese tamaño, Holanda contaba además con la ventaja adicional de ser un centro aéreo internacional importante, desde el que ofrecía un servicio propio de vuelos a través de KLM Royal Dutch Airlines hacia muchas partes del mundo, y mantenía la tradición de permitirle a los ciudadanos de casi todos los países obtener una visa sin mayores dificultades.

Amsterdam '86 fue más grande aún en alcance e impacto. En esa ocasión los organizadores tuvieron menos problemas para determinar a los que conformaron el grupo. De una lista de casi 62.000 potenciales invitados, se seleccionaron alrededor de 8.200. Miles de ellos habían sido animados a volverse evangelistas por antiguos alumnos de la conferencia de 1983. Algunos eran evangelistas de cruzadas, e iban de ciudad en ciudad llevando a cabo reuniones evangelísticas de la manera convencional y consagrada a través del tiempo. Otros se especializaban en trabajar con jóvenes, con presos, con pacientes hospitalarios, con refugiados, en campamentos de trabajadores migrantes, con personal militar, con leprosos, o con prostitutas. «No se trata de teleevangelistas poderosos», observó un miembro de la comisión de la conferencia. «Son muchachos que caminan treinta o cuarenta kilómetros para compartir el evangelio, y se van a Borneo, a Sudáfrica, o a Papúa Nueva Guinea».

La mayoría de los evangelistas de América del Norte y de Europa occidental costearon sus propios gastos de viaje y alojamiento. A los predicadores del Tercer Mundo se los instó a juntar una parte del dinero para cubrir sus gastos, como muestra de compromiso, pero la Asociación Billy Graham financió la mayor parte de los costos, así como el gasto sustancial que implicaba el planeamiento de la conferencia y el alquiler del extenso complejo de exposiciones en el que se llevó a cabo.

Aun en una ciudad cosmopolita como Amsterdam, la absoluta variedad de visitantes llamaba la atención. La televisión holandesa mostraba historias sobre hombres africanos que comenzaron a cavar letrinas a poco de llegar al centro de exposiciones que había sido convertido en un improvisado dormitorio para 4.000 hombres, y de negros asombrados de ver camareros blancos trayéndoles el desayuno junto a sus camas, sin darse cuenta de que una cosa como esa podría suceder en cualquier parte del mundo. Los mismos participantes quedaban pasmados por la experiencia de encontrarse con tantos cristianos de diversos lugares del mundo. «De pronto se dieron cuenta de que todos somos uno en Cristo. De que tenemos el mismo Salvador, el mismo evangelio, el mismo llamado», señaló uno de los miembros del equipo de Graham.

La conferencia de 1986 comenzó con un esplendor de estilo olímpico, cuando seis corredores, simbolizando los seis continentes, acarrearon antorchas desde los puntos más lejanos del gran salón, y encendieron juntos una llama central que seguiría ardiendo a través de toda la conferencia, como símbolo de la Luz de la Palabra, en la que aquellos que participaban se estaban preparando para poder revelarla con mayor brillantez. Entonces, mientras Cliff Barrows leía los nombres de los 173 países representados en esa asamblea, y un par de trompetas llenaban el aire con el sonido conmovedor de «Firmes y adelante», algunos ayudantes, llevando las banderas de esos países, se entrecruzaban en el vasto auditorio, ya engalanado con estandartes en granate y gris con la leyenda HAZ LA OBRA DE EVANGELISTA en docenas de diferentes idiomas. Cristianos iraquíes e iraníes, representando a minúsculas poblaciones de fe minoritarias, se paraban unos junto a otros, con los ojos llenos de lágrimas, lo mismo que los cristianos árabes y judíos de Palestina, y los evangelistas tanto de Corea del Norte como de Corea del Sur. Un sudafricano blanco abrazó a un compatriota negro, y hermano en Cristo. Aunque resultaba muy improbable que a alguien se le hubiera escapado el simbolismo, un narrador le recordaba a esa asamblea tan diversa: «No somos extraños ni enemigos, sino conciudadanos de un reino celestial». Al unirse todos para cantar «Coronadle con muchas coronas», algunos tomados de las manos, muchos derramando lágrimas de gozo, casi todos quedaron atrapados en una trascendente unidad del espíritu.

Graham mismo dio cuatro discursos en las plenarias, aunque no por su propia iniciativa. Previo a la conferencia, repetidamente, y en apariencia con sinceridad, argumentó que quería que se le asignara un rol más pequeño. «He reunido el dinero más que realizar el trabajo», dijo. «No me ha llevado mucho tiempo». Porque no había realizado el trabajo él mismo, parecía sentir que no se había ganado el derecho a cumplir un rol principal. Pero cuando se votó por adelantado para saber qué querían escuchar, el noventa por ciento de los evangelistas invitados dijo que deseaba escuchar a Billy Graham, para aprender cómo hacía las cosas él».

Aunque era una presencia inevitablemente impactante, con todo, Graham no llevó adelante todo el *show* él solo. Otros conocidos predicadores hablaron sobre tópicos tales como «La condición perdida del hombre», «El compromiso del evangelista con la iglesia», y alguien dio una explicación electrizante, aunque graciosa, sobre las condiciones requeridas para que se produjera «El avivamiento que necesitamos». Franklin Graham habló sobre «El ministerio del evangelista en medio de situaciones de necesidad humana», y la hija de Graham, Anne Lotz, transmitió un mensaje fascinante sobre «La fidelidad del evangelista», presentando sus argumentos con la misma gesticulación (como quien usa dos pistolas) y la misma cadencia martillada que su padre había usado con tanta eficacia durante cuarenta años.

Las sesiones plenarias, traducidas simultáneamente a quince idiomas y accesibles a través de auriculares, les proveyeron a esos «jóvenes muchachos» la oportunidad de ver a los «muchachos grandes», y los muchachos grandes mostraron, básicamente, por qué estaban en la cima de su profesión. Pero la mayor parte del trabajo importante de la conferencia, la transmisión detallada de instrucción pragmática, se pasó por medio de más de 160

seminarios y talleres que enfocaron temas como la preparación
de un sermón, cómo realizar la invitación, entrenamiento de
consejeros, y métodos de seguimiento. Luego de un conmovedor servicio de comunión, la conferencia terminó con Billy
Graham predicando sobre la Segunda Venida, y esos 10.000
cristianos evangélicos (incluyendo los miembros del equipo y
los maestros) de los confines de la tierra se prepararon para
partir hacia su patria, completamente conscientes de que la mayoría de ellos no se volverían a encontrar hasta que el ansiado
Advenimiento sucediera en verdad. Cuando los seis portadores
de antorchas encendieron sus lámparas en la llama que había
estado ardiendo a través de toda la conferencia y se dirigieron
de nuevo hacia los seis continentes del mundo, seguidos por los
que llevaban las 173 banderas, Graham entonó solemnemente
«Ustedes son testigos de esa Luz. Vayan a predicar las Buenas
Nuevas a sus naciones. Ustedes son sus mensajeros... La gloria
del Señor está sobre ustedes, porque el Señor ha transformado
nuestra oscuridad en luz, para que nosotros podamos proclamar
la salvación de nuestro Dios a todas las naciones. ¡Hagan la
obra de evangelistas!».

31

Los medios establecidos

Extraordinarias y pioneras como fueron las visitas de Graham al bloque de naciones soviéticas y las conferencias de Amsterdam, no lo desviaron por mucho tiempo del transitado sendero de las cruzadas. A principios de la década del '80, él llevó a cabo cruzadas en Canadá, Japón, México, Baltimore, Boston, Boise, San José, Houston, Spokane, Chapel Hill, Orlando, Fort Lauderdale, Tacoma, Sacramento, Anchorage, Oklahoma City, Hartford y Anaheim. Entre 1984 y 1985 condujo con gran éxito una Misión Inglaterra en dos etapas que incluyó siete campañas completas en ciudades importantes, fuera de Londres, y la transmisión por circuito cerrado de televisión, a través de una conexión satelital en vivo, de las reuniones en otras cincuenta ciudades.

En 1986 él prosiguió con una cruzada en Washington D.C., con una reunión en Tallahassee, y con la Misión Francia, un esfuerzo que se originó en París, en medio del temor a las bombas terroristas y que envió el evangelio a través del satélite a treinta y una ciudades de toda la nación. Concluyó la década con campañas en Columbia, Carolina del Sur, Denver, Helsinki, Finlandia, y en una serie de ciudades al norte del estado de Nueva York.

Con cuarenta años de experiencia en estas cuestiones, el equipo de cruzadas de Graham incuestionablemente estaba organizado, así que cuando se recibían invitaciones para llevar a cabo cruzadas, una vez consideradas y aceptadas, podían desarrollarse en distintas ciudades siguiendo pautas bien establecidas,

procurando lo que Charles Grandison Finney, el gran evangelista del siglo diecinueve, llamó hacer «buen uso de los medios
establecidos». Aunque dependieran mucho del Espíritu de Dios
para alcanzar el éxito, las cruzadas de Billy Graham constituían
un ejercicio notable de organización racional y de acción. Los
miembros del equipo no querían aparecer como manipuladores
de un fenómeno supuestamente espiritual e invariablemente se
mostraban cuidadosos de no relegar a la deidad a los márgenes,
pero Sterling Huston, director de las cruzadas norteamericanas,
reconocía abiertamente: «Sí, tenemos un plan. Conocemos una
forma, y esta funciona en las congregaciones locales si ellas la
respetan. Tratamos de ser flexibles y adaptar el plan a la situación local, pero cuando invitan al Sr. Graham, este es el único
plan que conocemos que realmente funciona. Queremos que esté
contextualizado, pero la estructura, los principios, las metas no
cambian».

Fundamental para el éxito de las cruzadas de Billy Graham
era la habilidad que él tenía de enrolar representantes de los
medios masivos como si fueran soldados clave de sus campañas.
En ocasiones, por supuesto, la prensa no era para nada amistosa
con él, pero en general los medios le prodigaron un tratamiento abrumadoramente positivo durante cuatro décadas. Esa respuesta no fue buscada ni cultivada. Larry Ross, un empleado de
Walter Bennett Communications asignado casi con exclusivi-
dad a la organización Graham, imaginaba que el tratamiento
favorable que normalmente recibía Billy Graham de los periodistas era un ejemplo de los beneficios que producía el seguir la
regla de oro. La prensa generalmente lo trataba bien, según dijo,
«por lo bien que él trata a la prensa. Él es cortés aun cuando se
relacione con periodistas que escriban historias que no lo favo-
rezcan. Les brinda más tiempo del que ellos le requieren o esperan. Muchas veces lo he visto bendecir a aquellos que lo maldi-
cen. Creo que el Señor lo ha honrado por eso. Aún aquellos que
no están de acuerdo con su mensaje respetan a ese hombre y su
bondad transparente».

En tanto que las cruzadas en los grandes estadios siguieron
siendo el sello distintivo de su ministerio, y que él lograba convocar multitudes en ellos durante un período mucho más largo

que cualquier otro evangelista, resulta incuestionable que Billy Graham amplió la llegada de su voz y multiplicó tremendamente el alcance de sus palabras por su habilidad y disposición a usar los modernos medios masivos. Hasta el final hizo uso de los dos medios que le prestaron sus servicios durante más tiempo: las publicaciones impresas y la radio. En 1990 su columna «Mi respuesta» escrita mayormente por los miembros de su equipo, aparecía en más de cien periódicos, pero eso estaba muy por debajo de su momento pico, en las décadas del '50 y del '60. Aquellos que deseaban recibir una respuesta más completa y satisfactoria a una pregunta específica podían escribirle directamente a Graham a sus oficinas centrales en Minneapolis, donde miembros permanentes de su equipo las leían y respondían. En marcado contraste con los ministros mediáticos que declaran leer cada carta que reciben, Graham abiertamente admitía que no podía leer más de una pequeña fracción de su correo. Más aún, las respuestas enviadas llegaban firmadas por la gente que en realidad las había contestado.

Decisión todavía continuaba siendo la revista religiosa más ampliamente distribuida en el mundo y Graham seguía alcanzando millones a través de sus muchos libros. Durante sus primeros años, se decía que tenía reparos en reconocer su dependencia de investigadores y escritores anónimos, pero finalmente se volvió muy abierto en cuanto a admitir que recibía ayuda de otros, apenas señalando que él participaba activamente en sus proyectos escritos, y que por lo menos examinaba con cuidado todo lo que salía bajo su nombre, para asegurarse que representaba adecuadamente sus creencias y opiniones.

En 1990 el programa *Hora de decisión* todavía se emitía semanalmente en más de 690 estaciones (para 2011, la cantidad había ascendido a 1200), pero el equipo de Graham había comenzado a considerarlo más un vehículo para mantener informados a los «compañeros de oración» del ministerio sobre lo que estaba haciendo el evangelista que una herramienta evangelística importante. World Wide Pictures se convirtió en la mayor productora y distribuidora de películas cristianas del mundo; se estima que 150 millones de personas han visto al menos una de sus películas y que un millón y medio de ellas ha tomado una decisión por Cristo luego de la exhibición de las películas.

La radio le dio a Billy Graham su primera exposición real a nivel de la nación y las películas le proporcionaron legitimidad al uso de ese medio ante gente que consideraba al cine como una herramienta del diablo, pero fue la televisión lo que lo mantuvo ante la mirada pública. Otros predicadores aparecían con mayor frecuencia por televisión, pero ninguno de ellos utilizó ese medio con mayor eficiencia y eficacia que Graham. Una de las claves de su éxito fue la decisión de no intentar salir con un programa semanal los domingos por la mañana. Como años de mediciones lo demostraron, la audiencia de sus programas (programas que generalmente salían en grupos de a tres por trimestre) era mucho más numerosa que la de los programas de otros comunicadores religiosos que se difundían los domingos. Esa audiencia más amplia también parecía incluir a un mayor número de personas de las que no asistían a la iglesia que los programas de los domingos. Dado que cualquier equivocación que cometiera Graham, tal como citar erróneamente una revista o contar alguno de sus viejos chistes, podía ser editado, aquellos que lo veían por televisión en general escuchaban un mejor sermón que si en realidad hubieran asistido a la cruzada en la que se había filmado el programa.

32

Decentemente
y en orden

Billy Graham estaba siempre dispuesto a admitir que su capacidad para viajar por todo el mundo, pararse ante grandes multitudes, hacer llegar sus palabras hasta los lugares más lejanos del planeta, visitar a los famosos y poderosos y ser amigo de ellos, influir sobre las políticas de grandes naciones y hacer surgir legiones que tomaran su lugar había sido potenciado por el esfuerzo dedicado e incansable de varios cientos de hombres y mujeres que trabajaban en un silencioso anonimato en las oficinas centrales de la Asociación Billy Graham en el centro de Minneapolis. Aunque dependía mucho de hombres como George Wilson, Billy Graham no era una figura decorativa que simplemente se presentara en las conferencias de prensa o hiciera su aparición ante el púlpito para realizar aquello que sus «entrenadores» le indicaban. Nadie dudaba de que él fuera el líder indiscutido de su equipo; y tanto las fortalezas como los defectos de su estilo de liderazgo dejaron huellas indelebles en la asociación. Aquellos que trabajaron con él por años de manera uniforme alaban su visión, su intuición, su sentido de estrategia, y su habilidad para elegir personas en las que pueda confiar y a las que pueda motivar para que pongan sus sueños en funcionamiento.

Graham confiaba firmemente en su junta de directores. Se daba un patrón demasiado familiar dentro de las juntas de los ministerios evangelísticos independientes (a estos se les requería ser calificados como organizaciones sin fines de lucro y libres de impuestos), en las que se incluía al evangelista, su esposa, su hijo, su yerno, su cuñado, su asistente más cercano, su abogado y una o dos personas clave. Con semejante disposición de cosas, las chances de caer en una laxitud financiera y ética eran enormes. Quizá ninguna medida organizativa de las que tomó Billy Graham hizo más por mantenerlo fuera de ciertas aguas turbulentas y por asegurarle una buena reputación en cuanto a su integridad fiscal que el haber armado una junta impresionantemente fuerte, y haberse sometido a ella. Graham, Cliff Barrows, T. W. Wilson, George Wilson y Franklin Graham pertenecían a la junta, pero estaban rodeados de hombres cristianos de negocios y profesionales de éxito. La junta extendida tenía una jurisdicción final, pero gran parte del trabajo de supervisión en realidad era llevado a cabo por un comité ejecutivo de nueve miembros que se encontraba aproximadamente diez veces al año en forma personal y que se reunía vía telefónica cada vez que resultaba necesario. Ni Graham, ni ninguna otra persona a la que la asociación le pagara o pudiera beneficiarse económicamente de alguna de sus operaciones, podía integrar el comité ejecutivo. George Bennett, extesorero de la Universidad de Harvard, concordó en cuanto a esto: «He participado de muchas juntas», señaló, «pero nunca me he asociado con una organización que tuviera un estándar tan alto en cuanto a sus procedimientos comerciales y controles financieros como la Asociación Billy Graham».

Graham y sus asociados percibían con claridad que confiar en una junta fuerte los investía de verdadera autoridad y constituía un factor importante que lo protegía a él de los escándalos que habían sacudido al mundo de los evangelistas televisivos de fines de los '80. «Yo no creo que Jim Bakker se hubiera propuesto hacer esas cosas», observó George Wilson. «Simplemente se deslizó hacia ellas. No tuvo a nadie que le dijera que estaba equivocado. Billy sabe que cualquier hombre tiene pies de barro, y que es mejor que se cuide de los pasos que da». Precisamente debido a que ni Graham ni sus lugartenientes se sentían inmunes a la tentación, continuamente enfatizaban la necesidad de ayuda para mantener a raya sus inclinaciones más bajas. Millie, la esposa de Fred Dienert, que ha jugado un rol importante en la organización de los esfuerzos de oración anteriores a las cruzadas de Graham, comentó: «Siempre he apreciado, desde un punto de vista moral, lo limpios que han sido los hombres en sus actitudes hacia las secretarias. Las puertas siempre se dejaron abiertas. Permanentemente se tuvo en cuenta que no se diera ningún tipo de privacidad entre un jefe y su secretaria. Se ha mantenido todo por encima de cualquier reproche. Cuando alguien trabaja durante un largo período con la misma persona, alojándose en hoteles, con la esposa ausente y la secretaria presente, se produce una situación de mucho riesgo. Se tienen que tomar precauciones. Yo siempre he respetado la forma en que ellos han manejado eso. Lo han llevado a cabo de una manera fantástica».

Ninguna otra característica de la organización Billy Graham se ha destacado con mayor claridad, ni ha sido considerada más importante por aquellos que observaban a este ministerio de cerca que el hecho de que casi todos los hombres que comenzaron con él en la década del '40 todavía seguían a su lado en 1990 y que la mayoría de los «recién llegados» ya habían estado con él por lo menos durante un cuarto de siglo. En tanto que en algunos círculos evangélicos las ambiciones jactanciosas, la fragilidad de los egos y el orgullo descarnado han creado tensiones crónicas y provocado muchos cambios, la Asociación Billy Graham es reconocida por su estabilidad organizacional y armonía interna. No es que esté más allá de una mancha o una arruga, y casi todos los miembros de la asociación pueden señalar defectos menores, pero, sin embargo, se la puede considerar un monumento impresionante al liderazgo de Graham y un ejemplo notable de eficiencia como organización burocrática no tradicional.

33

La Biblia [todavía] dice

En más de cuarenta años de ministerio público como líder cristiano, Billy Graham tuvo pocos pares, si acaso alguno. Sin embargo, con frecuencia insistía en que le faltaba profundidad como teólogo y que sus sermones y libros eran más bien comunes, tanto en su forma como en su contenido. Muy pocos de los colegas más cercanos se sentían inclinados a discutirle eso. Robert Ferm, que pasó su carrera poniendo la mejor cara que podía ante las acciones y palabras de Graham, identificaba como una señal de grandeza su habilidad para simplificar. «Yo he leído a los principales teólogos», decía Ferm, «y él se ubica en una categoría completamente diferente. Es un hombre que conoce a Dios. Conociendo a Dios, tiene un concepto de la inspiración de las Escrituras que puede expresar en quince o veinte palabras, en tanto que otros hombres podrían escribir un libro entero al respecto».

La teología que Graham propugnaba en sus últimos años difería un poco de aquella de sus primeros días de ministerio, pero las advertencias que hacían sus detractores fundamentalistas con respecto a que la asociación con religiosos liberales minarían su lealtad a los pilares de la ortodoxia evangélica mostraron ser injustificados. Abrió espacio para más perspectivas liberales de las que tenía, pero permaneció fiel a las formulaciones tradicionales. Y nunca se alejó de su convicción de que cuando usaba la frase «La Biblia dice...» era equivalente a decir «La Biblia quiere decir...» Aún así, él no insistía en que todos los cristianos tuvieran una perspectiva conservadora de las Escrituras. «No somos salvos por la perspectiva que tengamos de la Biblia», decía. «Somos salvos por nuestra perspectiva acerca de Jesucristo y nuestra aceptación o rechazo de él, y de la vida que vivamos después de venir a Cristo».

Aquellos que reconocían que Billy Graham no era sofisticado teológicamente admitían que su fama no descansaba en su habilidad para tejer redes teológicas o buscar pelos en la leche, en lo que hacía a la doctrina, y hasta los miembros de su propio equipo, que lo habían escuchado predicar cientos, y hasta miles de veces, no lo consideraban como alguien notablemente dotado para el púlpito. Sin necesidad de que nadie se los dijera, sus asociados más cercanos y sus admiradores más fervientes señalaban enseguida que «los sermones de Billy eran bastante comunes», o que «él era el primero en decir que había montones de predicadores mejores que él». Con los años, la predicación de Graham cambió de alguna manera tanto en contenido como en la manera de ser transmitida. Aunque todavía predicaba con regularidad sobre Juan 3.16, Belsasar, y la Segunda Venida, sus últimos sermones eran más cortos y menos densamente armados que en sus primeros años. También usaba un estilo más calmo y suave, cambio no solo fomentado por la edad, sino por las demandas de la televisión. Allí por los años '70, su predicación era mucho más paternal, adecuada a su paso de joven impulsor de una causa a estadista maduro. Las llamas del infierno y el holocausto nuclear que hacían que las audiencias transpiraran por el terror en la década del '40, fueron dando paso, ya bien entrada la década del '60, a inquietudes como la soledad, el vacío, la culpa y el temor a la muerte, y a amenazas de alto perfil dentro de la sociedad como las drogas y el SIDA. Graham libremente reconoció haber usado el temor como un motivador de la conversión, pero la ira que sus críticos habían discernido en su predicación en los períodos tempranos parecía en general ausente ahora. Con seguridad, Graham esperaba que hubiera desaparecido. «Necesitamos predicar con compasión» le dijo a un grupo de aspirantes a evangelistas. «La gente debería sentir que la amamos, que estamos interesados en ellos. Aun cuando prediquemos acerca del infierno, necesitamos transmitir que tanto el autor (Dios) como el mensajero hablan desde un corazón quebrantado».

Sería gratificante poder informar que la utilización de los chistes que hacía Graham y su humor habían adquirido un tono más sutil también, pero ese no fue el caso. La mayoría de los chistes de su relativamente pequeño arsenal eran los mismos que había estado usando durante treinta años, y el paso del tiempo no había agudizado su efecto. Sus ayudantes decían que con frecuencia le aconsejaban que renovara su reservorio de anécdotas, o quizá, mejor que eso aún, que dejara de intentar ser un humorista, pero sus ruegos eran superados por la disposición infaltable de la audiencia a reírse hasta de la más vetusta de sus historias. Tampoco tuvieron éxito en lograr que eliminara de sus sermones las ilustraciones pasadas de época y se resignaron a encontrar en ellas una especie de diversión.

Volver a trabajar sermones usados una y otra vez (práctica perfectamente honorable entre los predicadores) consistía mayormente en agregarle algunos nuevos datos objetivos, nuevas referencias a acontecimientos presentes, y nuevas ilustraciones. Y mucho antes de que una cruzada comenzara, los ayudantes preparaban documentos con información a la que él pudiera apelar para ilustrar sus sermones, así como también para responder preguntas de la prensa. Fuera lo que fuere que su audiencia pensara con respecto a su perspicacia intelectual, lo veían como absolutamente sincero con respecto a lo que decía en el púlpito. «No hay magia ni manipulación», observó un amigo. «El hombre obviamente cree en lo que dice, y aparece como una persona muy humana». Al final, sin embargo, insistían en que cualquier intento por explicar a Billy Graham en términos seculares estaba destinado a fracasar. «Hay algo muy milagroso en lo que hace a su poder», señaló John Innes, organista de la cruzada. «Pienso que la gente cree que va a escuchar algo de parte de Dios cuando el Sr. Graham sube al púlpito, y eso es lo que sucede. Escuchan otra voz a través de él: la voz de Dios». Graham estuvo de acuerdo con esas observaciones, pero pensaba que estas se aplican a todos los verdaderos evangelistas, y no solo a él. «Un evangelista», dijo, «es una persona con un don especial y un llamado especial del Espíritu Santo para anunciar las Buenas Nuevas del evangelio. Yo estudio, leo y me preparo todo el tiempo, pero mi don parece provenir del Señor cuando hago la apelación para que la gente tome una decisión por Cristo. Ese parece ser el don. Algo que no puedo explicar sucede».

¿Qué clase de hombre?

Billy Graham creía genuinamente en lo que predicaba y su organización le proveía los medios para lograr aquello que otros con menos luces solo pueden soñar. Pero el factor fundamental que explica los logros sin precedentes de Billy Graham como evangelista y líder cristiano mundial es Billy Graham mismo.

Su habilidad para hablarle a la cultura norteamericana con tanto éxito durante sesenta años provenía en cierta medida de que él era, de muchas maneras, la quintaesencia de los valores centrales de esa cultura. Si los resultados constituyen la medida, él fue el mejor de todos en lo que hizo, pero alcanzó esa altura a través de un trabajo esforzado y honesto, no por herencia o por una casualidad ciega. Siempre estuvo dispuesto a utilizar la última tecnología para alcanzar sus metas y mantener su prominencia, pero, sin embargo, insistió en que su recurso más valioso era un círculo de amigos leales. Caminaba con realeza y recibió una atención mediática sin precedentes durante cuatro décadas, pero seguía siendo una especie de muchacho de pueblo pequeño, sorprendido de que alguien pudiera pensar que era especial. En una profesión manchada por el escándalo, él se destacó como un ejemplar claramente identificable de integridad y vida limpia. Él y la esposa de su juventud criaron cinco hijos capaces y agraciados, todos los cuales son cristianos fieles. Él fue, resumiendo, un auténtico héroe norteamericano.

Por supuesto, el mismo hecho de que haya sido extraordinariamente famoso, de modo incuestionable, le agregó atractivo a Billy Graham. Y la forma en que él manejó esa fama le ganó la simpatía de aquellos que fueron atraídos por el brillo de su celebridad. A ninguna persona del siglo veinte se le prestó tanta atención popular de manera sostenida ni fue tan ampliamente admirada como Billy Graham, y esa celebridad le dio entrada a otra gente de un renombre semejante. Graham defendía su vinculación con las celebridades y el aparato publicitario que mantenía su estrella brillante y en ascenso arguyendo que aunque personalmente aborrecía la atención que se le brindaba, lo toleraba como algo que resultaba esencial para atraer una audiencia que escuchara su mensaje. La frase inicial que usaba en general («Por favor, llámeme "Billy"») parecía por completo genuina y reflejaba su incomodidad ante un tratamiento honorífico que sentía que no se había ganado.

El deseo, muchas veces expresado, de moverse por el mundo de incógnito resultaba comprensible. Aun cuando nadie espera-ra de él algo en particular, el simple hecho de que todos los ojos de un salón estuvieran sobre él implicaba una carga ineludible. El deseo de privacidad, sin embargo, se mezclaba con cierta medida de gratificación por ser reconocido. Aquellos que conocían mejor a Graham firmaban con convicción que la fama no se le había subido a la cabeza. Russ Busby, fotógrafo de la Asociación Billy Graham, sugirió que «lo más valioso de Billy es su sincera humildad. Tiene un ego, como el resto de nosotros. A veces asoma, pero él vuelve a colocarlo bajo control. Hasta donde sé, raramente piensa de sí mismo más de lo que debería. Cuando lo hace, solo dura un breve momento. Y no quiero decir semanas, quiero decir un día o dos, y eso es todo. Billy Graham es humano, pero trabaja sobre la cuestión. Hace falta un gran ego para ser un gran predicador, pero la diferencia entre Billy y los otros es que cuando Dios quiere hablarle, al menos logra captar su atención».

Graham no profesaba tener una gran comprensión de sí mismo. «No soy alguien que se autoanalice», decía. «Conozco personas que solo se sientan a analizarse a ellas mismas todo el tiempo. Yo sencillamente no lo hago. No me pregunto a mí mismo por qué hago esto o aquello. Raramente pienso de esa manera introspectiva». Puede ser que no haya pasado mucho tiempo pensando acerca de la clase de persona que era, pero pensaba mucho sobre la persona que deseaba ser. Cuando se le preguntaba qué palabra le gustaría que la gente de futuras generaciones usara para calificar su vida y ministerio, no titubeaba ni por un instante. Sacudiendo la cabeza ligeramente, como para colocarla en posición de dispararle a un blanco clave, sacaba la mandíbula hacia afuera y decía: «¡Integridad! Es por ella que me he esforzado toda mi vida, ¡por la integridad!».

35

«Hasta los confines de la tierra»

Durante más de cincuenta años como evangelista, Billy Graham había peleado la buena batalla y guardado la fe. Ahora, seguramente por el designio de Dios o por obra de la naturaleza, estaba listo a terminar la carrera y parecía decidido a que el mundo supiera que planeaba cruzar la línea con un golpe impresionantemente fuerte. En 1988 se embarcó en un viaje misionero que no solo agregó un país nuevo e importante a la lista de su propia vida, sino que cumplió con un sueño de Ruth largamente acariciado: regresar a China, donde había nacido y donde su familia había pasado un cuarto de siglo, para alentar la extensión del evangelio en medio de un pueblo que nunca había estado lejos de su mente. En 1980 ella y sus tres hermanos regresaron al lugar del complejo habitacional de la misión donde se habían criado, y la gente con la que se encontró en ese viaje le ayudó a hacer los arreglos para la invitación que le hizo posible a su marido acompañarla en una nueva visita de retorno. Guardando cierta semejanza con las circunstancias de las visitas de Graham a Europa del Este, la invitación fue un esfuerzo de cooperación entre el Concilio Cristiano de China y una agencia estatal conocida como la Asociación del Pueblo Chino para la Amistad con Países Extranjeros. Al igual que las visitas al bloque soviético, el viaje a la China no fue sino una aventura espontánea y azarosa. Pocos meses antes de partir, Graham explicó de un modo informal: «Ruth ha formado un comité de expertos en China». Y luego anotó los nombres de algunos de los miembros de su comité: «Richard Nixon ha estado ayudando y George Bush; gente de ese tipo. Tuvimos un grupo de estudio, formado por lumbreras sacadas del Departamento de Estado, durante todo el día de ayer para que nos hicieran algunas sugerencias. Un experto sobre China, de John Hopkins, nos está ayudando mucho y también un hombre de la revista *Time*. Hemos recibido una ayuda tremenda de Zhang Wenjin, el exembajador en Estados Unidos; él es miembro del Politburó ahora, y encabeza la Asociación para la Amistad que nos ha invitado».

El mensaje que los Graham llevaron a China era semejante al que Billy y Alexander Haraszti habían transmitido en Europa del Este. «En primer lugar», dijo Ruth, «queremos explicar lo que los cristianos creen y ayudar a los líderes gubernamentales a comprender que los cristianos constituyen sus mejores ciudadanos, los más confiables, los que trabajan más esforzadamente, los más honestos. No se emborrachan y no andan correteando por ahí y apostando todo lo que ganan. Es gente buena, de familia». Un segundo objetivo sería asegurarles a los cristianos chinos que sus esfuerzos y éxitos serían conocidos a través de todo el mundo y se oraría por ellos, para ayudarlos a que sintieran que son parte vital del cristianismo internacional. Y en tercer lugar, según señaló Ruth: «Billy va a enfatizar la paz. Paz con Dios. Ellos estarán celebrando un Año Internacional de la Paz mientras nosotros estemos allí. Resulta interesante leer artículos del gobierno de Pekín. Todos hablan acerca de la paz. Ellos desean la paz. Pero no se dan cuenta de que están separados de la verdadera fuente de paz».

Esta ambiciosa misión, que comprendía tres flancos, se puso en marcha en abril de 1988. El viaje de diecisiete días, que incluía cinco ciudades, arrancó con un comienzo entusiasta en Pekín, lugar en el que Graham fue agasajado con un banquete de bienvenida, del que el embajador Zhang era el anfitrión, en el Gran Salón del pueblo. El embajador le dio la bienvenida a Ruth como a una «hija de China» y presentó a su marido como «un hombre de paz». Posteriormente, el embajador norteamericano, Winston Lord, y su esposa, Betty Bao Lord, les ofrecieron un almuerzo a Graham y a todo un grupo de líderes políticos y religiosos. En lo diplomático, el golpe maestro del viaje se produjo cuando los Graham fueron recibidos por el premier Li Peng, que dedicó casi una hora a conversar con el evangelista, analizando tópicos tales como el rol de la religión en el futuro de China. Graham, como siempre, dio testimonio de su propia fe, y Li, en tanto que enfatizó que era y esperaba seguir siendo un ateo, reconoció que las garantías constitucionales de la libertad de religión no siempre habían sido observadas con fidelidad, y aceptó que China necesitaba «poder moral» y «fuerza espiritual» para asegurar sus esfuerzos de modernización. Esta visita, no anunciada previamente, apareció en la televisión china y en la primera página de los periódicos a través de todo el país, generando un amplio interés público por el resto de la visita de Graham. El influyente periódico *World Economic Herald*, publicado en Shanghai, incluyó una entrevista con el evangelista en la portada, y Ruth Graham fue entrevistada por escritores de las revistas *Beijing Review* y *Chinese Women*.

Poco después de la visita a China, Graham regresó a Rusia para celebrar mil años de presencia cristiana en ese país. Como huésped de la Iglesia Ortodoxa Rusa, fue tratado como un importante dignatario. En 1982, Alexander Haraszti, que había logrado lo que muchos consideraban imposible, admitió que «es simplemente imposible, hablando humanamente, y hasta inimaginable, que a un ministro cristiano del evangelio se le permita predicar en un lugar abierto como un estadio, una plaza grande, o un local secular en cualquiera de los países comunistas». Apenas siete años después, en el verano de 1989, Haraszti estuvo al lado de Billy Graham en una plataforma erigida en el centro del estadio más grande de Hungría, y allí, ante unas 110.000 personas, tradujo a su idioma natal un sermón que el evangelista había desarrollado en base a Gálatas 6.14: «En cuanto a mí, jamás se me ocurra jactarme de otra cosa sino de la cruz de nuestro Señor Jesucristo...» Al concluir el sermón, más de 35.000 personas pasaron adelante, casi una tercera parte de la multitud, constituyéndose esa en la mayor respuesta que el evangelista había visto en más de medio siglo de invitar a la gente a aceptar a Jesucristo. Cuando ese servicio fue emitido por la red televisiva estatal, una semana después, muchas otras personas se pusieron en contacto con los cuerpos religiosos patrocinadores, llevando las decisiones a un total aún más alto.

Durante la siguiente primavera, Graham registró otro triunfo para el que parecía haber pocas probabilidades. En 1960, poco antes de que se construyera el muro de Berlín, él predicó ante una inmensa muchedumbre reunida frente al histórico edificio del Reichstag, cerca de la Puerta de Brandenburgo. El gobierno de Alemania del Este y la prensa lo denunciaron por belicista, y las tropas militares comunistas intentaron ahogar su sermón montando una práctica de artillería a unos pocos cientos de metros de distancia. Treinta años después, el muro estaba en ruinas, el gobierno comunista había colapsado, y Billy Graham otra vez predicaba en las escalinatas del Reichstag, esta vez como invitado tanto de iglesias de Alemania Occidental como de Alemania Oriental, que conjuntamente lo habían convocado para darle una dimensión espiritual a esos tremendos movimientos que estaban conduciendo a la reunificación de Alemania, a una Europa reconfigurada y al fin de la guerra fría. Anunciando que «Dios le está dando otra oportunidad a este país», él proclamó el mismo mensaje que había predicado durante más de cincuenta años en más de sesenta países: «No hay esperanza en cuanto al futuro de Europa, América, o cualquier otra parte del mundo fuera del evangelio de Cristo». Su versículo fue Juan 3.16.

Parte 5

Terminar la carrera
(Los últimos años)

36

La obra de un evangelista

Las espectaculares visitas a China, Rusia y el Este de Europa subrayaron la estatura de Graham como figura cristiana mundial, pero no desplazaron su dedicación a su llamado constante y principal: predicar el evangelio a tanta gente como le resultara humanamente posible en todo tiempo que le quedara. Apropiadamente, la empresa que él y sus colegas idearon para darle un clímax (aunque no un final) a su carrera como evangelista que había rodeado el globo se conoció como Misión Mundo.

En su primera fase, lanzada en 1989, la sombra de Graham se extendió a través de las islas británicas y de 33 países de África. En Londres, dirigió la palabra a cerca de 400.000 personas en reuniones llevadas a cabo en cuatro lugares, y a más de 800.000 en 247 centros con «conexión en vivo» a través del Reino Unido y la República de Irlanda. En África, la señal satelital de Londres fue emitida en vivo por la red televisiva nacional en 13 países. Otras 20 naciones recibieron el programa en cintas de video una o dos semanas después, generalmente luego de ser traducidas a uno de nueve diferentes idiomas. El esfuerzo africano originalmente incluía 16.000 cruzadas completamente preparadas, con una asistencia total de 8.5 millones de personas. Un programa adicional de 4.000 misiones filmadas o en cintas de video para las áreas que no recibían señal de TV fueron enviadas seis meses después. No se intentó hacer un recuento apropiado de las decisiones de todas las reuniones, pero los líderes de la cruzada distribuyeron 2.5 millones de folletos con literatura de seguimiento. Posteriormente, en 1990, Billy Graham lanzó la expresión oriental de Misión

Mundo. El 7 de noviembre, exactamente a setenta y dos años de que Frank y Morrow Graham contemplaran por primera vez con orgullo a su primogénito y se preguntaran qué sería lo que le deparía la vida, él se paraba en la cubierta de un tradicional barco chino de juncos mientras cruzaba Victoria Harbor camino a Hong Kong, donde, una vez más, dirigiría la palabra a la mayor audiencia total (estimada en 100 millones de almas) que había oído las Buenas Nuevas acerca de Jesucristo.

El logro más ambicioso y complejo desde la logística, indiscutiblemente, fue poder completar la Misión Mundo. En noviembre de 1991, reuniones de la cruzada, con origen en Buenos Aires, llegaron hasta unos 65 millones de personas en 20 países de América del Sur, América Central y los países hispanoparlantes del Caribe. La edición europea de Misión Mundo, desde Essen, Alemania, fue transmitida por satélite a más de mil lugares de reunión en 56 países y territorios, en 16 distintos husos horarios. En 1995, lo que había parecido inviable, y quizá hasta imposible, cuando Billy Graham comenzaba a soñar con predicarle a todo el mundo a la vez, ahora parecía alcanzable. En marzo de ese año, los sermones que Graham predicó en San Juan, Puerto Rico, (luego de ser traducidos a 116 diferentes idiomas) fueron retransmitidos por 30 satélites a 3.000 sitios de enlace en 185 países y en los 29 diferentes husos horarios, para ser vistos en las horas apropiadas. Además de los estadios, teatros, iglesias y encuentros en los pueblos en los que los programas se proyectaron sobre sábanas adheridas a la pared, esos tres programas fueron sacados al aire por varios sistemas de televisión por cable de distribución nacional. La Asociación Evangelística Billy Graham, no dada a declaraciones exageradas con respecto a sus audiencias, estimó que más de mil millones de personas presenciaron al menos uno de los programas.

En una escala más modesta, Graham continuó insistiendo en su intento por predicar el evangelio en tierras que aún estaban dominadas por el comunismo, o apenas emergiendo de debajo de su sombra. En julio de 1991 obtuvo el permiso para llevar a cabo una escuela de evangelización, con todas las de la ley, en el Estadio Druzba, un anexo del Estadio Lenin. No solo se les permitió asistir a ese curso a casi 5.000 pastores y líderes laicos, sino que fueron hospedados y alimentados en los dormitorios de la Universidad Estatal de Moscú.

Al año siguiente se vio una respuesta aún más amplia a la oración que Graham había hecho en 1959 en cuanto a un despertar evangelístico en la Plaza Roja, con Vozrozhdeniye '92 (Renovación '92), considerada por la revista *Decisión* como «Algo que va más allá de todas las expectativa». Con el apoyo de 150 iglesias del área de Moscú y 3.000 más de otros lugares de Rusia, Graham proclamó el evangelio de Cristo en las inmensas instalaciones cubiertas del Estadio Olímpico. En la reunión de cierre del domingo, se reunió una multitud de 50.000 personas en el estadio y otras 20.000 siguieron la reunión a través de una gran pantalla exterior. Más de una cuarta parte de la audiencia respondió a la invitación en cada encuentro.

Pocos meses antes de la misión Moscú, Graham finalmente había logrado atravesar la caparazón que rodeaba a la sociedad comunista más cerrada: Corea del Norte. Habiendo sido un país que contaba con tantas iglesias cristianas que a veces la llamaban «la Jerusalén de Oriente», Corea había reprimido despiadadamente a todas las expresiones religiosas por más de medio siglo. Ahora solo un pequeño porcentaje de la población se seguía identificando como cristiano; de hecho, la ciudad capital de Pionyang tenía solo dos iglesias construidas, una protestante y otra católica. Sin embargo, quizá consciente de los esfuerzos realizados por Graham a favor de la libertad religiosa en la ex Unión Soviética y sus estados satélites, la Federación de Cristianos Protestantes de Corea y la Asociación de Católicos de Corea, con la aprobación del gobierno, invitó a Graham a visitarlos, con la comprensión de que sus apariciones serían bastante limitadas. Luego de obtener la aprobación del presidente George Bush y del secretario de estado James Baker, Graham aceptó la invitación.

En Pionyang, Graham predicó en las dos iglesias de la ciudad y les habló a alrededor de 400 estudiantes de la Universidad Kim Il Sung, sentando las bases de la fe cristiana y contándoles algo del rol que la religión había jugado en la historia de Estados Unidos. También se encontró con el Ministro de Asuntos Exteriores, y, lo que es más importante, con el anciano y autoritario presidente Kim Il Sung. Dos años después Graham recibió una segunda invitación, otra vez de parte de las dos asociaciones cristianas. Habló en los mismos lugares que en la primera visita y también en una reunión pública en la que estuvieron presentes algunos de los principales líderes de la nación. Pero el punto central de ese viaje fue una reunión de tres horas con el presidente Kim. En esa ocasión Graham llevó un mensaje de Bill Clinton, nuevo presidente de Estados Unidos, en el que manifestaba la esperanza de lograr una relación más cercana una vez que Corea del Norte acordara formalmente permitir que grupos internacionales inspeccionaran sus instalaciones de armas nucleares. La diplomacia de Graham podía haber logrado un impacto significativo. El presidente Kim no asumió ningún compromiso en ese momento, pero unas pocas semanas después accedió formalmente a permitir que inspectores internacionales visitaran las instalaciones nucleares.

Como lo indicaban las visitas aprobadas por su gobierno a Pionyang, Billy Graham retuvo su posición como Capellán de la Nación y ocasionalmente como embajador sin credenciales. Los medios seguían buscando su opinión en cuestiones de estado, y él todavía se las arreglaba para brindarles un apoyo transparente a sus amigos políticos. Cuando la nación no estuvo dispuesta a elegir a su viejo amigo George Bush para cumplir un segundo mandato en la Casa Blanca, Graham encontró mucho que admirar en Bill Clinton y se mostró complacido en dirigir las oraciones en sus dos asunciones del mando, lo que lo distinguió como participante en ocho de las asunciones al poder de seis presidentes, mucho más que cualquier otra figura de la historia norteamericana, excepto John Marshall, que fue presidente de la Corte Suprema desde 1801 hasta 1835.

Graham mantuvo su amistad con Ronald Reagan; lo visitaba ocasionalmente, notando con pena el precio que el mal de Alzheimer le cobraba a otro gran comunicador. Cuando Richard Nixon murió en 1994, Graham presidió los servicios televisados internacionalmente y también los otros, más privados, junto a la tumba. En otra manifestación de su rol como el Pastor del Pueblo, Graham se unió al presidente Clinton en un conmovedor servicio de oración con posterioridad al bombardeo del edificio de la oficina federal de la ciudad de Oklahoma, en abril de 1995.

En mayo de 1996, el Congreso de Estados Unidos honró a Billy y Ruth Graham entregándoles la Medalla de Oro del Congreso, el mayor honor que el Congreso le podía otorgar a un ciudadano. El primer ciudadano en recibir ese reconocimiento fue George Washington; solo otras 112 personas han sido honradas con él durante más de doscientos años. Fue la segunda vez que el reconocimiento le era dado a un clérigo, y la tercera ocasión en que se otorgaba a una pareja.

A pesar de una declinación física progresiva, Graham mantuvo un programa de cruzadas relativamente completo durante la última década del siglo, aunque la mayoría de ellas duraban solo entre tres y cinco noches en lugar de los ocho días que habían sido los acostumbrados durante la década de 1980. Todavía mejoraban su propia marca en los estadios ciudad tras ciudad. Ninguno de esos encuentros atrajo más la atención nacional que «Una tarde en el parque con Billy», el 22 de septiembre de 1991, en el que Graham culminó una exitosa cruzada en Meadowlands, Nueva Jersey, con un espectáculo de música, acompañado por un mensaje, que duró tres horas, en el Great Lawn del Parque Central de Manhattan, de unas seis hectáreas de extensión.

En contraste con lo que sucedió en 1957, en que a los católicos se les instó a mantenerse alejados de la cruzada de Graham en el Madison Square Garden, y en el que a los sacerdotes se les proveyeron materiales que los ayudara a contrarrestar la enseñanza evangélica, en esta ocasión, en 1991, el cardenal John O'Connor, arzobispo de la arquidiócesis de Nueva York, y el obispo Thomas Daily, de la diócesis de Brooklyn, les escribieron a los sacerdotes de las 630 iglesias católicas, instándolos a invitar a sus feligreses a que fueran a escuchar a Billy Graham, y los alentaron a distribuir folletos entre los cientos de visitantes diarios de la catedral de San Patricio. Además de contar con una mayor participación de las iglesias afroamericanas que en años anteriores, por lo menos cien iglesias chinas promovieron activamente el evento entre sus miembros.

Otra vez, a través de planeamiento, publicidad extravagante, y la posibilidad de escuchar predicar al evangelista más famoso del mundo desde el porche de la capital cultural de Estados Unidos se logró un resultado sorprendente. Según estimaciones de la policía, 250.000 personas se presentaron en lo que el *New York Daily News* consideró «el mayor encuentro religioso de la historia de la ciudad de Nueva York». Ningún otro evento nacional se podía comparar con la concentración en el Central Park en términos de audiencia en vivo, pero las cruzadas de la década de 1990 no obedecieron a repeticiones formuladas en base a lo que había sucedido antes. A partir de 1994, el equipo de Graham comenzó a crear encuentros hechos a la medida del creciente número de jóvenes que asistían.

Como era predecible, Billy Graham no se sentía atraído por el escenario musical contemporáneo, pero observaba que cuando se acercaba a diferentes países y culturas, a menudo necesitaba de un intérprete que pusiera su mensaje en un idioma que la gente pudiera comprender. Si la música popular, aunque sonara discordante a sus oídos, servía como un medio de traducción, estaba dispuesto a intentarlo.

Lanzó ese experimento en el venerable Estadio Municipal de Cleveland. El director de la cruzada, Rick Marshall, convocó a músicos cristianos populares como Michael W. Smith y al grupo de rock dcTalk, y publicitó el evento en MTV y en las dos estaciones de *rock* que resultaban más populares en el mercado de Cleveland. En lugar de hacer que esos artistas simplemente cantaran un número o dos y dieran un breve testimonio, la idea era que ellos presentaran un concierto completo de música de alto voltaje, y luego de eso continuar con un mensaje de Billy Graham, como adulto comprensivo que intentaría hacerles saber que entendía su mundo y deseaba ayudarlos a encontrarle propósito y sentido a sus vidas. Cinco horas antes de que comenzara el concierto, se estimaba que unos 50.000 jóvenes esperaban para entrar al estadio. Esa vista les agradó a los miembros del equipo de la cruzada, pero surgió una pregunta obvia: «¿Se irán a comportar?». Cuando se acercó la hora en que debía aparecer Graham, Larry Ross espió afuera desde atrás del escenario y vio a una masa de humanidad joven bailando frente al escenario, y una «ola» sacudiéndose en la platea alta del estadio. «No hay modo de poder controlar esa multitud», pensó preocupado. «¿Qué vamos a hacer?». Pero entonces, como lo recordaría años después: «Cuando el Sr. Graham se paró para hablar, se calmaron y hasta se podía oír caer un alfiler. Si fue su imagen de abuelo o el respecto que había por su generación, no lo sé, pero resultó sorprendente. Y sucede lo mismo dondequiera que vamos». El experimento claramente había sido un éxito, y la Noche de los Jóvenes se convirtió en un programa estándar de las cruzadas de Graham, como lo era para los niños el Kidz Gig, del sábado por la mañana, que apuntaba a los niños pequeños y con frecuencia convocaba a 20.000 chicos y sus padres para una revista musical cristiana en la que actuaba Psalty the Singing Songbook, un personaje de dibujos animados popular en los círculos evangélicos.

El viejo evangelista también estaba dispuesto a adaptar su predicación a una nueva audiencia. En lugar de traer a la rastra un sermón clásico sobre el rey Manasés, «el hombre más malvado que jamás haya vivido», predicaba sobre Salomón, «el hombre más rico, poderoso y *sexy* de su época», yendo más allá de una exégesis estricta de las Escrituras, para afirmar que Salomón había logrado varios doctorados en las universidades de sus días y que usaba drogas, sin mencionar todas las esposas y concubinas que tenía, pero que ni aún así había podido encontrar felicidad en los placeres y en el poder. En lugar de citar al *Reader's Digest* o a un líder mundial al que hubiera conocido personalmente, tomaba citas de MTV y compartía pequeñas porciones de la desilusión expresada por el cantante líder de Nine-Inch Nails y del rapero Notorious B.I.B., o hacía referencias al suicidio tan publicitado de Kurt Cobain. En ciudad tras ciudad, la Noche de los Jóvenes siempre atrajo las mayores multitudes de la cruzada, y además llevó a alcanzar cifras récord en casi todos los lugares de reunión.

También produjeron un efecto muy visible en las cruzadas de Billy Graham. Para poder ubicar a las bandas y los equipos de alta tecnología como las pantallas JumboTron, los arreglos del escenario sufrieron una transformación radical. Antes de comenzar con las Noches de la Juventud, la ambientación consistía en una plataforma simple con cortinas y varias hileras de sillas para el personal clave del comité, el clero local y diversos dignatarios. En la nueva disposición, el escenario se parecía a aquellos utilizados para los grandes conciertos de *rock*, con una inmensa superestructura tipo caja, que se extendía, teniendo en cuenta las pantallas y el vallado de protección, casi hasta los límites del campo de juego, y se elevaba por casi veinticinco metros. Esto les proporcionaba una protección a los elementos y permitía darle un aire más teatral al evento. Las filas de sillas para los dignatarios desaparecieron; solo muy pocas personas, que desarrollaran algún rol clave, aparecían en el escenario. Los músicos entraban por una cortina que había en la parte de atrás y actuaban delante de grandes pantallas que se podían iluminar de modo espectacular, y que luego se elevaban por medio de cables para quitarlas del medio una vez que la actuación había concluido. Billy Graham aún hablaba desde un simple púlpito; parecía una pequeña y hasta solitaria figura sobre un inmenso y sólido escenario. Como había sido durante más de medio siglo de ministerio público, el viejo evangelista todavía seguía enfocado en la época pero anclado en la roca.

Aparentemente el atractivo que tenía Graham para la juventud no se limitaba a los círculos evangélicos. En 1999 dos discursos en Harvard atrajeron una multitud que colmó su capacidad. En la Escuela de Gobierno John F. Kennedy, donde habló acerca de «La relevancia de Dios en el siglo veintiuno», recibió una ovación sostenida de los estudiantes y del cuerpo docente luego de su discurso y de una sesión de cuarenta minutos de preguntas y respuestas. La demanda en cuanto a poder escucharlo fue tan grande que se usó un sistema de lotería para seleccionar a aquellos a los que se les permitiría asistir al evento. Durante esa misma visita, Graham habló en la iglesia Memorial Church en Harvard Yard. El reverendo Peter Gomes, ministro de la universidad, y él mismo un predicador elocuente e inusualmente capaz, dijo que el sermón de Graham sobre el sentido de la cruz había sido uno de los más destacados que había escuchado en sus veinticinco años de carrera en Harvard. La visita tuvo una cobertura amplia y positiva por parte del periódico de la universidad, el *Harvard Crimson*, normalmente no considerado como un órgano evangélico.

Bev Shea y Billy en la cruzada de Los Ángeles de 2004. Esto marcó el 55º aniversario de la conclusión del histórico avivamiento de ocho semanas en la «Catedral de lienzo» en Los Ángeles.

Billy y Ruth en su casa en Montreat, Carolina del Norte, en la Navidad de 2005.

El hogar original de Billy Graham (trasladado de su ubicación previa y vuelto a montar) y la Biblioteca y Centro de Visitantes Billy Graham, instalados en los terrenos de la Asociación Evangelística Billy Graham en Charlotte, Carolina del Norte.

La ceremonia de dedicación de la Biblioteca y Centro de Visitantes Billy Graham, el 31 de mayo de 2007, reunió (de izquierda a derecha) a los *expresidentes* George H. W. Bush y Willam J. Clinton, a Billy y Franklin Graham, y al *expresidente* James Earl Carter.

El presidente Barack Obama se reúne con Billy Graham, de 91 años, en su casa de Carolina del Norte el 25 de abril de 2010.

Billy habla en su última cruzada en Nueva York, 2005.

El evangelista Billy Graham.

37

«Cuida bien lo que se te ha confiado»

Nadie pensaba que Billy Graham viviría para siempre, pero ciertas cuestiones, como quién lo sucedería luego de su desaparición, y qué sucedería con la Asociación Evangelística Billy Graham, a esa altura eran difíciles de enfrentar. Graham y algunos de sus colaboradores más cercanos obviamente esperaban que Franklin recogiera el manto como líder de la organización y quizá como principal evangelista, aunque Franklin había expresado una respetable ambivalencia en cuanto a asumir cualquiera de los dos roles. Otros eran menos optimistas ante la perspectiva de transferir su lealtad y devoción a un hombre cuyo estilo difería significativamente del de su padre, y que, según pensaban algunos, todavía no había demostrado del todo estar listo para asumir ese puesto. Resultaba comprensible que mucha gente que se había acomodado a un sistema y a una organización que habían demostrado una notable estabilidad durante más de cuatro décadas estuviera ansiosa ante la posibilidad de algún cambio significativo. Pero cuando a Billy Graham se le diagnosticó el mal de Parkinson en 1992 (posteriormente ese diagnóstico cambió a hidrocefalia) cada vez se hizo más claro que «ese día» se aproximaba. Inevitablemente Franklin Graham se fue acercando al escenario central y los reflectores, que nunca había parecido anhelar, lo enfocaban. Franklin había sido ordenado en 1982, pero él dudaba que el púlpito constituyera el enfoque central de su ministerio, y resultaba evidente que no aspiraba a seguir las pisadas de su padre como evangelista de cruzadas. En 1983, mientras ayudaba en una de ellas en Saskatoon, Saskatchewan, conducida por John Wesley White, un evangelista asociado de la Asociación Billy Graham, este persuadió a Franklin de que predicara una noche. Cuando ni una sola persona de una multitud, de unos 1.000 asistentes, respondió a la invitación, Franklin quedó devastado. «No vuelvan a pedirme que haga esto otra vez», le dijo a White. «Yo no soy Billy Graham». Hasta 1989 no volvió a predicar en otra cruzada, y cuando lo hizo fue después de mucha insistencia por parte de su amigo, compañero de caza, y compinche en el motociclismo Dennis Agajanian, un guitarrista de música *country* nacido de nuevo. El primer intento en Juneau resultó apenas más exitoso que la excursión a Saskatoon. Según cuenta la historia, solo nueve personas pasaron al frente, y cuatro de ellas eran amigos de Dennis Agajanian. «Él se quería asegurar de que alguien pasara», recordó Franklin. «Yo no supe de eso hasta varios años después. Y le pregunté: "Dennis, ¿por qué lo hiciste?" Si Dios está en esto y nosotros tratamos de manipular la invitación, él nos va a maldecir. No nos va a bendecir"».

Una o dos noches después, Franklin usó uno de los sermones favoritos de su padre, y la respuesta que obtuvo (no manipulada) fue mucho mejor. Franklin lo tomó como una señal. «Me di cuenta de que yo no tenía nada que ver con eso. Que era el Espíritu Santo de Dios el que tocaba las vidas de las personas. Respondían a la invitación de Dios. Esa noche cuando regresé a mi cuarto, dije: "Dios, si esto es algo que tú quieres que yo haga, estaré encantado de llevarlo a cabo. Lo tendré como prioridad en mi vida y lo realizaré mientras tú me permitas hacerlo, pero necesito de tu ayuda"». *Aunque no tenía intenciones de trabajar menos tiempo en Samaritan's Purse, que podrían no resultar,* Franklin prometió dedicar una décima parte de su tiempo a la predicación evangelística. Muy pronto estaba llevando a cabo entre ocho y diez cruzadas anuales alrededor del mundo ante multitudes cada vez más numerosas, al principio alternando con John Wesley White y luego como único predicador.

El éxito de esas cruzadas sorprendió más que nadie al mismo Franklin Graham. En 1994 le dijo a un periodista del *Charlotte Observer* que había evitado la predicación evangelística por una razón: «No quería ser comparado con mi padre. Ya hay bastantes presiones en la vida. No necesito una más». Y luego de cinco años de prédicas en su haber, declaró: «No es que esté buscando recoger el manto de papá. El Señor del cielo me ha llamado a hacerlo». Aunque convencido de su propio llamado, Franklin comprendió que mucha gente concurrió a escucharlo, al menos durante los primeros años de su ministerio evangelístico, para ver cómo calificaba él con respecto a su famoso padre. «No sé si puedo evitar las comparaciones», admitió. «Billy Graham es mi padre. Yo soy su hijo». Pero agregó: «Amo a mi padre. ¿Cómo podría cansarme de ser comparado con alguien al que amo y admiro tanto?».

Franklin llama a sus campañas «festivales» en lugar de «cruzadas», explicando que «Una cruzada es algo que la gente que no concurre a la iglesia pueda entender. Pero esa gente sí entiende lo que es un festival. Prefiero tener un nombre que cuando se lo publicite dentro de la comunidad, la gente responda: "Bien, seguro, si va a haber un festival, yo estaré allí". Soy graduado en *marketing*. Y esta es una forma en que se atrae a la gente. Uno no desea alejar a las personas. Uno quiere que pruebe el producto».

Cuando predica, Franklin habla directamente y con autoridad. Tiene un buen sentido del humor, pero no se apoya mucho en los chistes y otros recursos que muchos predicadores usan para seducir y captar a la audiencia. En lugar de eso, encara rápidamente la parte central de sus sermones, que son más bien cortos, identifica el pecado por su nombre y advierte que la muerte y el infierno constituyen su consecuencia, para luego declarar lo que Dios ha hecho a través de su Hijo con el fin de reparar la brecha abierta entre él y la humanidad caída. Entonces hace un llamado a la audiencia para que se arrepienta al pie de la cruz, pida el perdón que necesita (y le ha sido prometido) y acepte a Cristo como el Señor de sus vidas. En tanto que su padre contaba acerca de otras personas que se hubieran rebelado en contra de Dios, Franklin sacaba a relucir su propia biografía. «Durante años no quise a Jesucristo en mi vida», confesaba. «Escapaba de él. Tenía miedo de que si le entregaba mi vida quedaría atrapado dentro de un chaleco de fuerza espiritual durante toda la vida. Yo quería ser libre. Quería lograr la felicidad por mí mismo. Tuve muchísima diversión, sin duda, pero dentro sentía aquel vacío. Franklin Graham tenía un tremendo agujero en el medio».

Los relatos sobre la maldad que uno ha logrado superar ya hace tiempo han constituido uno de los ganchos de la predicación evangelística, pero el mensaje de Franklin sobre esa rebelión desatada por el vacío interior obviamente hacía vibrar una cuerda dentro de su audiencia, que estaba compuesta por muchos *baby boomers* (personas nacidas por la explosión demográfica posterior a la Segunda Guerra Mundial) y sus descendientes. Al ser conscientes de que Franklin había sido en cierto modo un rebelde (aun cuando fumar, beber, y conducir a altas velocidades no ocupaban los primeros lugares en la lista de pecados de la mayoría) le daba una auténtica llegada. Esa imagen se afianzó al hacer que Dennis Agajanian, Ricky Skaggs y otros músicos contemporáneos de aspecto rudo iniciaran sus programas, y por su propio hábito de predicar en *jeans*, botas, chaqueta negra de cuero, y una gorra de béisbol Harley-Davidson. La mayoría de sus oyentes también saben que Franklin en verdad anda en una Harley-Davidson, pilotea su propio avión en regiones peligrosas, y esquiva fuego de artillería y balas de francotiradores en su trabajo dentro de Samaritan's Purse. La combinación entre ser William Franklin Graham III y Franklin Graham, un rebelde con causa y soldado cristiano afortunado, tiene un atractivo poderoso, y Franklin ha usado su legado, cierta licencia, y su libertad para lograr un buen efecto, consiguiendo atraer cada vez multitudes más numerosas a sus reuniones.

Como los problemas médicos de Billy Graham continuaban su curso, lento pero inexorable, la necesidad de pensar seria y concretamente en el futuro de la Asociación Billy Graham se volvió más apremiante. El ministerio en expansión de Franklin, tanto en el púlpito como con Samaritan's Purse, había mejorado su imagen entre los más fieles a la organización y generaba la especulación de que finalmente él tomaría las riendas. Según *Time*, Ruth Graham «expresaba cada vez con mayor firmeza su creencia de que Franklin sería finalmente el sucesor de su padre». Al parecer, Franklin también creía que fuera posible y según se informa había abordado el tema con su padre a principios de 1995. Al parecer, el anciano Graham aún no estaba listo para tomar una decisión.

En las conversaciones entre la gente de la Asociación, algunas palabras se usaban como forma abreviada para indicar momentos del ministerio de Billy Graham: La Catedral de Lona, Harringay, Madison Square Garden, Lausanna, Amsterdam. Por razones menos gloriosas, Toronto se añadió a esa lista en junio de 1995. En una de sus apariciones habituales, ante un club cívico importante, el día anterior a una cruzada programada para comenzar en el Sky Dome de Toronto, Graham colapsó y cayó abatido a causa de un colon sangrante. Desde su cama en el hospital le pidió a T. W. Wilson que contactara a Franklin y le pidiera que ocupara su lugar en el púlpito en la reunión de apertura.

Wilson llamó a Ruth Graham, y ella contactó a Franklin y le dijo que su padre estaba enfermo y deseaba que predicara en su lugar. Franklin voló a Montreat a la mañana siguiente para recoger a Ruth, y luego dirigirse hacia Toronto. Antes de partir, llamó a su hermana Anne Lotz y le pidió que orara por él. Anne reservó un pasaje de avión y arribó a Toronto a media tarde. Poco después de llegar a su hotel, ella recibió un llamado angustioso de Franklin, diciéndole que acababa de ser informado de que no predicaría esa noche. En su lugar, Ralph Bell, un evangelista asociado, nativo de Ontario, reemplazaría a su padre. Anne estaba furiosa y demandaba saber quién había sido el responsable del giro que había dado la situación. Franklin no estaba seguro, pero le dio los nombres de las personas que suponía que tenían que ver con ello. El esquema general de lo que sucedió a continuación no se cuestiona. Anne y Franklin tuvieron reuniones de un alto contenido emocional con su padre, con los miembros del comité de la cruzada, y con el personal clave de la Asociación, incluyendo a Rick Marshall, que dirigía la cruzada de Toronto. Anne y Franklin pensaban que era importante que los deseos de su padre se respetaran; Marshall y el comité sostenían que las cruzadas de Billy Graham siempre se habían caracterizado por ser eventos locales, y que por lo tanto el comité local debería tener la última palabra en esas cuestiones. El comité se negó a cambiar de decisión, pero le permitiría a Franklin «dar un saludo» en nombre de su padre y presentar un breve informe sobre su reciente misión en Ruanda. Volverían a verlo al día siguiente para informarle si sería él quien predicara en los siguientes encuentros. Esa noche Franklin utilizó el tiempo que le asignaron para dar un breve mensaje evangelístico en vez de un informe sobre Ruanda, y

Ralph Bell predicó como estaba planeado. A la mañana siguiente, cuando los representantes del comité de la cruzada intentaron contactarse con Franklin para informarle que deseaban que Bell predicara también en las reuniones restantes, descubrieron que él ya había volado de regreso a Carolina del Norte.

Por debajo de esa perspectiva de consenso que se les dio a los hechos conocidos subyacen varias explicaciones conflictivas y cierta atribución de motivos. Aquellos que sintieron que la decisión de continuar con Bell era justificable, señalaron que la tradición de la Asociación apuntaba a que hubiera un control local de las cruzadas, pero también especularon con que tanto Rick Marshall como el comité local probablemente pensaran que no era sabio, luego de meses de extensa y costosa preparación, entregarle el púlpito a un evangelista relativamente inmaduro, aunque tuviera el nombre de su padre, sus genes y su bendición. (Vale la pena hacer notar que nadie pensaba que Ralph Bell hubiera metido la mano en el asunto, y Anne ha dicho que Bell la instó a tratar de persuadir al comité de que le permitiera a Franklin predicar).

Franklin cuestionó tanto la conducta como los motivos de aquellos que habían contradicho el pedido de su padre. Él y Anne ciertamente comprendieron el potencial de poder simbólico que implicaba recoger el manto caído de su padre en un evento que ya estaba tomando estado público internacionalmente debido al colapso de Billy. «Esto es lo que algunas personas temían», dijo Franklin. «Me sentí honrado por el hecho de que mi padre deseara que yo predicara, y que él pensara que yo ya estaba preparado para ocupar su lugar. No creo que los directores de cruzada de mi padre fueran leales a él. Eso fue lo que él pidió, y ellos no lo apoyaron».

En una entrevista realizada no mucho después de ese suceso, Franklin mostró estar consciente de que las organizaciones religiosas, aun aquellas que tienen la mejor reputación, no son inmunes a las fuerzas que caracterizan a las organizaciones «mundanas». Haciendo notar que el control del presupuesto anual de 90 millones de dólares de la Asociación Billy Graham podía resultar un incentivo interesante para aquellos que desearan darle forma al futuro de la organización (y al de ellos mismos), él dijo: «Escuchen, hay gente dispuesta a matar por 20 dólares. ¿Y por 90 millones de dólares?». Años después de un modo más suave, admitió: «Ha habido política dentro de la Asociación durante muchos años. Y en algún punto aparecieron algunos que actuaron fuertemente, no diría que en mi contra, pero con certeza, tampoco a mi favor».

La incomodidad y tensión generada por la confusión de Toronto obligó a Billy Graham a reconocer que si dejaba las cuestiones de sucesión y liderazgo sin resolver, corría el riesgo de hacer que los miembros de su equipo, conocidos durante mucho tiempo por su armonía y una relativa ausencia de conflictos internos, se dividieran en facciones que podían socavar su eficacia una vez que él hubiera abandonado la escena. Eso no solo iba a dañar a la organización que él había conducido por casi medio siglo, sino a todo el mundo evangélico. Pocos meses después, Graham pasó a la acción. En primer lugar, se unió con Franklin para llevar a cabo una cruzada de padre e hijo en Saskatoon, la que coincidió con la publicación de la autobiografía de Franklin: *Rebel with a Cause: Finally Comfortable with Being Graham* [Rebelde con causa: Finalmente cómodo siendo un Graham]. Ese simbólico levantar juntos la antorcha fue seguido poco después, el 7 de noviembre, por la elección de Franklin dentro de la junta de la Asociación, para asumir el recientemente creado puesto de vicepresidente, «con una sucesión directa que lo convirtiese en el presidente y CEO si su padre quedaba incapacitado». Billy Graham retuvo su puesto de presidente de la asociación, pero Franklin gradualmente fue asumiendo más responsabilidades, y en noviembre de 2000 fue nombrado oficialmente CEO. En enero de 2002, Franklin accedió al rol adicional de director de la Asociación.

Aquellos que conocían a Franklin reconocían el potencial de generar fricciones que tenía él, tanto por la nueva autoridad que había adquirido como por su antigua personalidad. Nadie duda de que Franklin es más directo y menos reacio a enfrentar conflictos que su padre. Aún así, la mayoría de los observadores le dieron una alta calificación (que ha mejorado significativamente con el tiempo) en lo referido a dos cuestiones: su sensibilidad en cuanto a que su padre continuara ocupando la posición de figura dominante en la asociación, y el tema de la ansiedad predecible que sentiría la gente frente a posibles cambios en los roles que habían llevado adelante durante décadas, incluida la inestabilidad de su posición dentro de un nuevo régimen.

Sin la más mínima duda, el espectacular crecimiento y éxito de Samaritan's Purse ha realzado en gran manera el prestigio de Franklin dentro del mundo evangélico y ayudó a convencer a los escépticos de que él tenía la capacidad de manejar la Asociación Billy Graham. Durante el año fiscal de 2001, los ingresos de Samaritan's Purse alcanzaron los 179 millones de dólares. Eso aventajó a los ingresos de la Asociación por aproximadamente 62 millones de dólares, una respuesta tonificante para aquellos que temían que Franklin nunca podría lograr el apoyo financiero que había recibido su padre. Los estados financieros auditados revelaron que el 91 por ciento de los ingresos de Samaritan's Purse fue gastado en el ministerio, una proporción admirablemente alta para una organización sin fines de lucro. Las instalaciones de la organización son amplias, modernas y confortables, pero no lujosas, y ciertamente no han sido diseñadas para llamar la atención ni para que se le rinda homenaje a su líder. Ubicado a varios kilómetros de Boone, Carolina del Norte, el complejo no solo resulta más bien difícil de encontrar, sino que tampoco tiene una señalización que indique que uno ha llegado a él.

Una visita al sitio del ministerio en la red (www.samaritanspurse.org) revela el impresionante ámbito y alcance de sus esfuerzos por llevar alivio y apoyo a gente en necesidad alrededor del mundo. Tras los huracanes, terremotos y tsunamis, Samaritan's Purse ha enviado por vía aérea provisiones de emergencia, tales como comida, frazadas y refugios temporales, seguido luego por la construcción de miles de hogares permanentes de un solo cuarto, proyecto tan impresionante que la Agencia para el Desarrollo Internacional del gobierno de Estados Unidos canalizó dinero a través de la organización para construir otras casas adicionales. También resulta interesante que un programa que comenzó en 1993 como una pequeña aventura de aliento para iluminar la vida de unos pocos niños en Navidad se haya convertido en uno de los programas más importantes de Samaritan's Purse, al menos desde el punto de vista presupuestario. El programa, conocido como Operación Niños en Navidad, resulta muy simple en esencia. Los donantes, en su mayoría niños de países occidentales prósperos, empacan dulces, pequeños juguetes, elementos escolares, y quizá un par de media o de guantes en una caja de zapatos, para enviarla a Boone, junto con cinco dólares, que cubren los gastos de envío. Luego de revisadas, para asegurarse de que no contengan elementos inapropiados que se puedan echar a perder, o juguetes peligrosos o inadecuados, las cajas se envuelven, y luego se empaquetan junto con otras para ser distribuidas entre niños de países devastados por la guerra, la pobreza o desastres naturales. Durante las semanas anteriores a la Navidad de 2016, los aviones y camiones de Samaritan's Purse entregaron aproximadamente 11,5 millones de cajas de zapatos en puntos de distribución de 104 países.

A través de todo este crecimiento experimentado por Samaritan's Purse, Franklin ha manifestado que sus esfuerzos por lograr mejoras sociales están subordinados a la evangelización. «Nuestro objetivo y nuestro propósito», afirmó, «es tomar una situación desagradable y transformarla para poder predicar al Señor Jesucristo, ya no en el ambiente de una cruzada o de una concentración masiva, sino en el uno a uno, en pequeños grupos. La gente escuchará con respeto. Que estemos allí en esas circunstancias genera un sincero interés». Lo obvio de su éxito en ambos tipos de ministerio ha producido una genuina admiración desde adentro de la Asociación, incluyendo reconocimientos tales como: «Cuando uno lo piensa, su ministerio realmente es más completo que el de su padre... y eso es bueno». También algunos admiten que muchos jóvenes contemporáneos se sienten más atraídos por un compromiso manifiesto por aliviar el sufrimiento humano que por una apasionada proclamación del pecado original o de la expiación substitutiva.

Uno de los temores expresados por y hacia la generación de los líderes evangélicos que se acercaban al fin de sus carreras al ir concluyendo el siglo veinte era que sus sucesores, habiendo crecido en tiempos de prosperidad y de relativa calma, y habiendo experimentado el evangelicalismo como parte significativa de la corriente cultural dominante más que como un movimiento en lucha por lograr una respetabilidad, resultaría demasiado blando, demasiado dispuesto a transigir con «el mundo», demasiado pronto a aguar su mensaje para ganar popularidad. Irónicamente, a pesar de sus primeros años salvajes, Franklin Graham parecía no solo comprometido con una perspectiva muy conservadora de las Escrituras y de la teología evangélica, sino también más dispuesto que su padre a condenar tanto el pecado como a los pecadores en términos directos e inflexibles. Sus opiniones y declaraciones contundentes, a veces autoritarias, pueden dar cuenta de su atractivo para una generación que creció escéptica dentro de un relativismo moral. Pero algunos de sus comentarios sobre temas políticos internacionales han sido más audaces y controversiales que los de su padre, que normalmente trataba de soslayar las controversias o de expresar cualquier crítica que pudiera tener sobre una administración en lenguaje circunspecto y tono débil.

De un modo similar, Franklin ha sido más directo que su padre en reivindicar la superioridad única del cristianismo sobre otras religiones. En tanto que Billy nunca titubeó en su esfuerzo por proclamar la aceptación de Cristo como el único camino confiable de salvación, se sentía claramente atribulado por la perspectiva de que la gente que nunca hubiera escuchado el mensaje del evangelio fuera a ser condenada a la perdición eterna, y muchas veces hacía un gran esfuerzo para evitar parecer un oponente o un crítico de alguna otra fe, en particular de las principales religiones del mundo. Franklin no parecía perturbado por la posibilidad de que sus comentarios pudieran ofender a alguno que no compartiera sus convicciones. A la conocida e ingenua pregunta sobre si los musulmanes, hindúes y budistas no servían todos al mismo Dios que adoraban los cristianos, él respondió: «No es el mismo Dios. Hay un Dios y él tiene un hijo, Jesucristo. Amigos, no hay otro camino». En otra ocasión señaló: «No fue el Mahoma del islam el que murió por los pecados del mundo. No fue Buda el que murió por los pecados de este mundo... Fue el Señor Jesucristo». Y luego de un viaje a la India, mencionó haber quedado asombrado por los «cientos de millones de personas atrapadas en la oscuridad del hinduismo. Fue una increíble revelación para mí ver la manera en que la religión pagana ciega y esclaviza a la gente. Esas personas estaban atadas por el poder de Satanás».

Más aún, la respuesta de Franklin a los ataques terroristas del 11 de septiembre de 2001, y la campaña militar de Estados Unidos en Afganistán difirieron drásticamente de las observaciones conciliadoras de su padre. En dos ocasiones, incluyendo una en las Noticias de la Noche de la NBC, él llamó al islam «una religión muy malvada y perversa». Era predecible que esas palabras produjeran una dura respuesta, en particular de las organizaciones musulmanas. Franklin retrocedió ligeramente, tomando en cuenta los millones de dólares que Samaritan's Purse había puesto en los países musulmanes, y afirmó que había sido «completamente malinterpretado». Sin embargo, en el *Wall Street Journal* observó: «La persecución o eliminación de los no musulmanes ha sido la piedra angular de la conquista y el dominio islámico durante siglos», agregando que el Corán «proporciona una vasta evidencia de que el islam alienta a la violencia con el fin de ganar convertidos y alcanzar la meta última de un mundo islámico».

Russ Busby expresó lo que parecería ser una incipiente valoración de la idoneidad de Franklin para los desafíos del puesto que ha heredado. «Dios prepara nuevas personas para nuevos tiempos», dijo, «y yo creo que él ha preparado a Franklin. Luego de haber andado juntos por muchos años, viajando con él y estando en todas sus reuniones durante los últimos tres o cuatro años, he visto a Dios obrar en su vida. Nadie puede reemplazar al Sr. Graham. Franklin es diferente de su padre, así que unas pocas cosas serán distintas. Pero Franklin tiene un corazón abierto a Dios, y se nota. Y cuanto más está uno con él, escucha su mensaje, habla con la gente y lo ve actuar en Samaritan's Purse (realmente llevándose bien con la gente y deseando ayudar, de modo que finalmente les pueda presentar el amor de Dios a través de Jesucristo) más percibe que él es genuino».

38

«Que tenga hijos fieles»

El surgimiento de Franklin Graham como un respetado evangelista y líder cristiano sorprendió a muchos de los que lo habían visto crecer. La hermana del medio, Anne, tampoco parecía una candidata probable para llevar adelante un ministerio público, no porque jamás haya mostrado ninguna veta salvaje, sino porque confesaba sentirse aterrorizada de tener que hablar ante cualquier tipo de audiencia y, lo que es más importante aún, porque había recibido una preparación como para ser una mujer cristiana del Sur en la Iglesia Bautista del Sur.

Luego de casarse con Danny Lotz cuando tenía dieciocho años, con la expectativa de seguir el ejemplo de su madre como esposa y madre a tiempo completo, Anne atravesó por un período de infertilidad y luego de perder embarazos durante algunos años, hasta que finalmente tuvo tres niños, un hijo y dos hijas. En lugar de sentirse realizada, se encontró: «inmersa en pequeñas conversaciones, entre pequeños juguetes, pequeñas ropas y pequeñas y pegajosas huellas dactilares... Me sentía atrapada... Toda mi vida era pequeña». Luchó contra ataques de depresión y culpa y con sentimientos de ineptitud. Tratando de entender cómo había podido mantener su madre una disposición tan absolutamente positiva cuando le tocó pasar gran parte de su vida prácticamente como madre sola de cinco niños, Anne recordó las muchas ocasiones en que, entrando en el cuarto de Ruth, la había encontrado con la Biblia abierta sobre la falda o arrodillada en oración junto a su cama. «Mi madre nos crió a los cinco, y yo nunca la vi perder los estribos. Yo supe que sacaba esa fortaleza de su tiempo de leer las Escrituras y de la oración, y eso era lo que yo no estaba haciendo».

En 1976, para suplir una necesidad de estímulo intelectual y de nutrición espiritual, Anne organizó una clase bíblica para mujeres, utilizando pautas provistas por una organización internacional denominada Fraternidad de Estudio Bíblico. Ella no se había dado cuenta de que al presentar su solicitud para recibir el programa se esperaba también que fuera la que lo enseñara. Cientos de mujeres se anotaron, probablemente porque suponían que la hija de Billy Graham seguramente sería una instructora experimentada. «No se dieron cuenta de que yo no era capaz de enseñar», dijo. «Nunca había enseñado en la Escuela Dominical ni en ninguna otra parte en mi vida. Eso era totalmente contrario a mi personalidad. Seguramente Dios no me llamaría a algo que estaba fuera de lo que era mi personalidad, pensé; ¡pero lo hizo! Me llamó a hacer algo para lo que yo ni siquiera sospechaba que tenía un don».

Anne admite que sus padres demostraban sentimientos encontrados en cuanto a que ella asumiera un rol tan demandante. «No tanto mi papá como mi mamá», dijo. «El llamado de ella en la vida era quedarse en casa y criarnos, para darle libertad a papá de hacer lo que él tenía que hacer, y creo que en su mente transfirió eso al rol de toda mujer cristiana: una esposa cristiana se queda en casa, cría los hijos y sirve a su marido, de modo que él esté libre para servir al Señor en aquello para lo que esté capacitado. Eso era lo que ella había hecho». La actitud de sus padres cambió en el transcurso de un año, luego de que Billy y Ruth aparecieran en una clase sin anunciarse, como una sorpresa de cumpleaños para Anne. «No sabía que ellos vendrían hasta que me paré delante de la clase ese día y al mirar, los vi. No me gustan las sorpresas de ese tipo, pero como resultado, mi madre pudo descubrirme dentro de mi semana normal, ver que los niños estaban contentos y se comportaban bien, que la casa estaba limpia y que yo ponía muy buena comida sobre la mesa. Ella y papá quedaron encantados por la clase misma al observar a esas 500 mujeres con sus Biblias abiertas, tomando notas; apreciaron la seriedad de aquel compromiso. Sintieron la presencia de Dios en aquel lugar. Y en un segundo cambiaron totalmente de actitud y supieron que eso era de Dios. No puedo decirles cuánto me han apoyado desde entonces».

Las clases no le pertenecían a ninguna denominación e incluían mujeres de aproximadamente 120 iglesias. Anne continuó enseñando hasta 1988. A esa altura, su reputación como oradora le había generado tantas invitaciones que renunció a la clase, fundó los Ministerios AnGeL, utilizando sus propias iniciales (AGL) como pilares, y completando la idea con la perspectiva que ella tenía de los ángeles: «En la Biblia se ve a los ángeles como mensajeros de Dios; ellos iban donde Dios los enviaba y transmitían el mensaje que él ponía en sus corazones. Siento que eso describe lo que yo hago», explicó.

El mensaje fundamental que pesa sobre el corazón de Anne Lotz es la necesidad que existe de un despertar dentro de las iglesias, aún en el Sur, aún en una ciudad en la que miles de mujeres se comprometen a realizar un estudio regular de la Biblia. Sus apariciones públicas normalmente siguen un formato de dos días, con reuniones de avivamiento principalmente dirigidas a las mujeres (no excluyente), y en general se programan para la noche del viernes y todo el día sábado. A menudo ella va acompañada por otras mujeres evangélicas, reconocidas como maestras, pero el punto central de su programa lo constituyen algunos mensajes sobre el tema «Solo dame a Jesús». Anne explica que el título surgió de «un desesperado clamor de mi propio corazón». Entrevistada por Larry King para la televisión en mayo de 2000, hizo una lista de las tribulaciones por las que había pasado durante los años más recientes y dijo: «No quiero que me entretengan. No quiero elementos visuales ni musicales. No quiero irme de vacaciones. No quiero rendirme. No quiero compasión. El clamor de mi corazón es: "Solo denme a Jesús"».

Resulta interesante que Anne prefiera referirse a sí misma como «expositora bíblica» y no predicadora; y agrega que cuando les habla a los pastores bautistas del Sur, que con frecuencia objetan a las mujeres predicadoras, se presenta a sí misma como una camarera que simplemente intenta servir el Pan de Vida. Sin embargo, cuando aparece en el púlpito o se para sobre una simple plataforma, sin más adornos que una cruz de madera pequeña, las etiquetas no cuentan. Anne Lotz puede predicar. Habla en un estilo directo, intenso, pujante, sin mucha variación en el tono o en el ritmo, prácticamente libre de técnicas teatrales y de conciencia de sí misma, y, sin embargo, por completo fascinante. Es una mujer seria con un mensaje serio, e imparte esa seriedad a los que la escuchan. Al enfrentar la inevitable comparación con su padre y con su hermano, Anne señala: «Estamos en el mismo equipo, pero nuestros dones son diferentes... Franklin y papá son como los médicos obstetras: traen niños al mundo. Nosotros, en los Ministerios AnGeL somos como los pediatras: ayudamos a los niños a crecer».

Ned (Nelson Edman) el más joven de los cinco hermanos Graham, dirige East Gates International, que mayormente se ocupa de la publicación y distribución de Biblias en China, y también de apoyar la construcción de iglesias, de capacitar ministros y de equipar a las iglesias para que puedan proveer una educación cristiana a los niños dentro de la atmósfera restrictiva de ese país. Siguiendo el ejemplo de su padre, Ned ha buscado trabajar dentro de los límites de la ley china, en vez de dedicarse al contrabando de Biblias u otras actividades que lo llevaran a una postura antagónica con las autoridades y les causaran problemas a los cristianos chinos. También al igual que su padre, ha sido criticado por grupos cristianos que sienten que no es lo suficientemente crítico hacia un régimen que controla muy de cerca las conductas religiosas.

Críticas más severas se han generado a partir de ciertas dificultades de la vida personal de Ned. A mediados de la década del '90, algunas tensiones con un miembro clave de su junta y la realidad de un matrimonio cada vez más tormentoso lo llevaron a refugiarse en el alcohol y luego a entrar en un programa holístico de recuperación, que según él dice, no solo le ayudó a tomar control sobre sus excesos con el alcohol, sino que mejoró mucho el estado general de su salud y le dio vitalidad. Sin embargo, en 1998, él y Carol, su esposa durante diecinueve años, se divorciaron. En febrero de 2001 Ned y Christina Rae Kuo, una mujer chino americana que está ahora activamente dedicada al ministerio de East Gates, se casaron en el dormitorio de Ruth Graham en Little Piney Cove. Billy Graham llevó a cabo la ceremonia.

272	Acabar la carrera (1990-2007)

La mayor de los descendientes de Graham, GiGi, aunque no encabeza ninguna institución evangélica de modo formal, sin embargo se ha dedicado a un extenso ministerio de oratoria y literatura. Ha escrito varios libros muy valorados para distintas editoriales evangélicas y le ayudó a su madre a preparar Footprints of a Pilgrim [Las huellas de un peregrino], un eficiente registro de la vida de Ruth, que hace uso de su prosa y de su poesía, junto con otras anécdotas y comentarios de algunas de las muchas personas famosas que los Graham han conocido. En 2004, GiGi y Stephan Tchividjian sorprendieron a la familia y a los amigos al dar por terminado su matrimonio de más de treinta años. Al año siguiente, ella se casó con Chad Foreman, un exmarine e investigador privado con base en Florida. Stephan Tchividjian, que trabajaba como consejero, consultor de negocios, y presentador de un programa radial de entrevistas, también volvió a casarse.

La rebelión de los primeros años de Franklin, cuya memoria se mantuvo viva en las historias y sermones, los divorcios de GiGi y Ned y los problemas de Ned con el alcohol y las drogas, no muy publicitados pero ampliamente conocidos internamente por los evangélicos, dejaron en claro que Billy y Ruth Graham no habían logrado esquivar los problemas y sinsabores que afligen a millones de familias estadounidenses. Sin embargo, muchos continuaron levantando la familia de ellos como un ideal que todos los hogares cristianos deberían esforzarse por alcanzar. Públicamente, y también en forma privada, los cinco hermanos Graham raramente han dicho algo que los desmereciera, más allá de un «nosotros no éramos perfectos». En años recientes, Ruth, la hija menor (antiguamente conocida por «Bunny», pero ya no más), ha sido más franca con respecto a lo que ella considera como las desventajas de crecer dentro de una familia famosa.

A mediados de 2001, en una conversación Ruth dijo: «La relación de mi padre con la familia ha sido difícil, porque él tiene dos familias: La Asociación Billy Graham y nosotros. Siempre me molestó eso. Nosotros fuimos notas al pie del libro. Literalmente. Bueno, nosotros no somos notas al pie. Somos personas reales, vivas y palpitantes. No hay duda de que papá nos ama, pero su ministerio le consumió todo el tiempo. Y nosotros, con todo, hemos sido comprensivos. Hemos hecho un buen trabajo. Hemos sabido sobrellevarlo. No los hemos rechazado ni a ellos [los padres] ni a Cristo. Todos nosotros estamos comprometidos con alguna forma de ministerio. Eso es asombroso. También hemos vivido a la altura de las expectativas de la gente, pero eso es una carga. No somos una familia perfecta y yo estoy cansada de que la gente nos diga que lo somos. No pretendo con esto ser indiscreta, pero Dios habita en la sinceridad, y yo no soy buena en cuanto al manejo de la imagen».

Al igual que Anne, Ruth recuerda haber sido preparada para llevar una vida de esposa, ama de casa y madre. «Nunca existió la idea de que hubiera una carrera para nosotras», dijo. «Yo quería ir a una escuela de enfermería (Wheaton tenía un programa de cinco años), pero papá dijo que no. Sin dar una razón ni una explicación; simplemente dijo "No". No se produjo una confrontación ni él se enojó; pero cuando el tomaba una decisión, no había más que decir». Y agregó: «Él se ha olvidado de eso; mamá no». Con una carrera descartada, Ruth siguió el camino que le habían marcado: se casó con Ted Dienert, hijo de Fred, que manejaba el ministerio mediático de Billy Graham, y de Millie, que organizaba las campañas de oración para las cruzadas. Entró fácilmente en la rutina que se esperaba de ella, criando tres niños, manteniendo una vida espiritual activa en lo personal, y organizando retiros de mujeres. Posteriormente trabajó a medio tiempo como editora de adquisiciones para HarperCollins. Luego, a mediados de la década del '80, después de casi veinte años de casada, descubrió que Ted había estado involucrado en una aventura desde hacía algún tiempo. Escribiendo acerca de ese descubrimiento traumático, ella explicaba: «Al principio recurrí a un patrón propio de negación: cubrir mis heridas con perogrulladas espirituales. Oré. Ayuné. Perdoné. Reclamé promesas bíblicas. Hice todo lo que me habían enseñado. También escondí mis problemas de los demás, humillada al pensar que otros, en especial mi familia, pudieran descubrirlos».

Su familia lo descubrió, por supuesto, y su padre instó firmemente a Ruth a que no se divorciara de Ted, diciéndole que eso dañaría a millones de cristianos evangélicos que observaban su ministerio y su familia como motivo de inspiración. Ruth recordó que luego de una conversación crucial «papá puso sus brazos alrededor de Ted y le dijo: "Nada va a cambiar". Yo me di cuenta de lo importante que el ministerio era para él, y de lo poco importante que resultaba la familia. Las cosas tenían que verse bien, y el divorcio no encajaba». Con todo, para entonces ella ya había determinado que «no había nada a lo cual volver» dentro de su matrimonio, y siguió adelante con el divorcio. Aunque pasó poco tiempo siendo aconsejada por sus padres durante la ruptura, reconoce que los dos fueron «siempre muy amorosos» con ella una vez que se dieron cuenta de que el matrimonio estaba acabado.

Ruth utilizaba las experiencias por las que había pasado como una forma de comunicar la verdad de que aun los cristianos más famosos no están exentos de pasar por los problemas que aquejaban a la mayoría de los miembros de la raza humana. Fundó el Ministerio Ruth Graham, dirigido en particular a tratar las heridas de las mujeres que ella sentía que demasiado a menudo habían sido desatendidas por la iglesia o enfrentadas con respuestas de consuelo insatisfactorias. «No se puede solo arrojar un versículo sobre una herida y esperar que esta sane», hizo notar con dolor. Ruth continúa escribiendo para publicaciones cristianas, hablando en encuentros evangélicos, y llevando a cabo las conferencias «Ruth Graham y amigas», en las que se le unen otras mujeres con dominio de la oratoria que comparten historias relacionadas con sobrellevar los sufrimientos que ocasionan problemas tales como la infidelidad, los malos tratos del cónyuge, el divorcio, la enfermedad y la adicción. En el libro que publicó en 2004, *In Every Pew Sits a Broken Heart: Hope for the Hurting* [En cada banco se sienta un corazón roto: Esperanza para los que han sido heridos], puso al descubierto la historia de su divorcio de Ted Deinert, de dos breves matrimonios posteriores que acabaron también en divorcio, y del sufrimiento que implicó tener que enfrentar el desorden alimentario de una hija, más dos embarazos extramatrimoniales. En el libro incluyó aquellos recursos espirituales que le habían permitido resurgir de esas crisis y les brindó a los que sufren toda una serie de sugerencias sabias y consideradas, a las que llamó «Consejitos para aquellos que los quieran». En sus dos libros siguientes, *A Legacy of Faith: Things I Learned from My Father* [Un legado de fe: Cosas que aprendí de mi padre] y *A Legacy of Love: Things I Learned from My Mother* [Un legado de amor: Cosas que aprendí de mi madre], Ruth escribió acerca de las dificultades y bendiciones que conlleva el formar parte de una familia idealizada con frecuencia, pero muy humana. Sin embargo, aunque insistía en que sus padres y su familia no eran perfectos, hablaba de ellos con mucha ternura: «Yo conozco su esencia. Y eso nunca tambaleó. La respeto. Y la admiro. Aspiro a ella también».

En 2009, luego de casarse con un psicólogo clínico y expastor, Ruth expresó su fe y dio cuenta de su gran capacidad de recuperación en un nuevo libro: *Fear Not Tomorrow—God Is Already There* [No temas al futuro: Dios ya está allí]. Lamentablemente, en septiembre de 2010, su marido tuvo un accidente automovilístico que le costó un brazo, le produjo cierto daño cerebral, y lo colocó ante meses, o quizá años, de terapia física y mental.

39

Los últimos días

Todos los descendientes de Graham reconocen que su padre pasó por un tiempo difícil al ir envejeciendo. Durante el verano de 2001, GiGi observaba: «Ha sido muy difícil para papá. Él tiene la impresión de que ahora es una especie de «alguien que ha sido», que ya no tiene control sobre nada, y en especial sobre su trabajo. En muchos sentidos, ya está retirado, pero abrir la mano le resulta muy, muy difícil. Él estaba acostumbrado a que la gente le hablara, le pidiera consejos, buscara su asesoramiento; pero ahora ya no es así».

Su hija Ruth hizo notar algunas de las mismas cosas. «El otro día cuando estuve en su casa», recordaba, «papá miraba por una cadena de televisión cristiana un antiguo video suyo en el que predicaba. Dijo: "Ya no tengo ni ese poder ni esa energía". Creo que se subestima. Subestima el poder de la gentileza, de la delicadeza. Hay un poder en la delicadeza que no existe en el fuego y el azufre». Ruth también notaba la mayor vulnerabilidad que sus padres iban mostrando a medida que la edad y la enfermedad avanzaban, pero aún así, se mantenían fieles a su propia naturaleza. «Mamá es siempre dulce», dijo. «Nunca tiene problemas. Todo es soleado. Jamás dice cómo se siente. Siempre es así. Una de las enfermeras me dijo que al ir a controlarla una noche, tarde, la encontró arrodillada junto a su cama, orando. Tiene una buena excusa para no arrodillarse a causa de su cuerpo quebrantado, deteriorado y dolorido, pero nada la detiene de adorar a su Señor, y así es como lo hace. Esa es mamá».

Su padre, según decía Ruth, había asumido el papel de enfermo de un modo diferente. «Papá se queja todo el tiempo.

Cuando tuvo herpes, sentía tanto dolor que decía: "Me estoy muriendo", y todos corríamos junto a su cama. Luego mejoraba. Finalmente, mamá le dijo: "Por favor, ¿podrías solo callarte y morir como un cristiano?". Pero resulta tan dulce verlo a él venir caminando para darle el beso de las buenas noches, y a ella levantar su rostro hasta él, con los ojos brillantes, para recibir su beso. Papá es una vasija de barro que le ha permitido a Dios que lo llenara de su gracia».

Preocupado tanto en el nivel personal como en el profesional, Franklin Graham realizaba el viaje de casi 130 kilómetros de Boone a Montreat, a menudo montado en su Harley, siempre que su programa se lo permitía, pero también se tomaba otras molestias para procurar que su padre estuviera bien cuidado cuando él no estaba en su casa. Franklin había asumido el compromiso irrenunciable de ayudar a su padre a «acabar bien», y de proporcionarle seguridad en cuanto a que la Asociación Evangelística Billy Graham permanecería fiel a su misión. A pesar de su intención de mantener la Asociación y Samaritan's Purse separadas, Franklin vio conveniente tener los cuarteles de la Asociación más cerca y a mano. En noviembre de 2001 anunció que las operaciones centrales se trasladarían de Minneapolis a Charlotte. Inauguradas en abril de 2005, las nuevas y espaciosas instalaciones se ubicaban en veinticinco hectáreas a lo largo de la avenida Billy Graham. El Centro de Capacitación Billy Graham, también conocido como The Cove, es un centro de retiros bellamente mantenido cerca de Asheville, en el que prominentes maestros evangélicos conducen seminarios, la mayoría de los cuales duran varios días.

De esta forma, Franklin intenta utilizar los recursos de la Asociación para llevar adelante la evangelización «por todos y cualquier medio» que señalan los primeros estatutos. El gran deseo de su corazón, tal como él lo ha expresado, es «ayudar a otros evangelistas. Quiero que la Asociación Billy Graham esté en el frente de batalla. No nos vamos a sentar al costado y decir: "Los días de gloria han quedado atrás". Me gusta construir. Durante veinte años he estado construyendo un ministerio para mi Padre que está en el cielo, y no tengo intenciones de abandonar. Quiero levantar a la Asociación y quiero levantar a Samaritan's Purse, y deseamos llevarlas más allá de esta generación».

Cuando él dijo esas palabras, en la primavera de 2001, la conciencia de Franklin sobre la rapidez con que corre la vida indudablemente había sido tocada por el fallecimiento de aquellos que durante mucho tiempo habían sostenido los brazos de su padre. Fred y Ted Dienert, Billie Barrows, Robert Ferm, Victor Nelson, Alexander Haraszti y George Wilson habían muerto durante la década del '90. Apenas dos semanas después de esa conversación y a unos pocos días de haber oficializado su retiro, T. W. Wilson sufrió un ataque fatal al corazón en un restaurante cercano a su hogar en Montreat. Walter Smyth se había jubilado y moriría en 2003. John Wesley White todavía se estaba recuperando de un derrame cerebral devastador que había padecido en 1996. Cliff Barrows y George Beverly Shea parecían estar en un buen estado de salud, pero Cliff tenía setenta y ocho años y Bev noventa y dos. Y por supuesto, la salud precaria de su padre raramente estaba lejos del pensamiento de Franklin. Obvia e inexorablemente, el pequeño equipo que había hecho tanto por sacar al cristianismo evangélico del desierto y llevarlo al ruedo central del mundo religioso durante las pasadas seis décadas estaba por pasar a la historia.

La conciencia de que acababa una era no se limitaba a los cristianos evangélicos. El 14 de septiembre de 2001, tres días después de los ataques terroristas al World Trade Center y al Pentágono, Billy Graham otra vez fue llamado a cumplir con el rol de Pastor del Pueblo, al llevarse a cabo en Washington el Día Nacional de Oración y Recuerdo. Hablaron representantes del judaísmo, del islam y de diversos sectores del cristianismo, y hablaron bien, pero la tarea de entregar el mensaje central recayó sobre el hombre que había llevado ese peso en varias ocasiones anteriores. Aunque era obvio que estaba frágil y tuvo que aceptar la ayuda de dos personas para que lo escoltaran hasta el estrado de la Catedral Nacional, la voz de Graham se volvió fuerte y su manera firme. Cuando le preguntaron cómo podía permitir Dios semejante tragedia y tal sufrimiento, hizo esta admisión: «Tuve que confesar que realmente no conocía toda la respuesta, ni siquiera para mí mismo. Tengo que aceptar, por fe, que Dios es soberano, y que él es un Dios de amor, misericordia y compasión en medio del dolor».

Hizo notar que los sucesos de esa semana habían subrayado la brevedad e incertidumbre de la vida, citó el heroísmo y el valor que tantos habían demostrado con posterioridad a los ataques, llamó a una renovación espiritual, señaló la cruz como el símbolo de esperaza para los cristianos, y dejó esto en claro: «Les hablo a los cristianos ahora», con el tácito reconocimiento de que no todos los presentes ni los que miraban por televisión compartían las mismas convicciones. La nación herida y el pueblo se recuperarían, tenía esa confianza, y los llamó a reconstruir sobre la sólida roca de la fe en Dios, citando las palabras del conocido himno: «Cuán firme cimiento se ha dado a la fe»:

No temas por nada, contigo Yo soy;
Tu Dios Yo soy sólo, tu ayuda seré;
Tu fuerza y firmeza en mi diestra estarán,
Y en ella sostén y poder te daré.

Mientras Graham regresaba lentamente a su asiento, la enorme audiencia, que había permanecido silenciosa durante la mayor parte del servicio, manifestó su respeto y gratitud hacia el venerable evangelista a través de una ola sostenida de aplausos para ese hombre que probablemente no volverían a cruzar en el camino.

Los años finales de la vida de Graham fueron tranquilos, dado que la enfermedad, los accidentes, y la edad los mantuvieron tanto a él como a Ruth mayormente confinados a Little Piney Cove, o a los hospitales, excepto por breves períodos en los que él emergió para llevar a cabo las cruzadas de Dallas/ Fort Worth, San Diego, Oklahoma City, Kansas City y Los Ángeles. A pesar de algunas demoras ocasionadas por su salud y el temor a no estar en condiciones de manejarse en medio del rigor de semejantes salidas, él realizó repetidas concentraciones, y prácticamente en todos los casos, reunió multitudes récord que se multiplicaban por millares ante la expectativa razonable de que esa fuera su última chance de escuchar al legendario evangelista.

Resultaba adecuado que la cruzada final de la carrera de
Graham se llevara a cabo en la ciudad de Nueva York, escenario de
su cruzada norteamericana más memorable, la maratón de 1957
en el Madison Square Garden. Él había tenido la esperanza de
regresar al Garden, por cuestiones de nostalgia, pero tomar conciencia de que ese lugar no podía de ninguna manera contener
la multitud esperada lo obligó a cambiarlo por el Corona Park
en Flushing Meadow, el emplazamiento de la Feria Mundial de
1964-65. La muerte había seguido diezmando las filas de la familia, los amigos y los asociados, pero el equipo central de plataforma
aún estaba allí. Cliff Barrows, de ochenta años, y casi ciego por una
degeneración macular, se veía robusto y estaba bien de la voz y en
su espíritu. George Beverly Shea, de noventa y seis años, todavía
podía cantar con notable volumen y vitalidad «Cuán grande es
él», la canción que había presentado ante Estados Unidos en la
cruzada de 1957.

Durante las semanas previas al evento, los periodistas que en-
trevistaron al anciano evangelista comentaron el precio que la
enfermedad le había cobrado, con un deterioro de la vista y el
oído, y dos serias caídas que lo habían mantenido hospitalizado
por largos períodos en 2004. Se lo veía enclenque, decían, con
una voz que era apenas poco más que un susurro, un débil eco del
clarinete que había sido su marca registrada, y por momentos parecía buscar las palabras al tanteo. En una conferencia de prensa,
dos días antes de la cruzada, sin embargo, Graham pareció revivir
visible y notoriamente. Su voz se había vuelto significativamente
más fuerte, y sus respuestas salieron sin titubeos ni imprecisiones.
Los periódicos continuaban informando que tal vez podría sentarse en un banco alto detrás de un púlpito especialmente construido, y que Franklin estaría listo para continuar si su padre no
era capaz de terminar su sermón. No deberían haberse preocupado. Aunque permanecía fuera del escenario en una carpa con
aire acondicionado hasta pocos minutos antes de predicar, y se
acercaba a la plataforma utilizando un caminador, y con Franklin
a su lado, sosteniéndolo, Billy Graham estaba listo.

Cuando llegó su turno la noche de la apertura, con su
blanca melena flotando hasta la altura del cuello, el venerable
y anciano evangelista aceptó la tremenda ovación que se le

brindó de pie durante unos pocos minutos, y luego le indicó a la audiencia que se aquietara. Desplegada delante de él como ovejas sobre mil colinas, esa inmensa multitud (la asistencia sumada de las tres noches llegó a las 230.000 personas) bien podría haber sido la muchedumbre más diversa étnica y culturalmente que se hubiese reunido en una cruzada de Billy Graham, y quizá la audiencia más grande y diversa jamás congregada en ningún lugar.

Cuando Graham habló, su voz fue clara y fuerte, aunque un poco diferente de las otras cruzadas de la década previa. Se mantuvo parado a través de los tres sermones, usando el taburete solo durante la invitación. Los sermones fueron cortos (solo de alrededor de quince minutos, con excepción de la última tarde, en que habló más extensamente sobre la Segunda Venida), pero la reacción resultó impresionante esta última vez, ya que casi 10.000 personas fluyeron en torrente hacia adelante, respondiendo a su habitual llamado: «Voy a pedirles que vengan... Vengan ahora» y a la invitación de la canción «Tal como soy».

Después de la cruzada en Nueva York, Graham pasó la mayor parte de su tiempo en Little Piney Cove con Ruth, o viajando a la Clínica Mayo para tratarse de sus diversas dolencias. A pesar de haber estado mayormente fuera de los escenarios, sin embargo, el venerable evangelista no quedó en el olvido. El 31 de mayo de 2007 su condición de figura eminente fue confirmada una vez más cuando los principales medios de la nación convergieron en Charlotte para la inauguración de la Biblioteca Billy Graham y el Centro de los Visitantes, circunstancia en que el intendente de Charlotte, el gobernador de Carolina del Norte y los expresidentes Jimmy Carter, George H. W. Bush, y Bill Clinton alabaron a Graham por su contribución al mundo y por la conducción espiritual y el ejemplo moral que les había proporcionado en lo personal durante décadas.

La principal atracción del complejo, que también alberga las oficinas centrales de la Asociación Billy Graham es la biblioteca, designación que de algún modo resulta poco apropiada. A diferencia de las bibliotecas presidenciales o de las destinadas o propósitos especiales, no ha sido diseñada para convertirse en un centro de investigaciones; aunque contiene algunos de los papeles personales de Graham, la mayoría de sus archivos continuarán en Wheaton. Las principales funciones son servir como memorial de la vida y el ministerio del evangelista; como una herramienta evangelística, dado que aquellos que llegan quedan expuestos repetidas veces a presentaciones del evangelio; y, lo que no es menor, como una manera de mantener informada a la gente sobre la Asociación Evangelística Billy Graham, para que conserven su fidelidad a ella.

Se dijo que el mismo Graham se resistió a este proyecto al principio, afirmando que no quería un monumento a su persona. Franklin y los miembros de la junta de la Asociación Billy Graham le aseguraron que la visita a la biblioteca implicaría una fuerte dimensión evangelística, lo que es absolutamente cierto; casi cada una de las presentaciones incluye una exposición directa al evangelio, predicado por Graham, y el *tour* acaba con un montaje fílmico, tomado de las cruzadas a través de las décadas, y del momento en que él hace la invitación a repetir la oración del pecador y a encontrarse con los consejeros que esperan más allá de la salida en forma de cruz. Al comprender eso, Graham cedió. «Cuando me lo presentaron como un ministerio actualmente en curso y a través del que se tendrá oportunidad de ganar gente para Cristo», dijo él, «cambié de opinión».

El 14 de junio de 2007, rodeada por sus cinco hijos y por el que fue su esposo durante casi 64 años, Ruth Bell Graham murió, a los 87 años. Dos días después, una gran nube de testigos se acercó para expresar su amor y respeto cuando el cortejo que llevaba su cuerpo recorrió la distancia entre la casa velatoria de Asheville, por la autopista nacional 70 y luego por las calles de Black Mountain y los angostos caminos de Montreat, hasta llegar al Anderson Auditorium en el campus del Montreat College. En el servicio, al que asistieron más de 2.000 personas, y fue transmitido en vivo por la televisión de cable y por Internet, la congregación cantó «¡Oh, tu fidelidad!»; George Beverly Shea entonó uno de los himnos favoritos de Ruth, «Con ternura me buscó»; y Rosa, la hermana mayor de Ruth, encantó a la audiencia con entretenidas historias de la infancia en China. Cada uno de los hijos de Graham habló brevemente, mezclando las reminiscencias con las evidencias de la fe que ella les había inculcado.

A través de toda la reunión, Billy se mantuvo escuchando, pensativo, desde la primera fila. No estaba programado que él hablara, pero decidió que tenía algo que decir. Lo ayudaron a ponerse en pie dos auxiliares, y aferrándose a su caminador, agradeció a la gente por haber venido, e hizo notar la presencia de un contingente grande de los nietos y bisnietos. «Como ya han oído», dijo, «ella era una mujer increíble». Señalando con la cabeza hacia el sencillo féretro de madera, consciente de que un interno de la prisión Angola, en Louisiana, había hecho otro cajón semejante para él, agregó: «Quisiera que pudieran ver dentro del cajón, porque ella es muy hermosa. Me senté allí un largo tiempo anoche, solo mirándola y orando, porque sé que va a tener un gran recibimiento en el cielo». En una declaración previa, había dicho: «Aunque la extrañaré más de lo que posiblemente pueda expresar, me regocijo porque un día, pronto, nos reuniremos en la presencia del Señor al que ella tanto amó y al que sirvió con tanta fidelidad».

Al final del servicio, los hijos se colocaron en las principales salidas del auditorio para saludar y conversar con todos los que habían venido a honrar a su madre. Su padre había dicho que deseaba poder saludarlos a todos también, pero además de que sus fuerzas se habían debilitado, pronto estaría acompañando el cuerpo de Ruth hasta Charlotte, donde ella sería enterrada al día siguiente en el jardín memorial de la biblioteca Billy Graham. En su lápida se lee: «Fin de la construcción. Gracias por su paciencia».

A principios de 2015, Graham había publicado *La razón de mi esperanza: la salvación*, en el cual proclamó un mensaje positivo similar y parecía ser un adecuado volumen de despedida. De hecho, se dijo que esa era la intención de la familia Graham y BGEA, pero en septiembre otro libro apareció, oficialmente identificado como el trigésimo tercero y el último en una serie, en su mayor parte, de *best sellers*. El título, *Donde yo estoy: el cielo, la eternidad y nuestra vida más allá del presente*, habría atraído poca atención en sí mismo, pero los primeros críticos fueron sorprendidos por un énfasis mayor en el infierno, descrito como «un lugar de lamentos y un horno de fuego; un lugar de tormento, un lugar de total oscuridad, un lugar donde las personas gritan rogando misericordia; un lugar de castigo eterno» y la dura advertencia, «Si acepta cualquier parte de la Biblia, está obligado a aceptar la realidad del infierno, el lugar de castigo para aquellos que rechazan a Cristo».

En los primeros años de su predicación, Graham utilizaba las imágenes familiares de fuego y azufre cuando hablaba del destino final de los no redimidos, pero durante la mayor parte de su larga carrera, habló del infierno más como un estado de separación de Dios, sin mucha alusión a la descripción de las agonías del eterno fuego físico. En 2005, le dijo a Larry King de la CNN: «Ese no es mi llamado. Mi llamado es predicar el amor de Dios, el perdón de Dios y el hecho de que él sí nos perdona. De eso es lo que se trata la cruz, y lo que significa la resurrección. Ese es el evangelio». Él reconoció que antes había predicado una línea más dura: «Antes en mi ministerio, yo hice lo mismo. Pero a medida que fui envejeciendo, supongo que me hice más suave y más compasivo y más amoroso».

Inevitablemente, algunos observadores creían que el tono más duro del nuevo libro reflejaba las opiniones de Franklin y su temperamento más estrechamente que los de su padre. Franklin rechazó tal especulación. «Esto no es un cortar y pegar de sus antiguos sermones ni nada semejante», insistió. Reconoció que su exsecretaria, Donna Lee Toney, ayudó con la redacción del libro, pero insistió en que la idea, la organización y el contenido real eran exclusivamente de su padre. «Es un nuevo libro. Donde necesitábamos rellenar algunas lagunas, volvimos y repasamos sus sermones para asegurarnos de que era exacto... todo es él. Nada en el libro fue escrito que no fueran sus palabras». En cuanto a una diferencia percibida en el tono y el énfasis, Franklin dijo: «Tal vez esto era una carga, que sentía que él no predicara (sobre del infierno) lo suficientemente fuerte en sus últimos años. No sé».

A medida que pasaban los años, Billy Graham sobrevivió a los que habían permanecido a su lado a lo largo de las décadas. Maurice Rowlandson, el jefe de las oficinas de la BGEA en el Reino Unido por muchos años, falleció en 2015, al igual que el yerno de Graham, Danny Lotz, el esposo de Anne. En el siguiente año se vio el fallecimiento de John Wesley White, el investigador y escritor de sermones, y el fiel compañero y amigo íntimo de Billy, Cliff Barrows.

Durante muchos años Billy Graham había mencionado repetidamente y con convicción que la muerte no le causaba temor. Que esa falta de temor se arraigaba, por supuesto, en su absoluta confianza de que la muerte era solo un pasaje hacia la gloriosa vida eterna a la que él había invitado a millones de seres humanos, para que la compartieran con él. Durante los años de declinación del afamado evangelista, se volvió algo común que los observadores de la escena religiosa especularan con respecto a quién sería «el próximo Billy Graham». La respuesta, muy probablemente fuera: «Nadie». Ser Billy Graham no es, como ser Papa o el Arzobispo de Canterbury, un oficio dentro de la iglesia cristiana que deba ser cubierto por el mejor candidato. Graham surgió a un lugar prominente en un momento más bien bajo de la historia del cristianismo evangélico, cuando los candidatos al liderazgo eran relativamente pocos y resultaba más fácil que una persona sobresaliera por encima de las demás.

Medio siglo después, los evangélicos se habían convertido en un movimiento al menos igual en tamaño y fortaleza que los católicos y los protestantes históricos en Estados Unidos, y la mayor parte del trabajo misionero cristiano llevado a cabo en todo el mundo era realizado bajo los auspicios de alguna denominación o agencia paraeclesial evangélica, fundamentalista o pentecostal. Muchos hombres y mujeres fieles y talentosos contribuyeron poderosamente a esa notable transformación. Sin embargo, desde sus cruzadas hasta las grandes conferencias internacionales, la promoción de la libertad religiosa dentro de regimenes ateos, la capacitación de decenas de miles de evangelistas itinerantes, y la utilización pionera de los medios, Billy Graham ha sido el que, más que ningún otro, le dio forma a ese movimiento y lo inspiró. Y, para bien del mundo, continuamente manifestó un espíritu expansivo que se extendió para incluir en su lista a un círculo de individuos y grupos en constante crecimiento que quisieran unirse a él en ese esfuerzo. Desde las reuniones de evangelización apoyadas por pequeños grupos fundamentalistas y evangélicos hasta las cruzadas, conferencias y misiones globales en las que los cristianos de todo tipo, color y cultura trabajaron juntos por una causa común, Graham constituyó una fuerza poderosa y hasta única en pro del ecumenismo cristiano. Las vidas individuales, las naciones, el mundo y la iglesia de Jesucristo son más ricos debido a ese hecho.

El éxito notable, el alcance y la complejidad del movimiento al que Billy Graham tanto ha contribuido no hacen muy factible que una sola figura jamás pueda lograr la influencia que ejerció él, y menos excederla. Es posible, por supuesto, que de aquí a diez, a cincuenta, o a cien años, alguna persona joven (hombre o mujer) en la que se dé la combinación justa (combinación fácil de describir, pero aparentemente difícil de encarnar), manifieste logros y un liderazgo comparables a los de él. Podría ser que el desarrollo en los medios de transporte y de comunicación permitan que esa nueva luz brille con más fuerza que la de Billy Graham, del mismo modo en que la propulsión a chorro, la radio, la televisión, los satélites y la tecnología en computación le permitieron a él alcanzar más personas que todo lo que sus predecesores podrían haber soñado como posible. Pero a menos que eso suceda, y hasta que ocurra, William Franklin Graham, Jr., puede, con seguridad, ser considerado como el mejor en lo que hizo: como dicen las Escrituras, un «obrero que no tiene de qué avergonzarse».

Nos agradaría recibir noticias suyas.
Por favor, envíe sus comentarios sobre este libro
a la dirección que aparece a continuación.
Muchas gracias.

Vida@zondervan.com
www.editorialvida.com